산골로 간 예술가들

산골로 간 예술가들

자연 속에서
자유롭게 살아가는
산촌 생활자 이야기

박원식 글 | 주민욱 사진

들어가는 글

자연이라는 족집게 과외교사

———

    휴일이면 산길을 메우다시피 무리지어 북적이는 등산 인파에서 알 수 있듯이, 사람들은 자연에 열광하고 애호한다. 가급적 자연과 더불어 살아가는 게 심신의 건강에 유익하다는 믿음이 널리 퍼져 있다. 많은 사람들이 도시라는 갑갑한 새장에서 벗어나 자연 속으로 이주했거나, 이주를 지망하고 있다.

    사연은 다채롭다. 도법자연道法自然이라, 모든 이치가 자연을 따른다는 소식에 이끌려 자연과 동맹을 맺은 결과로써의 산골살이가 있는가 하면, 도연명처럼 귀거래사歸去來辭를 읊으며 고향 산촌으로 귀환해 산림처사로 은둔하는 경우도 있다. 도시라는 정글에서 일상적으로 전개되는 난리블루스와 아귀다툼의 와중에 코피를 한 됫박쯤 쏟고 산골로 퇴각한 사례도 드물지 않으며, 전원생활의 낭만적이고 목가적인 행복을 기대하며 무작정 시골로 뛰어드는 사람들도 있다. 인간 역시 자연이니 자연으로의 귀환은 자못 자연스럽다.

    이 책에 등장하는 산골 생활자들은 모두 예술을 업業으로 삼은 사람들이다. 아리스토텔레스는 '예술은 자연의 모방'이라 하였다. 자연의 객관적 규율에 착안한 이 모방론은 미학사에서 가장 유력하고도 오래된 관념에 속한다. 도가의 무위자연無爲自然 사상은 궁극의 절대적 도리를 자연에서 찾았다. 자연의 비밀과 진실을 배우려는 예술가들의 노력은 동서고금을 막론하고 치열하다. 단테는 '자연은 신의 예술'이라고 했으며, 보들레르는 스멀거리는 숲의 언어에 매료되지 않았던가?

  나는 산골을 떠돌며 이골 저골에 박혀 사는 예술인들의 동태와 습속 살펴보는 일을 한동안 탐닉처럼 거듭했다. 예술가란 기질적으로 보헤미안bohemian이기 십상이다. 속세의 규율이나 관습에 사로잡히지 않는 활보로 한결 자유로운 삶을 도모하는 종족이니까. 그래서 자연 속에 둥지를 틀고 창작과 생활을 병행하는 예술가들의 사유와 일상엔 특유의 개성이 서려 있다.

  명민한 예술가는 자연의 다양한 동향을 통해 사물의 본성, 인간의 본연, 세상의 본질을 느낀다. 자연에 관한 날렵한 성찰로 삶을 보는 눈썰미를 얻고, 작품에 쓰일 영감이라는 걸 길어 올리며, 현실의 파랑을 넘어설 수 있는 지혜로운 항해술을 터득하기도 한다.

  자연과의 교제가 차단될 경우, 우리는 지구라는 이 혼란스런 행성에서 삶의 단서를 찾는 일에 더욱 애로를 느낄 게 분명하다. 그런 점에서 자연은 자비로운 조물주가 부여한 최상의 선물이거나 해독되기를 기다리는 암호이다. 산중 예술가들은 자연이라는 이 진기한 명품에 홀린 사람들이라 할 수 있다.

그들은 저마다의 방식으로 자연에 가담해 삶을 실험하거나 변신을 꾀한다. 경주 남산 기슭에 사는 한국화가 박대성은 '불편'이라는 고생 속으로 자청해서 들어가는 일이 곧 자연의 순리를 따르는 길이라고 확언한다.

한 달 생활비 달랑 10만 원으로 산속에서 처자와 함께 무사하고 유쾌하게 살았던 가수 사이의 행장에는 자본 중심의 광기어린 세태에 통쾌한 펀치를 날리는 어떤 급진성이 존재한다.

툭하면 술독에 빠져 허우적거리는 것처럼 보이지만, 사실은 음주 삼매경으로 도락을 구가하고 시를 맹렬하게 돋우는 시인 유용주의 행각엔 사뭇 풍류적인 기상이 옴팡지게 서려 있으니, 그는 자연이 부여하는 황홀감을 견딜 길이 없는 것이렷다.

숨을 앗아갈 듯 급박하게 덮쳐오는 창작의 고통과 고독을 토로하는 소설가 김성동 같은 이들의 내부에선, 자연을 주재하는 궁극의 존재여, 나는 당신을 사랑하는데 왜 이토록 슬픈가요? 하는 투의, 비명에 가까운 신음이 터져나온다.

예술이란 어쩌면 자연과의 내밀한 접촉을 시도하는 매우 웅장한 행위이다. 자연이 소리소문 없이 전해주는 묘리를 경청해, 인간에 속한 꿈과 욕망을 해결할 수 있는 노하우를 터득하려는 매우 지난하고도 가상한 사업이다. 그래서 자연이라는 아카데미에 정신의 젖줄을 댄 예술가들은, 일상과 창작을 통해 제 삶을 갱신함으로써 자연을 모방하거나 재생산한다. 자연과 인간의 유기적인 관계, 즉 조화로운 공존을 모색한다.

산다는 일은 실로 가소로운 곡예일 수 있다. 하지만 자연을 교사나 동행으로 삼아 삶을 궁구하는 예술가들의 성과물은, 물신이라는 주님에게 길들여진 욕망 기제로 살아가는 사람들에게 전혀 다른 삶의 대안과 상상력을 열어주기도 한다.

자연을 친애하는 형제거나 열심당원인 그들은, 자연에서 어떤 황금의 뉴스를 듣는가? 조용한 숲에서 민감하게 마음을 열어 어떤 묵시를 얻는가? 세상에서 가장 고독한 존재인 '나' 자신을, 자연의 어떤 힘에 고무되어 변화와 변신의 지평으로 휘몰아가는가? 이 책에 등장하는 예술가들이 저마다 토하는 언설에는, 자연이라는 족집게 과외교사에게 레슨을 받은 자 특유의 촉과 가락이 배어 있다.

타고르의 말마따나 예술가란 자연의 주인이자 연인이며 노예다. 그러나 시를 짓고 그림을 그리는 사람만 예술가라 할 수 있겠는가? 삶이라는 여정을 독창적으로 끌어갈 수만 있다면 그 누구건 이미 인생이라는 장르에 소속된 예술가이며, 그의 감관은 자연을 향해 활짝 열려있게 마련이다.

하지만 삶이란 진흙처럼 뻑뻑해 늙기도 전에 낡아빠질 수 있으니, 황급히 대책을 찾아 귀동냥에라도 나설 수밖에 없는 일. 그러고 보면, 이 책은 자연 속에 사는 예술가들을 찾아 신빙성 있는 소식을 듣고 싶어한 자의 갈증의 산물이다. 산골에 눌러 살며 춤처럼 노래처럼 신명나게, 혹은 비처럼 눈물처럼 고독하게 인생을 통과하는 예술가들의 토설에 장단을 맞춘, 기꺼운 막춤이다.

2016년 3월
박원식

차례

들어가는 글 자연이라는 족집게 과외교사 4

1장
교감 | 자연이라는 길

공주에 사는 시인 나태주 14
됐다! 줄곧 시골에 살며 자연을 거스르지 않았으니

함양 백암산 자락에 사는 작가 자야 28
돌고 돌아 들어온 산골에서 천천히 걷는 삶

괴산 군자산 자락에 사는 가수 사이 42
돈 없이도 시골에서 팔자가 늘어질 수 있어요

공주에 사는 서양화가 임동식 56
자연 속 모든 소박한 것과의 동맹

화성 시골에 사는 도예가 이수종 70
아내도 뒷전, 오직 흙과 내통하는 독불장군

광주 무등산 자락에 사는 수채화가 강연균 82
안녕하세요, 나무님! 큰 나무에 절하는 남자

2장
성찰 | 자연이라는 교사

논산 산골 호숫가에 사는 소설가 박범신 *96*
내 몸이 자연, 뜨겁게 쓰다가 죽고 싶소

여주 중근이봉 자락에 사는 시인 홍일선 *110*
대지라는 거대한 생명을 제대로 섬기는 일, 그것이 바로 문학

양평 시골에 사는 서양화가 최석운 *124*
도란, 자연이란, 선수란 많은 말 필요 없이 그저 단순한 것

춘천 금병산 자락에 사는 소설가 전상국 *138*
삶도 죽음도 그저 흘러가는 자연의 일부일 뿐

담양 무등산 자락에 사는 소설가 문순태 *152*
달빛, 별빛, 저무는 들꽃에서 얻어 쓰는 삶

홍천강변 숲속에 사는 작가 김규현 *166*
티베트를 떠돌다 숲으로 돌아온 낭인

3장
조화 | 자연이라는 순리

안성 산골에 사는 전방위 예술가 문순우 *182*
가지 못할 곳 어디랴 벗어날 수 없는 것 무엇이랴

대구 팔공산 자락에 사는 시인 이규리 *198*
자연 속의 아름다운 것들에게도 고통은 있다

문경 주흘산 자락에 사는 도예가 김정옥 *210*
몸으로 실천하며 생의 덤덤한 무늬를 꽃피워가는 자의 확신

보은 산골 폐교에 사는 화가 원덕식 부부 *226*
산중의 별을 바라보면 찰나에 사라지는 고민들

홍천 백구산 자락에 사는 목수 이정섭 *240*
나무에 대한 고정관념을 거부하는 무뚝뚝한 일벌레

진천 산골에 사는 판화가 김준권 *254*
자연과 생명은 죽을 때까지 작업의 화두

경주 남산 기슭에 사는 한국화가 박대성 *268*
불편 속으로 들어가라! 그게 자연의 순리이니

4장
몰입 | 자연이라는 춤

포항 비학산 자락에 사는 선화가 허허당 스님 284
놀자! 노는 일 외에 무엇을 더 하랴

장수 신무산 자락에 사는 시인 유용주 298
밤새워 마시거나 밤새워 쓰거나, 그게 산중의 일

나주 죽설헌에 사는 화가 박태후 312
한평생 나무에 미쳐 살아, 나머지는 몰라!

괴산 피거산 자락에 사는 금속공예가 고승관 326
에고의 사막을 홀로 건너는 고독한 예술가의 분투

청도 비슬산 자락에 사는 화가 권기철 340
자연에 대한 애호는 취향이 아닌 본능

양평 용문산 자락에 사는 소설가 김성동 354
꿈에서도 써, 관 뚜껑에 못질할 때 따져다오

1장

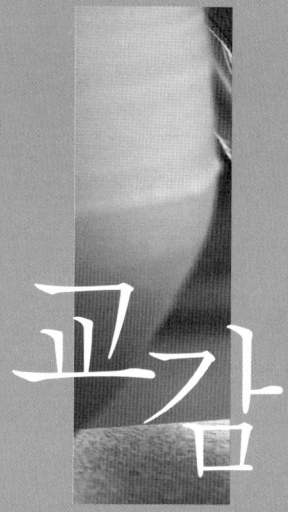

교감

자연이라는 길···

공주에 사는 시인 나태주 됐다! 줄곧 시골에 살며 자연을 거스르지 않았으니
함양 백암산 자락에 사는 작가 자야 돌고 돌아 들어온 산골에서 천천히 걷는 삶
괴산 군자산 자락에 사는 가수 사이 돈 없이도 시골에서 팔자가 늘어질 수 있어요
공주에 사는 서양화가 임동식 자연 속 모든 소박한 것과의 동맹
화성 시골에 사는 도예가 이수종 아내도 뒷전, 오직 흙과 내통하는 독불장군
광주 무등산 자락에 사는 수채화가 강연균 안녕하세요, 나무님! 큰 나무에 절하는 남자

공주에 사는 시인
나태주

됐다! 줄곧 시골에 살며
자연을 거스르지 않았으니

―――

마지막까지 다스려지지 않는 게 명예욕이더라고.
백년 후 단 한 사람에게라도 지지받고 싶은 욕망, 이게 엄청난
명예욕이죠. 미안하지만 절간의 스님들도 벗어나지 못했을걸.

자연의 형제로 살며, 자연을 시로써 노래하는 시인 나태주(71세)는 평생 자동차라는 물건을 가져본 적이 없다. 경제가 옹색해서가 아니다. 모두들 미친 듯이 질주하는 세상의 속도 숭배에 멀미와 현기증을 느껴서다. 굳이 쏜살같이 달릴 일이 뭐냐? 세월아 네월아, 보챌 것 없는 완보緩步가 참신하지 않느냐? 그쯤의 생각을 하며 산다.

차가 없어도 갈 곳은 다 간다. 자전거가 발이다. 낡은 자전거의 페달을 밟아 세상의 모든 시간과 풍경을 통과해왔다. 그의 자전거 애호 버릇을 뜯어말리기란 불가능하다. 자전거를 타고 느릿느릿 달리면 족히 자연을 느낄 수 있다는 것으로, 일테면 봄바람을 온몸으로 맞으며 달리는 행위는 사람이 할 만한 일 가운데 가장 가상한 종목에 속한다는 믿음을 고수해온 것으로 보인다.

저기, 벙거지를 푹 눌러쓴 한 남자가 자전거를 타고 언덕을 올라온다. 핸들 앞에 매달린 장바구니엔 검정색 가방이 들어 있다. 자전거를 세우고 자물쇠를 채운 뒤 가방을 꺼내 들고 걸어오는 단구短軀의 남자. 나태주다. 자전거를 타는 시인. 이보다 더 목가적인 경치는 없으렷다.

그는 알아보는 눈들이 많은 중견시인이다. 그에게 '풀꽃 시인'이라는 별명이 붙은 건 대표작 제목이 '풀꽃'이어서다. 시 전문을 볼까.

자세히 보아야
예쁘다
오래 보아야
사랑스럽다
너도 그렇다.

자세히 뜯어볼 것도 없이 쉽게 읽힌다. 오래 볼 것도 없이 쏙 들어온다. 다소 간이 싱거운 것 같지만, 소소한 생명에 관한 사랑과 메시지가 여실하다. 딱히 기발할 것도, 기똥찰 것도 없는 채로 자연과 삶에 대해 할 말 다한 이 단시短詩가 사람들의 어딘가를 탁 쳤나보다. 초등학교 교과서에 실려 슬슬 회자되더니, 이젠 썩 유명한 시로 대중에게 파급되었다. 공주시 측은 나태주의 작품세계를 알리는 전시공간 '풀꽃문학관'을 개설했다. 공주시 외곽 야트막한 야산 언덕 위에 있다.

나태주의 시는 예외 없이 쉽게 읽힌다. 골머리를 앓을 게 없다. 쉬

나태주의 대표작이자 출세작인 시 「풀꽃」을 동화로 풀어쓴 책.
그는 흔히 '풀꽃 시인'이라는 애칭으로 불린다.

운 시로써 독자들과 흐뭇한 소통을 할 수 있다는 건 만만한 재능이 아니다. 비결이 뭐지?

"심플한 표현. 이게 중요합니다. 사람들을 보면, 어려운 걸 어렵게 말하는 사람, 쉬운 걸 어렵게 말하는 사람, 어려운 걸 쉽게 말하는 사람, 이렇게 세 부류가 있어요. 시도 마찬가지죠. 독자를 골치 아프게 하는 시가 횡행하지만, 사실 어렵게 쓰기는 쉽고, 쉽게 쓰기가 더 어려워요. 그럼 시가 왜 어려워졌느냐? 시의 본질은 '예藝'에 있는데 '학學'을 먼저 가르쳐서 그래요. 또, 시에서 우선하는 것은 말들이며, 말의 근본은 입말에 있어요. 이건 제가 절대 양보 못할 개념인데, 이런 신념에서 쉽게 읽히는 시가 나오는 것이죠."

"시인의 눈은 인생을 깊게 통찰하는 특별한 눈일 것만 같습니다."

"시란 한마디로 '발견'입니다. 망망대해와도 같은 인생을 자세히 들여다보고, 어떤 이치 같은 걸 발견하게 되는 거예요. 가령, 차가운 아스팔트를 뚫고 올라오는 봄날의 꽃을 보고서, 아, 저렇게 여린 것이 생동하는구나, 저게 지구를 들어올리는 힘이구나, 하는 거……. 또는 흘러가는 구름을 바라보며 과거에 헤어진 여자가 저만치서 나를 바라본다고 느끼는 거…….

몰라도 믿으면 길이 된다

시란 언어의 절정이자 사람의 사막에 내리는 단비. 시인이란 예민한 촉수와 정신의 순백으로 세상의 이면을 노래하는 부족. 그렇기에 시인이 되기 위해서는 수련과 단련이 필수적인데, 나태주는 시인이 되고자 하는 이들에게 일단 공부의 중요성을 일깨운다. 그가 말하는 '공부'란 머릿속에 많은 것을 우겨넣는 지식 축적이나 학력 쌓기가 아니다. 선망하는 시인을 따르라! 그는 그렇게 독촉한다.

"시를 배우기 위해 대학원 공부를 하는 사람들이 있지만, 미친 짓이지. 대학원 공부를 했다면 그걸 오히려 버려야 해요. 학교 공부보다는 사무치게 좋아하는 시인을 가져라, 그를 따라 어법을 익혀라, 그런 시인을 가급적 많이 가져라, 그렇게 충고하고 싶어요."

"선생께서는 어떤 시인을 좋아하세요?"

"초기엔 신석정, 김소월, 윤동주를 좋아했어요. 뒤늦게 김기림이나 정지용을 만난 건 아쉬운 일이지. 무서워서 접근하기 어려운 건

나태주는 43년간 주로 산골 초등학교 교사로 근무하다 퇴직했다. 이미 노년에 이르렀으나, 여전히 순정한 표정에서 아이들과 어울려 가뿐하게 살아온 세월의 에너지를 느낄 수 있다.

공주시 외곽 야산 자락에 조성된 '풀꽃문학관' 전경. 나태주의 문학세계를 알리는 공간이다.

서정주 선생이었어요. 블랙홀처럼 자꾸 빨아들이는, 징그럽고 샤머니즘적이고 악마주의적인 서정주에게선 빨리 빠져나와야 했어요. 사람을 미치게 하니까. 서정주의 대척점에 박목월이 있죠. 한결 인간적이고 소박한 시를 쓰는 박목월 선생을 잊을 길이 없어요. 저의 결혼식 주례를 서주시기도 했는데, 거짓말이라는 걸 모르는 인격이었어요."

정신도 실천도 고고해서 털고 털어도 먼지나지 않을 시인이 있지만, 그의 시는 맹탕일 수 있다. 난삽한 처신으로 망둥이처럼 날뛰는 시인이 있지만, 그의 시는 귀신까지 홀릴 명편일 수 있다. 작품과 인격이 일치해야 하는 걸까?

"일치한다면 더욱 좋겠죠. 예컨대 친일 행적을 남긴 서정주의 경우는 그게 되질 않아 비난받는 것 아닐까요? 인격이나 처신도 출중하고 시도 빼어나다면 금상첨화죠. 중요한 것은 시인 각자가 가진 지향, 서로 다른 세계관이 기본적으로 존중돼야 한다는 사실이에요. 하나님의 천국을 사실적으로 알지 못하더라도 믿음을 가질 수 있는 게 종교입니다. 알아서 믿는 게 아니라 몰라도 믿으면 그게 길이 되는 거죠. 문학도 마찬가지겠지. 나는 내가 믿는 길을 갑니다. 동시에 나와 다른 사람의 길도 인정해요."

"제가 아는 어떤 시인들은 시로 연애를 합니다. 애독자를 애인으로 가꾸는 일에도 능합니다. 선생께선 사랑에 관한 시를 많이 쓰셨어요."

"처음 시라는 걸 쓰게 된 건 살기 위해서였어요. 여자가 좋아서 죽겠는데 어떡하나. 살기 위해선 써야 했어요. (웃음) 그런데 제가 엄청 여자를 좋아하는 사람은 아닙니다. 사랑시를 썼다지만, 충분치 못한 사랑이라서 쓰게 됐어요. 매번 짝사랑이었고, 버림받았고, 서러웠고, 늘 혼자였으니까요."

짝사랑도 온전한 사랑도 허무하긴 마찬가지다. 후드득 마침내 낙화처럼 저무는 게 사랑이지 않던가. 나태주의 심금을 울렸거나, 나태주가 심금을 울린 사랑의 잔영들은 시로써 부활해 수명을 누린다. 인기를 끄는 시인에겐 따르는 독자가 많게 마련이다. 그는 독자를 만나는 자리에 가급적 아내를 대동함으로써 슬쩍 벽을 쌓아둔다. 고희古稀에 이른 노시인은 이제 꾀보가 다 됐다. 정갈한 처신이 자유를 누리는 지름길이라 여긴다.

시도 때로는 허영의 산물

나태주는 주로 산골 초등학교를 전전하며 43년간 교사생활을 했다. 지난 2007년 교장으로 퇴임하고도 여전히 분주한 일상을 누리는 건, 시인으로서 이름이 알려져 오라는 곳도, 갈 곳도 많아진 덕이다.

밥은 굶을망정 읽고 쓰는 일을 멈추는 법이 없으니, 그는 여전히 열혈청년이다. 지금까지 무려 서른여섯 권의 시집을 냈다고 한다. 서른여섯 권이라니! 항복! 막대한 권수로 보자면 그는 무적함대이다. 마르지 않는 시심詩心, 물고 늘어지는 근성이 아니고선 구현하

교사 시절 익힌 풍금 연주솜씨가 일품이다. 가끔은 풍금을 타 기분을 돋운다.

기 어려운 다작이다. 시의 품질에 하자는 없나? 조탁彫琢에 날림공사는 없을까?

"다작이 놀랍다고요? 일종의 생리현상이에요. 다작과 과작, 그건 설사와 변비의 차이라고나 할까요? 시를 많이 써도 죽을 작품은 죽고 살 작품은 살아요. 시를 적게 써도 죽을 건 죽고 살 건 살아요. 문제는 인구에 회자되는 대표작이 있는가 하는 것인데, 그게 있다면 그 시인은 죽어서도 살아남는 거죠."

"사후에도 불멸하는 시로써 존재하고 싶으신 거예요?"

"내가 왜 이렇게 많은 시집을 냈나, 내가 이래도 되나? 그런 반성도 해요. 그렇지만 끝내 내려놓지 못할 게 명예욕입니다. 미발표 시 하나 들어볼래요? '눈도 나무 위에 내리면 꽃이 되고 / 길바닥에 내리면 쓰레기가 된다 / 오늘 아침 나는 어디에 내려 무슨 눈이 되고 싶은가.' 난요, 쓰레기가 되고 싶진 않아요. 나무 위에 내린 눈이 되고 싶어."

"길바닥에 노숙처럼 내린 눈 역시 꽃 아닐까요? 서러운 꽃이랄까."

"꽃에 집착하는 마음. 이게 이미 헛된 명예욕일지도 모르죠. 진짜 허허로운 건 자신이 나무 위에 내린 눈이라고 생각했는데, 사실은 그렇지 않을지도 모른다는 거……."

"시도 때로는 허영의 산물?"

"맞아요. 허영, 허장성세, 모래밭에 쌓은 성과도 같은 것. 어리석음이라 할까, 집착이라 할까. 사람은 여하튼 인생을 자유롭게 살 필요가 있어요. 식욕, 색욕, 물욕, 권력욕을 버리지 않고 자유로울 순 없어요. 난 그런 건 돼요. 그러나 마지막까지 다스려지지 않는 게 명예욕이더라고. 미치고 팔짝 뛸 일이지. 이게 가장 무서운 독이오. 백년 후 단 한 사람에게라도 지지받고 싶은 욕망, 이게 엄청난 명예욕이죠. 미안하지만 절간의 스님들도 벗어나지 못했을걸. 법정은 벗어났을까?"

나태주는 자연과 인생의 자잘한 징후들에서 핵심을 읽어 시를 가꾸는 일에 노련한 시인이다. 모든 아름답거나 슬프거나 소박하거나 조촐한 것들, 눈에 보이지 않으나 보이는 자연의 본성을 은유하고 노래한다. 일테면 달인이다. 그러나 내면에 들러붙은 명예욕이라는 놈을 떨치기 어렵다고 고백하는구나.

시의 언어들은 풍진 세상의 정밀한 상처를 드러내는 데 능하다. 시인의 내면에 고인 상처를 정밀하게 드러내는 일에도 능숙하다. 하지만, 언어는 요술의 일종이라서, 능함이 넘쳐 현란한 헛꽃을 피울 가능성이 있다. 재능이 폐단과 동거한다는 말은 무릇 틀린 게 아니다. 본색을 잃은 시는 자본을 비아냥거리되 상품시장에 이미 주둔해 호객행위를 하며, 허영의 시장에 좌판을 벌여 명예라는 푼돈을 챙긴다. 그러나 명예욕이나 탐욕이 창작의 화톳불이 될 수도 있으니, 그걸 때 묻었다 몰아칠 일만은 아니다.

나태주는 한때 심한 병고에 허덕였다. 쓸개가 터지고 췌장이 녹아 없어지는 질환에 시달렸던 것. 죽음이 현관 앞에 대기한 걸 알았으나 용케 회복했다. 그 후로 삶이 변했단다.

"살아 있다는 게 날마다 기적이에요. 지금은 꽤나 유용한 인간이

나태주가 직접 쓰고
그려 만든 시화 작품이다.
틈나는 대로 자작시들을
테마로 삼은 시화 창작을 즐긴다.

됐어요. 아프기 전엔 불필요한 일들에 많이 사로잡혀 살았으나, 이젠 그러지 않아요. 매사 언제 어디서고 잣대를 대충 재도 다 맞아떨어져."

"삶의 지혜?"

"아니, 막가는 것이지. (웃음) 예전엔 눈치를 봐가며 대충 사교하고, 듣기에 좋은 말을 하고, 처세처럼 술을 마시고 그랬어요. 그런데 지금은 그렇지 않아요. 내가 하고 싶은 대로 오가고, 만날 사람 만나고 안 만날 사람 안 만나고, 하고 싶은 일은 하고 싫은 일은 안 하고, 그렇게 살아요. 그래서 나이든다는 것조차 즐거워요."

"노년에 오히려 비좁아지는 분들도 많은데, 그건 왜일까요?"

"인생 전체를 통틀어보고 헤아리는 능력에 달린 문제겠죠. 가령 늙어 섹스가 부실할 경우 자기 자신에게 화를 내는 사람이 있어요.

그러나 화낼 일이 아니죠. 때가 돼서 그런 것이니까. 안분지족安分知足이라, 만족을 알고 멈출 줄도 알아야죠. 그게 안 되면 자꾸 열받게 돼요. 나도 60세 이전까지는 계속 그렇게 살았어요. 이젠 우리 열 좀 식히자, 그런 얘깁니다. 사람을 열받게 하고 타락시키는 세 가지 요소가 있어요. 건강, 시간, 돈!"

군자는 늘 스스로 만족해한다. 그러나 군자라는 물건은 어느 가게에서 파는가? 구입이 어려우니 그저 판타지일 따름이다. 이미 열받은 머리로 다시 열받을 수밖에.

"사람이 누리는 복엔 열복熱福과 청복淸福이 있어요. 열복이란 누구나 누리고 싶어하는 화끈한 복으로 출세나 자녀 출산, 재물 획득에서 오는 복이에요. 청복이란 일상의 사소한 것에서 행복을 누리는 복이죠. 옛사람들은 이 두 가지 복을 동시에 추구했어요. 그런데 요즘에는 열복만 구하죠. 우리 이제 열 좀 식히자, 이젠 청복도 생각하자, 그렇게 말하고 싶어요."

"자연과 교감하는 길도 청복으로 통하겠죠?"

"왜 아니겠어요. 인간 자체가 자연이잖아요. 한편, 자연은 그 자체로 신의 육체이자 시의 육체이기도 해요. 제가 나름 잘 살아왔다 자부하는 이유 중 하나가 뭐냐. 그건 말이죠, 줄곧 시골에 살며 자연을 거스르지 않는 사람으로 지내왔다는 점입니다."

"여한이 없다는 말인가요?"

"남은 목표 둘을 말해볼까요? 하나는 욕 얻어먹지 않기. 또 하나는 남의 밥 안 얻어먹기. 그쯤이면 걸릴 게 없을 거라 생각하기 때문이에요."

　상생이 본분이라지만 상극도 이치다. 배터지게 얻어먹을 지경만 아니라면, 적시에 마땅히 얻어먹은 욕은 차라리 양분이라서 먹어도 체할 게 없다. 이 좀팽이는 그리 생각하지만 나태주는 정결한 삶의 푸른 해안을 꼭 집어 가리킨다.

　짧은 겨울해가 저물어 밤을 데려온다. 자전거를 탄 시인이 어두운 골목을 앞장서 달려 시장통 국밥집으로 향한다. 시인이 차려낸 언어의 성찬으로 이미 포식했지만, 국밥집 문전에 감도는 음식냄새가 코에 달다. 이 또한 청복!

함양 백암산 자락에 사는 작가
자야

돌고 돌아 들어온 산골에서
천천히 걷는 삶

―――――

흔히 노후를 걱정하지만, 의식주에 관한 한 더욱 자급자족을 하면 되겠다는 것, 일단 아무런 두려움을 갖지 않겠다는 것, 이런 걸 대책으로 삼고 있어요.

어찌 무소유의 경지까지야 넘볼 수 있으랴마는, 물신物神이라는 주님을 숭배하는 이 요상한 세상에서 그녀는 가급적 덜 소비하고 덜 소유하며 터벅터벅 천천히 걸어가는 게 적성에 맞다고 생각한다. 눈 뜬 아침부터 잠자리에 드는 밤까지, 자연과 섬세하게 교제함으로써 수시로 날뛰는 내면의 망둥이를 다독이는 게 근원적 평화를 누리는 길이라 여긴다.

들꽃과 바람이 서로 어떻게 속삭이는지 유심히 엿듣고, 가벼운 구름이 느릿느릿 산을 넘는 동향을 살펴서, 가지면 가질수록 공허하고, 무리지어 북적일수록 쓸쓸한 세사世事를 환하게 읽는 관점을 얻고자 함이 분명하다. 그렇다면 자연과 아예 동거하는 게 첩경. 그녀 자야(48세)는 경남 함양땅 백암산 언저리에서 7년째 시골살이를 하고 있다.

대학에서 국문학을 전공한 뒤 출판사에서 일하며 서울시민으로 살았던 자야는, 서른여섯 살 때 인도로 유학을 떠나 요가를 공부하고 인도 곳곳을 바람처럼 떠돌았다. 당시의 경험을 재료 삼아 『인도, 휘청거려도 눈부시다』라는 책을 펴내기도 했다. 몇 해 전엔 두 번째 저서 『다정한 날들』을 출간했다. 시골 생활의 소소한 표정, 잔잔한 즐거움, 자연과 이웃과 텃밭농사에 대한 체험을 담고 있다. 가볍고 쉬운 내용이라 후루룩 읽힌다. 다소 농도가 성기지만, 간소하되 정갈한 찬이 차려진 밥상처럼 따뜻한 책이다.

자야가 펴낸 두 권의 책, 『인도, 휘청거려도 눈부시다』와 『다정한 날들』이다. 산골 생활을 하며 틈틈이 글을 쓰는 일은 그녀가 일상적으로 누리는 즐거움의 하나다.

자야의 집은 마을 복판에 있다. 오래된 마을의 아주 오래된 집에 산다. 처음 이 집을 지었을 땐 벽이며 창, 지붕까지 일체가 신식으로 씽씽했겠지. 그러나 세월 따라 낡고 닳아 이젠 고목처럼 노쇠했다. 모든 오래된 사물들이 지니는 특유의 허무와 여유, 피로와 평온을 느끼게 하는 집이다. 애면글면 자식들을 기어이 건사해낸 우리네 늙은 어머니들의 깊고 포근한 주름살이 아른거리는 시골 고가라는 점에서는 기념비적으로 신성한 공간이다. 앙상한 뼈다귀들의 집적처럼 여겨지는 도시의 아파트나 과도한 치레를 일삼는 전원주택은 도저히 흉내낼 수 없는 고색창연과 내향적인 리듬이 두런거리는 집이다. 하지만 보기에 따라선 사뭇 열악한 주거공간이다. 그녀는 이 집의 무엇에 필이 꽂혔을까?

"지인의 소개로 알게 된 집인데요. 처음 집을 구경한 날 바로 결정했어요. 비가 그친 뒤 햇볕이 밝게 내리쬐는 날이었죠. 수돗가 포도나무 잎에 물방울이 반짝였고, 방울토마토와 가지가 달린 텃밭도 참 좋았고, 게다가 장작을 땔 수 있는 아궁이까지 있더라고요. 뿅갔죠.(웃음) 늘 햇살이 들이치는 남향집이라는 점도 맘에 들었어요. 아. 이 집인가 보다. 그래, 여기야! 그러고 바로 계약했어요."

"귀촌을 결심한 내력이라도?"

"제가 원래 도시에 살며, 출판동네에서도 일하고 요가 강사로도 뛰었어요. 그러나 도시생활이 잘 맞질 않았어요. 내가 지금 왜 이러고 살지? 그런 자괴감이 컸어요. 몸도 아팠고요. 그래서 귀촌이라는 걸 꿈꾸기 시작했는데, 그 와중에 요가 공부를 위해 인도에 갔지요. 이후 인도 정부가 공인한 국제요가교사 자격증을 따서 귀국했지만, 여전히 막막했어요. 어디론가 귀촌하고 싶었지만 여의치 않았고, 다시 인도로 날아가 한 열 달쯤 신나게 여행하고 돌아와 충남 금산으로 첫 귀촌을 했어요. 그 뒤 지리산 정령치 산중에 살다가, 여기 이 집을 사서 정착하게 된 거죠."

가장 평화로운 시절의 한 달 생활비 30만 원

돌고 돌아 이 산골로 들어왔구나. 도시에 염증을 느껴 몸마저 아팠으나, 대책을 찾아 인도를 방랑했고, 그럼에도 시원한 게 없어 그녀는 마침내 귀촌을 결행했다. 이건 예사로운 용기가 아니다. 도시라는 삶터를 벗어나기 어디 쉽던가?

따지고 보면 도시 역시 매력적인 공간이다. 생동하는 관계들이 있고, 치열하게 경쟁하는 맛이 있으며, 풍성한 문화가 양분을 부여한다. 도시를 등지고 산골로 들어가는 건 모험일 수 있다. 상당수의 귀촌인들이 실패하고 다시 비전을 찾아 도시로 귀환하지 않던가? 자야는, 그러나 귀촌했다.

"귀촌한다는 게 쉽진 않았어요. 제가 워낙 소심한 편이라 모험 같은 걸 잘 못해요. 그러나 절실했죠. 도시란 많이 벌어 많이 써야만 살아남을 수 있는 시스템이잖아요. 저에겐 경쟁이나 성공에 관한 열망이 없습니다. 뭐 전혀 없다고 할 순 없겠지만, 기어이 돈을 벌어야겠다는 야망 같은 게 없어요. 그릇도 작고……. 그래서 귀촌이 하나의 대안이었죠."

"귀촌에 만족하는 거예요?"

"이곳에서 7년째, 제 삶에서 가장 평화로운 시절을 보내고 있어요."

"조금 벌어도 무사하고, 덜 써도 즐거운가요?"

"적게 벌어 적게 쓰자! 이게 귀촌 목적이었는데, 그걸 꽤 이루었어요. 도시에서는 돈으로부터 자유롭기가 힘들잖아요. 관계나 상황에

서울에서 요가 강사였던 자아는 귀촌을 통해 큰 만족을 얻고 있다.
꾸밈과 치례가 전혀 없이 소탈한 집의 풍경과 그녀의 성품이 많이 닮았다.

따른 지출이 발생하니까. 하지만 시골에선 스스로 결정한 대로 꼭 필요한 지출만 가능하죠. 도시에선 많은 돈을 벌지 못하면, 또 시스템에 미달하면 루저 취급을 받기 쉽지만, 시골에서는 가난이라는 걸 생각하지 않아도 되던걸요."

돈이 인품으로 여겨지는 세상이다. 가진 게 없으면 무능한 자라 낙인찍히는 세태다. 유전무죄의 환장할 공리를 기반으로 약육강식 또는 승자 독식의 풍속이 심화하는 우리 사회에서, 돈이나 가난에서 자유롭기란 물고기가 아가미 없이 수중에서 사는 일처럼 여의치 않은 일이다.

일찍이 나는 어떤 고명한 노인에게 들었다. 적게 먹고 가느다란 똥을 눠라! 청명한 게송(불교적 교리를 담은 한시의 한 형태)이다. 그러나 욕망이라는 놈은 주야로 날뛰어 고민을 불러일으킨다. 게다가 돈이 처리해주고 어루만져주는 일들이 워낙 많다. 자발적 분배를 행하는 부자도 있으며, 나무늘보처럼 게을러터진 빈자도 있다는 사실까지를 고려하면, 돈이란 경제 문제이기 전에 태도와 마음의 문제일지도 모른다. 가난을 애써 미화할 일도, 그렇다고 열등감을 가질 일도 아니다. 하지만, 밥벌이에 공들여 노릇을 다하는 일과 마음 돌보는 일을 겸하지 않고서는 그 또한 염치없는 짓이다.

산야의 젖을 물고 살았던 전통 촌락의 사람들은 궁하되 굶어죽지는 않았다. 요즘에도 직접 텃밭을 가꿔 일용할 양식을 조달하고, 지갑을 털리게 마련인 도시로의 출타를 자제할 경우, 현저히 적은 지출로 생활할 수 있는 게 시골살이의 장점 중 하나이다. 가난하되 가난하지 않을 수 있는 병법이 어느 정도 통하는 게 산골이다. 자야가 생각하는 가난은 어떤 것일까?

"가난이라는 기준이 상대적인 거라서, 예컨대 수십억대 부자와 비교하면 남들이 저를 가난하다 딱지 붙일 수 있겠죠. 아마도 이 마을에서 제가 가장 가난한 축에 들 수도 있을 거예요. 그러나 저 스스로 가난하다 생각해보진 않았어요. 이오덕 선생이나 권정생 선생은 '자발적 가난'이라는 걸 구현한 분들일 텐데, 진정 잘 살다 떠난 분들이라는 생각을 갖고 있어요."

"권정생 선생은 성자가 아니었을까요? 그는, 간신히 겨우 사는 게 좋은 삶이라고 했죠."

"감히 '자발적 가난'을 실천할 만큼 제 의지가 강하지는 못하지만,

남들과 비교해 더 잘살아야겠다는 마음은 없어요. 물질에 경도되어 살고 싶진 않거든요."

"한 달 생활비는 어느 정도인가요?"

"약간의 용돈을 빼고 식비나 공과금 같은 걸 따져본다면, 25만 원에서 30만 원 정도? 텃밭에서 거두는 게 충분해, 좀체 지출할 일이 없어요. 개인 용돈이 들어갈 일도 거의 없고요."

"자동차 없이 사는 게 불편하지 않나요? 대문간에 세워둔 자전거로 용무를 보는 거예요?"

"자전거는 원래 이 집에 있었던 건데, 녹슬고 고장난 걸 대충 손질해 가끔 동네 나들이할 때 이용해요. 차 없는 불편요? 마을에 군내버스가 드나들어, 필요할 경우 그걸 타고 읍내에 나가죠. 거의 불편을 못 느껴요. 혹시 더 깊은 산골로 간다면 생각해봐야겠지만요."

자족할 줄 알고 돈이 없어도 당당한 삶

가여운 건 새장에 갇힌 새만이 아니라 돈에 갇힌 인생도 이하동문이렷다. 물질에 매몰되다 보면 삶의 상상력이 축소되고 존재의 참모습마저 흩어진다. 우리가 끙끙대는 가난은, 채울수록 허기지는 욕망의 계략에 의한 가짜 가난이기 쉽다. 자야는 그 비루한 욕망의 순환고리를 이미 끊어냈을까?

그녀는 사람을 일쑤 미치게 만드는 돈 문제에서 자유롭기를 꿈꾸었다. 그리하여 소박하고 검소한 시골살이로 그 꿈을 착실히 구현하고 있다. 귀촌으로 오히려 인생이 꼬이고 망가지는 수가 있다지만, 그 무슨 농담이람? 남모를 애환이 왜 없을까마는, 자야는 끄떡없다.

 자야가 차린 점심 밥상을 받는다. 텃밭에서 수확한 채소들로 만든 비빔밥이 달다. 소년처럼 말끔하고 나긋한 남자가 밥상머리에 합류한다. 자야가 이번 생에 가장 가까운 인연으로 만났다는 동반자 K다. K는 자야처럼 출판 계통에서 일했으며, 환경운동단체에서도 활동했단다. 이곳에 정착한 뒤로는 400평쯤의 농토를 빌려 농사를 짓는 중이다. 자야는 프리랜서로 글을 쓰거나 남들의 원고를 손질해주는 일로 돈을 번다. 두 사람 사이엔 아이가 없다.

 "K나 저나 아이에 대한 갈망이 없어요. 양육의 책임도 귀찮고. 제가 아마도 다른 생에서 이미 아이를 많이 낳지 않았을까? (웃음) 어쨌든 우리는 비주류적인 삶을 산다고 할까. 즉, 주류적인 삶에 대한 열망을 버린 채 동행하고 있어요. 세속적인 가치들을 경시하는 건 아니에요. 다만, 아직 닥치지 않은 미래 때문에 미리 걱정하진 않아요. 흔히 노후를 걱정하지만, 의식주에 관한 한 더욱 자급자족하면 되겠다는 것, 일단 아무런 두려움을 갖지 않겠다는 것, 이런 걸 대책으로 삼고 있어요."

 "당신은 다분히 조용하고 사적인 걸 존중하는 분으로 보입니다. 시골 마을 한복판에 살며 이웃들과 어울리는 일이 힘들진 않나요?"

 "마을분들이 불쑥불쑥 찾아오는 건 아닐까, 처음엔 다소 걱정했어요. 그런데 기우였어요. 힘든 점이 있다면, 혼자 늙어가는 분들이 많은데, 약하고 외로운 그들을 가까이서 지켜보는 일이에요. 뭔가를

자그만 골방을 다듬어 만든, 서재 한쪽에 놓인 책상 앞에 앉아 글을 쓴다.

해드릴 수도 없고, 해드릴 문제도 아니라서 곤혹스러워요. 아아, 나에게도 곧 저런 날들이 다가올 텐데 어떡하나, 새삼 그런 생각도 하게 돼요. 정신적인 면이 중요하겠구나, 굶어죽을 정도만 아니라면 자족할 줄 아는 것, 감사할 줄 아는 것, 굴욕적이지 아니할 것, 돈이 없어도 당당하고, 자신은 물론 남들에 대한 믿음을 고수해야 한다는 것. 그런 가치들을 생각해요."

"농사로 한평생을 살았던 촌로들, 가령 도시의 물질적 가치들이 덜 침투한 산골 오지에 사는 노인들의 경우, 제 경험으론 세상 누구보다 강하고 당당한 존재들입니다. 비록 노년의 독거가 외로울지라도, 평생 땅을 상대한 사람들 특유의 야성이라는 게 있죠. 그래서 사실은 대범해요."

"진짜로 깨달은 사람들은 깨달음이라는 말 자체를 하지 않잖아요. 촌부들은 자연이니 생태니 하는 단어를 구사하지 않지만, 삶 자체가 이미 자연 안에 녹아 있는 것 같아요."

"그런데 말이에요. 자야 씨는 혹시 게으른 삶을 지향하나요? (웃음) 퇴색한 파란 대문이 멋지긴 하지만 손질되지 않은 마당, 어수선하게 널린 창고의 물건들. 특히나 풀들을 방치한 텃밭에선 작물들이 시들시들!"

"관점의 문제 아닐까요? (웃음) 풀은요, 다 잡을 순 없어요. 풀이 어릴 때 좀 매주고 나면 작물들이 어느 정도 자생력을 갖게 되죠. 풀과 조금은 공생하자, 그런 생각이에요."

"마당에 포도나무 외에, 꽃나무 하나 심어 가꾸지 않은 건 왜인가요?"

"제가 꽃을 가꾸는 타입이 아니에요. 꽃은 나가서 보자, 나무도 꽃도 앞산 뒷산에 지천이잖아요. 저희가 빌려 쓰는 밭 근처에 매화나무가 많은데, 봄철에 매화꽃이 얼마나 좋은지 몰라요."

묵묵하게 수굿한 자연의 가르침

자야의 밭은 도보로 10분쯤 걸리는 백암산 중턱에 있다. 자야는 K와 함께 겨울철 농한기 외엔 자주 산밭을 찾아간다. 삽이며 괭이며 호미 같은 연장을 손수레에 싣고, 산책처럼 타박타박 농로를 걷고 언덕을 올라 밭에 닿는다. 밭에선 철따라 싹이 움트거나, 감자꽃이 피거나, 주렁주렁 고구마가 달린다. 수확기엔 거둔 결실을 수레에 싣고 돌아온다. 그 소탈한 행차에 아침햇살이 물살처럼 번지거나, 주황의 저녁놀이 슬프도록 황홀하게 물들 테지.

두 사람이 먹을 양이면 그만이기에, 농토가 클 필요도 없거니와 힘에 부칠 것도 없다. 농사로 얻는 게 감자나 고구마만은 아니다. 자연을 보는 눈썰미에 촉이 붙어 숲의 일, 땅의 일, 하늘의 일을 한결 민감하고 섬세하게 바라볼 수 있게 되었다. 즐겁지 않은 일도 즐거운 척 즐기는 인생 또한 가상하다. 그러나 자야는 요즘 진정으로 즐거워서 즐긴다. 자연 안에서 살며 긍정의 눈을 얻어가고 있는 것이다.

"귀촌의 좋은 점은 자연과 우주를 깊이 있게 바라볼 수 있는 여지를 준다는 점이에요. 농사를 짓느라 풀을 뽑고 몸을 놀리지만, 사실

빛바랜 파란 대문, 낡은 자전거가 정감과 운치를 자아낸다.
마을에서 그녀는 '파란 대문집 여자'로 통한다.

농부의 역할은 아주 작은 몫이죠. 농사를 짓는 주인공은 햇빛과 비, 바람이에요. 순응이라는 거, 순종과는 다른, '있는 그대로' 받아들이고 긍정하는 자연의 움직임을 바라보는 일이 정말 좋아요."

"자연의 일은 그렇다 치고, 사람 사는 일은 지지고 볶는 난리법석을 피하기 어렵지 않던가요? 이를테면 분노라던가 슬픔 같은 감정은 어떻게 처리하죠?"

"요가는 마음작용을 멈추게 하는 걸 목적으로 한다고 해요. 어쩌면 사람의 마음은 아주 간사한데, 그걸 멈춰서 평정과 초연에 이르고 싶다는, 깨달음까지는 아니더라도, 비록 나 자신이 못하고 있더라도, 그 평정상태에 대한 명제는 늘 가지고 살아요. 세상은 실재일까요? 일어났다가 사라지는 게 아닐까요? 세상에는 영원한 게 아무것도 없다죠? 어느 선사가 말하길, 고정관념이나 과거에서 나온 생각이 아닌, 무無에서 올라온 마음이 자연스럽다고 합니다. 에고에서 벗어나면 분노도 슬픔도 줄어들 거라고 생각해요. 자연이 그런 걸 가르쳐주죠."

"자연이 족집게 과외선생이에요?"

"흔히들 '있는 그대로'라는 말을 많이 하지만, 보통은 나의 기대와 상처, 바람을 싣고 상대를 바라보죠. 자연엔 그런 게 없어요. 묵묵한 수굿함이라고나 할까? 그게 자연의 미덕으로 다가와요. 자연을 배우며 가볍게 살고 싶어요. 그게 소망이랍니다."

"당신의 첫인상은 무거워 보였어요. 지금은 밝고 생기가 느껴져요. 가벼워진 거예요?"

"하하. 제가 어려서부터 진지하고 심각한 성격이었어요. 어느 정도는 버릇이 되었죠. 그런데 지금 이 순간엔 편안해졌나 보네요."

자연만이 미덕의 전당은 아닐 것이다. 하지만 자연 안에 참새처럼 깃들여 삶을 도모하는 일이란 자연의 독려나 간섭에 노출되는 일이기도 해서, 은연중에 양질의 무료 과외를 받는 것과 같은 효과를 경험하게 된다. 산골에 사는 인간치고 구제불능의 흉악한 자는 드문 법이다. 일테면, 자연이란 하나의 선한 경전이라고 해야 할까? 자야가 그리는 시골살이의 문양이 순연純然하니, 그녀는 자연을 읽는 사람이구나.

따뜻한 정적이 흐르는 시골의 하오. 파란 대문집에 사는, 나직한 목소리로 두런거리는 여자와 작별하고 걸어나오는 골목길에 산빛 서린다. 눈앞이 푸르다.

괴산 군자산 자락에 사는 가수
사이

돈 없이도 시골에서
팔자가 늘어질 수 있어요

가끔 젊은이들을 만나면 정말 자신이 행복하고 재미있게 할 수 있는 일을 찾는 게 중요하다고 얘기해요. 돈을 버는 게 재미있다면 문제가 없겠지만, 그게 힘들고 괴롭다면 바꿔야죠.

어느 자리에서고 사이는 자신을 이렇게 소개한다.

"안녕하세요. 저는 유기농펑크포크의 창시자이며, 슈퍼백수이자 떠돌이 뮤지션 사이입니다."

유기농펑크포크. 이게 뭔가. 펑크스타일로 포크송을 짓고 연주하고 부른다는 것인데, '유기농'이라는 간판은 이 시대의 트렌드라서 붙였다고 한다. 슈퍼백수? 백수 중의 백수라는 뜻일 텐데, 개털처럼 많은 나날들을 그저 베짱이처럼 노래 부르며 무사하게 사노라는 은근한 과시가 서려 있다. 올해 나이 마흔둘이다. 충북 괴산군 칠성면 군자산 아래 시골마을에 산다. 아내와 아홉 살 난 아들을 거느리고.

사이의 집은 마을 끝자락 야트막한 언덕배기에 있다. 집 뒤로 펼쳐지는 풍광이 빼어나다. 집은 작고 허술하다. 안팎으로 가꾸거나 다듬은 것 없이, 그저 무심코 바람이나 달빛이 드나들기 좋을 정경이다. 봉두난발처럼 시든 풀과 잡동사니가 뒹구는 마당의 풍치에 사이의 취향이 비친다. 마당도 하나의 언어이자 노래라고 한다면, 귀찮아! 제발, 날 내버려둬! 그쯤의 발성을 토한다고나 할까.

이 태평한 사람의 고향은 부산이다. 20대엔 서울을 떠돌았다. 보일러공, 출판사 영업직원으로 일하며 밥을 벌었다. 음악을 하고자 했던 상경 시의 포부대로 20대 후반에 길거리 밴드를 결성, 주로 홍대 거리나 클럽에서 노래했다. 환경단체에서 일하던 여자와 연애를 하고 결혼했다. 여기까지는 예사롭다. 하지만 평범하지 않은 행장이 이어진다. 그는 돌연 산골로 달려갔다. 서울을 버리고 지리산 자락 산청의 외진 골짝으로 살림을 옮긴 것이다. 왜지?

"어느 날, 석유문명의 위험을 다룬 다큐를 보게 됐어요. 석유시대가 오래가지 못할 것이다, 석유가 고갈되면 지구가 망할 것이다. 그런 내용이었는데 쇼크가 컸어요. 고민하게 됐어요. 내가 지금 뭐하는 거냐, 제대로 살아보자, 어떻게든 스스로 살아가는 인간이 돼보자. 그런 결론에 이르러 산골로 들어갔죠. 원래부터 귀농을 바랐던 아내 역시 바로 공감했고요."

"산청 산골에 연고라도 있었나요?"

"서울에서 아내랑 연애하던 시절에 놀러간 마을이었어요. 몇몇 외지인이 이미 정착해 매우 독특한 생활을 하고 있었는데요. 이분들의 도움을 받아 자리잡을 수 있었죠. 처음엔 빈집을 빌려 살다가, 얼마 뒤 방 하나 부엌 하나짜리 흙집을 손수 지었습니다. 정말 가진 것 하

사이가 세 들어 사는 집이다. 도시의 번듯한 주거공간에 비한다면 자못 허술한 집. 그러나 사이 일가는 이 집에서 별다른 불편을 느끼지 못한 채 살아간다. 웃음과 재미가 있는, 나름의 따뜻한 둥지다. 지난날 산청의 산골에선 손수 지은 방 한 칸짜리 흙집에서 살았다.

나 없이 산골로 들어갔어요. 목표는 완전한 자급자족을 하자, 일체의 가전제품을 사용하지 말자, 그런 것들이었는데, 좋았어요. 재미있었어요."

"전기를 거부? 전등도 켜지 않았나요?"

"흙집을 짓는 한 달 정도는 촛불로 살았고, 이후에는 전등을 이용했죠. 한 달 전기요금이 천 원 남짓 나왔어요. 검침원이 놀라던데요. 어라, 이거 계량기 고장 아녀? 하면서……. (웃음) 암튼, 우린 별로 불편할 게 없었어요. 당시엔 워낙 생각이 컸기 때문에 재미있었죠. 물론 힘든 점이 많았지만 연구하는 재미가 컸어요. 일테면, 냉장고가 없으니 일단은 음식을 많이 만들지 말자, 냇가에 김칫독을 묻자, 그런 식으로 인디언처럼 많은 실험을 했어요."

하루에 서너 시간만 일하는 삶

인디언처럼. 그럴싸하다. 인디언들은 대지의 정령, 자연의 묵시를 경외하며 살았다. 누구도 자신의 땅을 소유하지 않았다. 숲의 나무와 강물, 대지의 그 어떤 일부도 사적으로 틀어쥐지 않았다. 하루치의 식량 외에는, 비축을 위한 사냥을 더 이상 하지 않았다. 그러고서도 유례가 드문 상생으로 조화로웠으며, 전례 없는 평화를 누렸다. 자연의 보호와 감독 안에서 인디언들은 안전했으며 경건한 삶을 누렸다. 맨몸으로 우당탕탕 산청 산골로 입장, 용감하고도 소박한 나날들을 구가한 사이의 행장에 인디언식 꿈과 습속이 아른거린다.

"약간의 농사도 지었어요. 물론 팔기 위한 건 아니었어요. 자급자족이 목표였으니까. 제가 원래 게으른 사람이기도 합니다만, 아내와 약속한 게 뭐냐면, 하루에 서너 시간 이상은 일하지 말자, 그거였어요. 늘 집에만 있었습니다."

"그래서야 무슨 재미를 보지? 귀양살이도 아니고."

"세상을 어떻게 보느냐에 따라 달라지는 것 아니겠어요? 자기 선택이 개입된 삶이라면, 어떤 상황이라도 그다지 불편하지 않을 겁니다. 신나게 지냈어요. 야생에서 느끼는 삶의 엑기스도 신선했고, 좋아하는 노래를 만들고 부르며 희희낙락하는 게 참 좋았어요."

"한 달 생활비는 어느 정도냐?"

"10만 원 정도요. 더 쓸 돈도 없었지만, 그 돈이면 대충 지낼 수 있었어요. 정 부족하면 아내랑 도시에 나가 접시라도 닦으면 되겠지, 그런 생각으로 살았어요. 아이도 그냥 집에서 낳았고, 굉장히 즐거웠어요. 전기의 노예로 살아가는 사람들이 우습게 보였죠. 처음엔 우리가 정말 대단하다고 생각했으니까."

"처음엔? 그럼 나중에는요?"

"제가 원래는 사람 없는 곳이 아름답다고 생각했어요. 온전한 자연 속에서 비로소 인간답게 살 수 있을 거라 봤어요. 그래서 산골을 찾아갔죠. 그런데 3년쯤 살다 보니 지겨운 느낌이 들더라구요. 내가

오랫동안 서울 홍대 앞 클럽에서 노래하다 별안간 산골로 내려가 사는 아이는 노래와 더불어 날마다 신명을 누린다. 삶의 경험과 생각을 가사에 담아 넋두리처럼 흥얼거리는 그의 노래를 듣다 보면 유쾌한 웃음이 터진다. 그는 유기농펑크포크 가수를 자처한다.

사이는 설거지가 즐겁다.
아내를 돕는 일이라서 보람차며, 그가 가장 잘하는 일의 하나라서 자발적이다.

너무 잘난 사람이 되려는 것 같은 느낌, 뭐 그런 거. 결국은 그곳을 뜨게 되었는데, 독서에 의한 계기도 있었어요. 어느 정도는 자급자족이 가능하지만 완전한 자급자족은 어렵다고 느꼈어요. 내게 부족한 것은 남들과 바꾸거나 사고파는 것도 괜찮겠다, 사람들과 어울려 사는 것도 괜찮겠다, 그런 생각들을 했죠. 우리가 도움을 받으며 이웃으로 지냈던, 외지에서 유입된 생태근본주의자, 마음 공부하는 수행자, 무교회주의자, 이분들의 삶엔 분명 뭔가 대단한 것이 있었지만 저희랑은 다르다는 걸 알겠더라고요. 그들의 삶은 여전히 가치가 있지만, 배울 점이 많지만, 저는 다른 삶을 살고 싶었어요. 그래서 산청을 떴죠."

발걸음이 느려지면 길가의 풍경들이 세밀하게 보인다. 천천히 살다 보면 인생의 길과 뜻이 보인다. 산청 산골에서 펼쳐진 사이의 방식은, 가공할 만한 생존의 검투장인 도시의 풍속과 사뭇 달랐고, 나무처럼 태연했으며 만족했다. 그러다가 그의 생각이 바뀌었구나. 전기의 노예 되기를 거부하고, 그로써 요상 야릇한 지구덩어리의 운명을 좋은 쪽으로 돌려놓는 일에 일조할 수 있다고 믿었던 이 가상한 사람은, 종단엔 두루두루 지겨워 산골을 나와 다시 어디론가 향했는데 그게 또 산골이다. 충북 괴산의 후미진 산촌으로 이주한 거다. 지금으로부터 7년 전 일이었다.

도시가 아니고 다시 시골에 둥지를 튼 건 공연히 힘을 빼고 싶지 않아서였단다. 온갖 욕망이 창궐하는 도회지에서만큼은 살고 싶지 않았더란다. 독자여! 만약 당신이 귀촌이나 귀농을 희망한다면, 시골에 집을 마련하는 일로 고뇌하지 마시라. 손에 쥔 게 없었던 사이는 괴산군청을 방문해 관내의 폐가 목록을 훑어본 뒤 가장 괜찮다 싶은 집 하나를 점찍었다. 그리고 그 집을 찾아갔다가, 오히려 비어 있는 옆집에 필이 꽂혀 마침내 세를 얻을 수 있었다. 행운의 여신은 바쁜 가운데에도 우리 곁에 그림자처럼 동행하심이 여기서도 입증되는 게 아닌가.

상투적이지 않은 삶을 살아가고파

사이는 산청에서 그랬듯이 괴산에서도 끄떡없이 잘 살고 있다. 산청에선 고립을 자청했으나, 괴산에선 섞여 산다. 2010년엔 제천국제영화제 '거리의 악사 페스티벌'에 참가해 우승했다. 뜻이 통하는 뮤지션들을 불러들여 인근의 폐교된 분교에서 펼치는 '괴산 페스티벌'을 주도하기도 했다. 여전히 그저 별난 아마추어 가수쯤으로 대접하는 눈들이 많지만, 사이 본인의 자부심은 하늘을 찌른다. 요즘엔 제법 알려져 공연 요청이 잦다. 앗, 재미있다! 기타나 우쿨렐레, 또는 하모니카를 연주하며 노래하는 사이의 음악을 들은 사람들의 반응이 주로 그렇다. 가창력이야 시원치 않지만, 일쑤 정곡을 찌르는 노랫말로 어딘가 근질거리는 부위를 벅벅 긁어주는 거다.

겨울이 들이닥치기 시작했다. 밖은 춥다. 사이의 방은 따숩다. 연탄보일러의 화력이, 기울며 들이치는 하오의 햇살더미가, 그리고 아내와 아들의 온기가 보태져서다. 컴퓨터를 보자니 뭔가 쓰다가 멈춘 글이 있다. 음악평론이란다. 그는 음악평론가라는 군상들이 마땅치 않다. 권력을 행사하기에. 가요계를 휩쓰는 아이돌 가수들에게도 심드렁하다. TV가 없으니 쇼 프로를 볼 수 없지만. 좋은 음악이란 뭘까?

"자기만의 얘기를 담는 게 좋은 음악 아닐까요? 상투적이지 않은 삶을 살아가고, 그 속에서, 사소한 일상이나 풍경에서 남들이 보지 못하는 걸 보거나 다르게 보는 것. 이게 음악이고 글이고 미술이라는 생각이 들어요."

"좋아하는 가수는 누구예요?"

"김두수, 산울림, 김현식, 유재하, 한영애……. 외국 가수로는 레너드 코헨, 닐 영, 밥 딜런처럼 자기만의 스타일로 중얼중얼 노래하는 사람들이 좋아요. 전에 밥 딜런이 우리나라에 와서 공연했는데요. 그걸 보지 못해 정말 아쉬웠어요. 돈이 없어서……. (웃음) 아, 얼마 전에 작고한 루 리드를 아세요? 노래를 이렇게 못해도 노래가 되는구나. 고교 때 루 리드를 듣고 충격이 컸어요. 아하, 나도 노래해도 되겠다, 그랬어요."

"요즘 오라는 곳이 늘었다죠? 어디서, 그리고 왜 당신을 부르는 걸까요?"

"시민사회단체에도 많이 가고, 정치적인 성향을 띤 곳이나 노동자 그룹에 가서도 노래를 불러요. 대안적인 걸 고민하는 곳에 많이 간다고나 할까. 왜 부르냐고요? 글쎄, 그냥 시골에 사니까 그렇지 않을까요? 사람들이 무척 재밌어 하긴 해요. 제가 산청에서 엄청 잘난 척할 때 하고 싶은 얘기들을 노랫말로 다 쏟아냈는데요. 이걸 재밌다고들 해요."

"무료공연도 합니까?"

"요즘은 차비라도 줘야지 갑니다. (웃음) 가끔은 저 혼자 욱해서 제주 강정에 가기도 하고, 쌍용차 분향소 강제 철거 때 또 욱해서 자발적으로 달려가기도 했지만……."

"당신이 생각하는 좋은 세상이란 어떤 것이지?"

"재미있게 사는 사람들이 많은 세상이죠. 너무 진지하거나 너무 진부한 걸 저는 못 견디겠어요. 가끔 젊은이들을 만나면 정말 자신이 행복하고 재미있게 할 수 있는 일을 찾는 게 중요하다고 얘기해요. 돈을 버는 게 재미있다면 그런 일을 하는 게 문제가 없겠지만, 그게 힘들고 괴롭다면 바꿔야죠."

청춘이여, 지금 고통스러운가? 그렇다면 바꾸어라! 사이의 얘기가 그렇다. 바꾸기 위해선 일단 삶을 구조적으로 볼 수 있는 능력이 필요하다. 몸에 박힌 타성과 관성에서 벗어나 새로운 시간 속으로 들어가야 한다. 하지만 과학이 말하듯이, 인간은 100퍼센트 동물이다. 본능과 욕망에는 멀리 보는 눈이 달려 있지 않아서, 진부한 현재를 반복적으로 탐닉하는 쪽으로 사람을 몰아가기 십상이다. 바꾼다는 것, 그건 어쩌면 개벽이라서 쉬운 경지가 아니다.

"자신의 욕망을 들여다볼 수 있다면, 내 욕망의 흐름만이라도 지켜볼 수 있다면, 크게 휩쓸리지 않을 수 있을 거예요. 우선은 진정으로 하고 싶은 일이 무엇인지를 찾아내는 게 필요하겠죠. 저는 사회적 기준, 도덕적 잣대는 중요치 않다고 생각해요. 거울이 필요 없

음반 재킷 이미지다.
사이는 그간 두 장의
앨범을 냈다.

는 인격의 소유자가 된다면, 도덕도 선악도 뛰어넘을 수 있지 않을까요? 그게 쉽지 않아 슬픔이나 비참에 잠기지만, 그 비참한 반성마저 인생에 도움이 되는 것 같아요. 가난하면 상상력이 생기는 것처럼……."

"거울이 필요 없는 인격이 가능할까요? 물신을 하느님으로 모시는 세상에서……. 여전히 가진 게 별로 없는 당신에게, 미래에 대한 남모를 불안은 없나요?"

"아내, 그리고 아이와 먹고 사는 이 정도의 재미면 충분하지 않을까요? 게다가 저에겐 노후 대책이 있습니다. 아들을 낳았기 때문에, 이 녀석이 나중에 나를 먹여 살리지 않을까, 그런……. (웃음)"

"햐, 자식을 착취하려고?"

"원래 그런 계획이 있었어요. 아들이 크면 같이 밴드를 하고, 그러

사이가 즐겨 연주하는 악기 우쿨렐레. 네 줄짜리 이 악기는 하와이 민속악기이며, '우쿨렐레'란 '벼룩이 튄다'라는 뜻. 실제로 우쿨렐레는 팅팅 경쾌한 소리를 낸다.

사이가 지어 부르는 노래는 일상의 사소한 풍경이나 느낌을 재료로 한다. 순간적으로 떠오르는 생각들을 즉시 메모해두는 일은 오래된 버릇이란다.

다가 아비가 늙으면 녀석이 벌어 먹이겠지. 그런데 주변에서 말하길, 그게 맘대로 안 된다고 하더라고요. 근심하고 있습니다. 하핫! 사실, 충분한 근거가 없는 불안, 아직 다가오지 않은 미래를 미리부터 고민할 일도 아닌 것 같고……"

얼굴을 가만히 들여다보라, 웃는 표정이 많이 남아 있다면 그대는 세상에 보시를 한 것이다, 라는 말이 있다. 그러나 스스로 웃기 힘든 게 삶이라는 고苦. 부디 웃겨다오 삶이여. 우리는 그렇게 청탁할 수밖에 없다.

그런데 말이다. 사이가 노래하면 사람들이 킥킥 웃는다. 노랫말을 하나 볼까?

> 사람들은 도대체 내 말을 믿질 않아
> 돈 없이도 시골에서 팔자가 늘어진걸
> 잘 먹고 잘 놀고 잘 쉬고 전기세 1,600원
> 텔레비전 핸드폰 세탁기 없어도 살아
> 농사로 돈을 벌려면 머리가 아파
> 그냥 줄이고 덜 쓰고 가난해도 괜찮은걸

공주에 사는 서양화가
임동식

자연 속 모든
소박한 것과의 동맹

어려움이 있어도 직진하지 회전을 하진 않아요.
오랫동안 가난이 극심했지만, 나 같은 사람 하나쯤 굶어죽어도 나쁘지
않을 거라는 생각을 했어요. 이판사판, 단도직입도 나의 방법이지.

서양화가 임동식(71세)은 애늙은이로 소년기를 통과했다. 어려서부터 불서佛書 들여다보기를 좋아했으며, 인생이 고통의 연속이라는 걸 이미 알았으며, 윤회의 굴레에서 신속하게 벗어나는 게 상책이라는 것 또한 알았으며, 하여 가급적 빨리 승려가 되고 싶었더랬다. 그러나 그저 술술 풀리는 인생이란 묘미 또한 결여되기 십상. 어쩌다 그림과 연을 맺어 홍익대 미대를 나온 그는, 중이 되는 대신 미술을 평생의 업으로 삼아 삶의 고난과 고독과 권태를 능히 다독여왔다.

화가라는 부족은 조물주의 특별한 작품다운 오기와 광기를 내장하기 쉽다. 그러나 어려서 조로早老한 중에 속했던 임동식은 늘그막에 오히려 순정한 소년으로 회귀한 것인가? 그는 자연의 일, 숲속의 일, 소소한 생명들의 일을 남의 일이 아닌 나의 일로 알아, 단박에 교감하거나 내통하는 감성을 벼려온 것으로 보인다.

동화 하나 들어보시라. 접때, 산골마을에서 말뚝처럼 한 세월을 붙박여 살았던 그는, 어미 잃은 산토끼를 집으로 데려와 8개월 동안 동거했다. 산토끼의 명상적인 동태에 필이 꽂혀서다. 고즈넉한 독신남의 일상에 토끼가 기여한 게 많았을 게다. 둘이 눈을 맞추고 콧등을 비벼대고, '꿈같은 시간'들이었단다.

그러던 어느 날, 마을 사람들은 임동식의 집안에서 느닷없이 흘러나오는 비통한 음향에 몸서리를 쳐야 했다. 소리의 임자는 임동식이었으며, 그건 맹렬한 조가弔歌였다. 별안간 죽어 승천한 토끼의 넋은 그로써 충분히 위로받아 너울너울 우아하게 비상하였을 게 분명

거처가 거의 통째 작업실이다. 네 개로 구획된 작업장에서 각각 다른 유형의 작품을 창작한다. 주로 두문불출 작업에만 진력하는 탓에 공간 가득 열기가 서려 있다.

하다. 죽은 토끼를 위무한 임동식의 구슬픈 진혼곡은 보름 밤낮 동안 지루하게 이어졌다지. 목놓아 울어 산토끼처럼 빨갛게 변한 화가의 눈 속에서 사람들은 토끼의 생시를 관람하고 다시금 몸서리쳤으렷다. 비정하고 매정하고 박정한 세태를 놓고 보자면, 죽은 토끼를 애도하는 임동식의 방식은 가히 독창적인 미덕이자 형제애의 산물이다.

임동식은 자연 속의 모든 소박한 것, 자잘한 것, 애틋한 것과 동맹을 맺은 채 멸치대가리와 생쌀로 섭생을 도모하는 세한歲寒의 세월 중에도, 야외에서 온갖 행위예술을 펼치는 행사인 '금강현대미술제'를 창립했다. 그가 10년간 눌러 살았던 공주시 신풍면 원골마을은 이 이름난 자연 미술제의 거점이다.

미술은 사람의 내부에 깃든 자연을 끌어내는 활동

임동식은 현재 공주시 변두리 골목통에 거처를 두고 칩거처럼 눌러앉아 작업에 몰두하고 있다. 30대 때는 독일로 유학을 떠나, 전위적이고 진보적인 학풍으로 유명한 함부르크 미술대 자유미술학과에 적을 두었다. 독일에서 많은 것을 배웠지만, 가장 인상적인 건 '너무도 독일적인 독일 화가들의 작풍'이었단다.

그래서일까? 임동식이 그리는 요즘의 작품들은 다분히 토속적이고 고전적인 풍경화다. 일견 평범한 화풍이라서 그 누가 거들떠보랴 싶지만, 웬걸, 그건 얕은 오진에 불과할 뿐, 반색하고 덤벼드는 애호가들이 넘친다. 물심양면의 불황이 길었으나, 일흔 살 고개를 넘어선 고수高手에게 바야흐로 꽃봄이 찾아왔다. 그렇다면 창작의 산고産苦나 도로徒勞를 넘어, 이젠 오롯한 즐거움을 구가할까?

"나름의 생각이나 경륜에도 불구하고, 그림 그리는 일은 여전히 말 못할 어려움을 느끼게 합니다. 이게 장난이 아니오. 사람을 편하게 놔두질 않아요. 진을 빼야 하고, 반성하게 만들어. 반성을 하고서야 겨우 뭔가가 되지만, 이거 참, 때로는 귀신이 붓을 잡은 내 손을 움켜쥐고 훼방하는 것 같아."

"그 힘든 일에 왜 굳이 매달리시나?"

"왜 그리느냐고? 하고 싶은 일을 할 뿐이라고 자문자답해보지만, 사실은 궁색한 답이죠. 미술이라는 역사와 문화가 나에게 접목된 거라는 답도 막연하겠지. 아마도 자연율에 의한 행위가 아닐까? 강아지들은 배부르게 먹고 나면 기분이 좋아져 땅을 팝니다. 드로잉을 하는 것이죠. 그게 자연율이 가져다주는 여흥이라는 것일 텐데. 글쎄, 살면 살수록 모를 일이 한두 가지가 아니오."

"'예술은 나의 신神'이라 외치는 작가도 있습니다."

"우주의 무한성을 넘어서겠다는 사람도 있어요. 장엄한 생각들이지. 이런 종류의 현란한 얘기들은 대체 무슨 의미가 있을까? 고민하고 모색하고, 방향을 찾아가고, 매일 행하는 수행처럼 그려대고, 때로는 붓을 놓고 남들과 대화도 해보고, 그저 그렇게 작품 중심으로 살아가지만 질서를 잡긴 어렵더라고요."

"우직한 뚝심이 길일까?"

섬세한 묘사력이 돋보이는 풍경화. 젊을 때 부단히 습작했던 저력이 여실히 드러난다.

"그림은 미련해야 할 수 있어요. 지혜롭고 현명하면 지속하기 어렵죠. 그렇더라도, 굳이 하지 않아도 될 미술을 나는 왜 하는 것일까? 지금 생각해보면 그게 다 사춘기 현상 아닐까 싶네. 어릴 적의 그림은 초기 사춘기 현상, 대학 때의 작업은 중기 사춘기, 지금은 후기 사춘기 증상 같아요. 그 떼어낼 수 없는 사춘기 증상이 그림으로써 나를 말하게 하고, 나를 기록하게 하며, 흥을 느끼게 해요. 이건 모든 생명체들이 원초적으로 지닌 현상이겠죠."

예술가는 흔히 과대망상증에 걸린 사람들인 경우가 많아 자신이 세계의 중심이라 생각한다. 과히 틀린 생각도 아닌 것이, 작가는 작품으로써 저만의 우주를 직조하는 자이기 때문이다. 목숨을 걸다시피 하여, 바위산에 터널을 뚫는 식의 고생을 통하지 않고는 도달할 수 없는 게 창작이라는 점에서도 예술행위의 고귀성을 인정할 만하다. 물론 도로아미타불로 빠지는 수가 많지만 말이다. 여하튼, 턱이 부서진 복서와도 같은 실패를 맛보지 않으려면 젖 먹던 힘까지 다해야 하는 게 창작이다. 임동식은 필사적일까?

"이왕 하는 거라면 투지를 다하는 게 좋지만, 자기암시 차원에서도 좋겠지만, 그러나 나는 필사적이진 않아요. 흥을 느끼는 정도랄까? 예술 외의 다른 영역에 관한 관심도 많아요. 화가의 작품만이 예술이라는 생각도 하지 않아요. 사실상 오늘날의 진보한 기술로 만들어진 대부분의 인공물들조차 작품으로 봐야 하지 않겠어요? 예컨대, 자동차도 색감과 질감을 구현한 하나의 훌륭한 회화라고 볼 수 있으니까요."

"호미질을 하는 농부도 대지의 예술가라죠?"

"캔버스에 물감을 찍어 바르는 나의 행위와 땅을 일구는 농부의 행위를 따지자면, 나는 나를 내려놓을 수밖에 없어요. 개미와 베짱이, 그게 생각나서……. 농부들은 먹을거리를 해결하는 사회적 공헌자이자 겸손한 일꾼인 반면, 나는 그늘 아래서 노래하는 베짱이에 불과하다는 생각에서 어떻게 벗어날 수 있겠어요. 태곳적 알타미라 동굴 벽화를 그린 선조들 역시, 어쩌면 마술사와도 같은 재주로 신비한 위상을 누렸겠지요. 다른 이들이 생존을 위한 수렵을 위해 험악한 광야를 헤맬 때, 그들 예술가 부류는 편히 앉아 가장 연한 고기를 대접받았을 거예요. 이건 생태윤리적으로 도저히 말이 안 되는 위상이오. 그림을 그려 행세한다는 것, 과히 떳떳할 수만은 없어요."

임동식은 일테면 예술지상주의 같은 걸 두둔할 생각이 전혀 없다. 오랫동안 산골에 살며 마을 주민들과 함께 미술제전을 펼친 그에게 미술이란 사람의 내부에 깃든 자연을 끌어내는 활동이다. 따라서 특

임동식이 10년간 살았던 원골마을의 동구에 선 느티나무 거목을 그렸다.
자연이 지닌 내밀한 웅혼함이 스멀거리는 그림이다.

정인의 전유물일 수 없는 열린 세계다. 그림을 그림으로써 얻을 수 있는 여흥과 치유력으로 자살 충동마저 물리칠 수 있다는 점에선, 만고에 널리 권장되어 마땅한 공익사업에 가깝다는 게 그의 생각인 듯하다.

오래된 기와집을 뚝딱뚝딱 고치고 다듬어 작업실 겸 살림집으로 쓰는 그의 거처는 조촐하다. 마당귀엔 작은 텃밭이 있으며, 고양이 일가—家 네 마리가 저마다 멋진 스타일을 뽐내며 어슬렁거리거나 경중댄다. 다정하고 어여쁜 풍경이다. 그는 조금은 옹색한 이 집을 벗어나 어디 더 시원한 곳으로 옮길 생각이 전혀 없다. 뜨는 해, 지는 해 다 구경할 수 있으니 그냥 자족한다. 남들의 방해를 받지 않고 작업에 진력할 수 있으니 질릴 게 없다.

어려움이 있어도 오직 직진

들판과 농부와 동구 밖 느티나무 등속이 등장하는 임동식의 그림은 쉽고 따뜻하다. 시골과 자연의 체험을 두런두런, 속닥이듯 흐뭇하게 캔버스에 옮기는 화가의 평온한 내심이 비치는 그림들.

"햇살이 밝게 들이치는 날의 시골 풍정이 참 좋았어요. 새소리도 농부들의 목소리도 그지없이 명랑하고, 만물이 웃는 것 같고……. 모두들 글로벌 시대를 말하지만 농촌의 어떤 단면들은 여전히 선사시대의 모습을 고스란히 유지하고 있어요. 나에겐 놀라운 경험이었지."

"요즘의 화가들은 오직 기발한 발상으로 튀어야 살아남는다는 신념을 고수하는 것 같아요. 미술이 원래 아이디어 싸움인가요?"

"상상 못할 소재로 사람들을 깜짝 놀라게 하는 경향은 20세기 전후예술 이후 두드러졌어요. 동물의 사체를 전시공간에 끌어들인다거나, 해골에 다이아를 박는다거나 하는 식의 기상천외한 작품들이 난무하고 있습니다. 이젠 넌더리가 날 정도예요. 꼭 그런 식이어야만 할까? 너무도 지루하게 반복되고 있어요."

"선생이 생각하는 좋은 그림은 뭡니까?"

"유행이나 조류에 편승하지 않아야 해요. 작가의 마음에서 싹터 올라온 시詩와 같은 정서와 리듬, 그게 있어야 하죠. 미래를 위한 새

일군의 자연주의 화가들을 규합해 '금강자연미술제'를 창립한 바 있는 임동식에게 자연은 작품의 원천이자 귀소(歸巢). 행위미술 위주였던 과거나 풍경화에 진력하는 현재나 그의 마음과 생각은 늘 자연으로 치닫는다.

로운 그림보다는 근원적이고 본래적인 방향을 추구하는 작품이 좋아요."

"슬며시 피어나는 풀꽃, 가만히 가물거리는 별빛……. 화가의 작품이 그런 자연현상보다 아름답거나 고귀할 수 있을까요?"

"누군가 말했어요. '밤하늘에 빛나는 유성에 비하면 렘브란트의 그림은 도대체 무엇이란 말인가. 그러나 별은 인간에게 말을 걸지 않지만, 렘브란트의 그림은 말을 건다.' 음미할 만한 얘기 아닐까요? 저도 한때는 예술가를 위대한 존재라고 생각했어요. 그러나 예술이건 문화건 자연에서 불어온 바람 아니겠어요? 자연의 에너지에 관계함으로써 예술이 존립하는 것이니까요."

자연에서 불어온 바람이 예술이라면, 예술가란 그 바람에 휩싸여 도취하는 자. 그렇기에 행복한 자. 하지만 널리 소문났듯이 삶이란 진흙처럼 뻑뻑하다. 빤한 생각, 나른한 감정으로는 좀체 돌파하기 어려운 사업이다. 자연을 예찬하며 숲속에 머문다 할지라도 거저 입으로 들어오는 게 있을 리 없으렷다. 임동식에게도 날강도처럼 들이닥쳐 목을 움켜쥔 간난艱難이 많았다.

"청년시절, 집안에 몰아친 경제적 어려움이 혹독했어요. 이후 장년에 이르러서도 힘들었죠. 기어이 다 딛고 일어섰지만요."

"난관을 넘어서는 특유의 근성이라도?"

"어려움이 있어도 직진하지 회전을 하진 않아요. 죽으면 죽으리라! 음, 그렇게 맞붙는다는 것. 오랫동안 가난이 극심했지만, 나 같은 사람 하나쯤 굶어죽어도 나쁘지 않을 거라는 생각을 했어요. 이

집 근처 금강변은 임동식이 즐겨 찾는 산책 코스. 망초꽃 허옇게 흐드러져 바람에 술렁인다.

판사판, 단도직입도 나의 방법이지."

"예술인 중엔 연애박사들이 많아요. 그런데 선생은 독신이에요. 더 자유로우세요?"

"작고한 시인 박희선 선생께서 나를 보더니 전생에 스님이었다 하시더라고. 고려 말 스님이었다고 얘기하는 사람도 있어요. 지금 나는 크리스천이지만, 여하튼 일찍부터 불교적인 것에 워낙 관심이 많았어요. 덕분에 날뛰는 욕망에 꽤나 냉정할 수 있었죠. 게다가 나는 세사世事를 좋다, 싫다로 가늠하는 감성형 인간이 아니라, 그렇다, 안 그렇다로 판단하는 이성형 인간이라오. 이런저런 성향상 연애라는 게 없는 이상한 사춘기를 거쳤지. 결혼이란 고해가 아니고 무엇이란 말이에요. 가정을 꾸린다는 건 단 1초도 생각해보질 않았어요. 화가에겐 어느 한쪽으로 쏠린 편협함도 장점일 수 있겠지."

"인생의 최대 난적은 물욕이나 색욕이 아닐까?"

"그렇기에 고苦의 연속인 것을."

"고를 통하는 게 첩경이라고도 하죠."

"살다 보면 뭔가 커다란 비의가 숨어 있는 것 같던데, 뭐랄까. 그 어떤 궁극적인 힘이 사람을 돕는 게 아닐까, 그런 생각이 날로 커지고 있어요. 그 궁극의 밝은 힘이 부처건 하나님이건 사람을 좋은 쪽으로 인도한다는 걸 실감해요."

"노자에 따르면, 하늘은 자비롭지 않아 사람의 일에 무심하다고 합니다."

"잘 생각해봐요. 당신에게도 당신을 돕는 궁극의 손길이 늘 작용할 것이오."

흠, 왜 아니랴. 남모를 위선과 농간으로 살아온 내가, 아직 벼락을 맞지 아니한 채 숨을 쉬는 이 기적은 정녕 하늘의 보호 덕일 게다. 뒤돌아보면 굽이굽이 위태로운 벼랑이었으나, 여전히 명줄을 보존한 요행이라니.

검은 이불을 뒤집어쓴 밤이 거리에 몸을 눕힌다. 임동식의 손에 이끌려 근처 재래시장 안통에 옴팡지게 박힌 선술집을 찾아든다. 밥과 술을 파는 이 찌글텅한 식당은 임동식의 동갑내기 친구 우평남 부부의 가게이다.

우평남은 농사일하는 틈틈이 바짓가랑이를 걷고 도랑에 들어가 미꾸라지를 잡다 추어탕을 끓여 메뉴에 올리는 인물. 그런데 임동식과 우평남은 유례가 드물도록 수려한 우정을 과시한다. 한때 붓을 놓다시피 한 임동식에게 다시 그림을 그리게 한 이가 바로 우평남이었다.

"야야! 그 좋은 재주를 워째 썩히는겨? 내가 너라면 보이는 족족 풍경화를 그리겠어!"

그 한마디 지청구는 임동식의 뒤통수를 방망이로 가격하는 것과 다름없는 효과를 가져왔다. 화가는 비로소 잠에서 깨어났다. 그리고 화드득 털고 일어나 화업畵業을 재개했다. 요즘은 우평남마저 임동식의 작업실을 출입하며 그림을 그린다.

"우평남 덕분에 다시 그림을 그리게 된 건 진짜 신기한 일이었어요. 우평남이야말로 진정한 자연예술가지. 흔히 작가들이 슬로건으로서 자연예술 운운하지만, 뒤늦게 만난 나의 좋은 친구 우평남은 달라요. 남들이 뭐라 하건, 스스로 좋아서 그림을 그린다니까."

산토끼 죽어 보름을 울었던 사람의 입에서 자랑이 늘어진다. 어쩌면 전설이거나, 어쩌면 동화이거나, 어쩌면 자연이거나, 그렇게 천진한, 늘그마에 핀 우정에 대해.

화성 시골에 사는 도예가
이수종

아내도 뒷전,
오직 흙과 내통하는 독불장군

*시골에서 10년 넘게 살면서도 자주 산을 바라봅니다.
자연의 침묵, 조용한 산 풍경을 바라보는 일이 좋아요. 작업실에 파묻혀
외출 한 번 안 하는 경우가 많지만, 마음속엔 자연이 있어요.*

도예가 이수종(68세)의 집은 소박하다. 수더분한 단층 벽돌집. 언덕배기에 들어앉았다. 겨울 한풍이 벽을 후려친다. 주변으로는 야산과 전답들, 그리고 도로와 공장과 인가가 어지러이 섞여 펼쳐진다. 시골이라지만 안길 곳 없이 산만한 풍광이다. 권장의 성향이 비친다.

굳이 오붓한 자연경관을 추구하기보다는 실용을 염두에 두었을 게다. 복잡한 도시를 벗어나 작품에 진력할 수 있는 공간이면 족하지 아니한가, 그런 뜻이었을 게다. 그는 작업 하나에 매달려 사는 도예가로 알려졌다. 나는 오직 그릇을 만든다, 고로 존재한다. 이렇게 되는 거다.

마당가에 늘어선 나무들이 삭풍에 떤다. 맵찬 날씨다. 현관을 노크하자 이수종이 문을 열고 나온다. 시원하게 민 삭발머리에 매처럼

쏘는 눈빛. 개성 넘치는 인상이다. 집의 외양만큼이나 집안도 간소한 구색이다. 절반은 작업장이고, 절반은 살림채다. 아내와 단둘이 산다. 예전엔 조수가 있었지만 요즘엔 혼자 작업한다.

이수종은 분청자기粉靑磁器로 일찌감치 이름을 얻은 작가다. 투박하면서도 거침없는 작풍으로 독주獨走를 거듭해왔다. 해외 행차도 잦았다. 각국의 유명 박물관이나 갤러리에 그의 작품이 소장돼 있다. 일쑤 '단연 탁월한 도예가'라는 소리를 듣는다. 어떤 연유로 도예를 시작했을까?

"홍익대 미술과에 진학했는데, 3학년 때 도예를 전공으로 선택했어요. 뭘 할까 궁리하다 막연하게 시작했죠. 그렇게 대충 시작했는데 싫증을 안 느끼고 여태까지 하고 있는 겁니다. 운명처럼 그렇게 됐어요."

"작가로서 입지를 굳힌 건 언제쯤이었나요?"

"1980년대 후반부터 나름대로 분명한 위치를 누렸어요. 비교적 일찍 이름을 얻었다고나 할까."

"남다른 노력의 결과였을까요?"

"삶 자체에 굴곡이 없었어요. 배운 게 도둑질이라고, 그저 작업에 전념했어요. 순탄하게 흘러온 셈이죠. 제가 운이 좋은 사람입니다."

삶에 굴곡이 없었으니 크게 꺾인 것도 시든 것도 없을 터. 그러나 도예로 세상과 상종하는 길에 장벽이 없을 수 없다. 평단의 눈총과 입방아에 오르는 일을 피할 수 없으며, 가급적 갈채가 쏟아지는 쪽으로 가닥을 잡아가야 한다. 경쟁이란 공연한 소동만은 아니라서 가

이수종의 작업실 전경이다.
오랫동안 다작(多作)을 추구했으나 달항아리에 매료된 요즘은 양보다는 질을 중시한단다.

족을 먹이기 위해선 앞줄에 서야 하고, 선두에 나섰다 하더라도 뒷물에 치받히는 앞물의 불안을 피하기 어렵다.

"경기도 광주와 이천에만 3천여 명의 도예인이 있다고 하더군요. 치열하거나 빼어나지 않으면 살아남기 어렵겠어요."

"재능이 뛰어나더라도 하루아침에 이룰 수 없는 게 도예입니다. 연륜이 필요하죠."

"제가 만나본 도예인들은 하나같이 도예로 밥 먹고 살기 어렵다고들 해요. 선생처럼 유능한 분들의 경우는 경제적 문제에서 자유로울까요?"

이수종은 딱히 먼 곳으로의 외출이라는 걸 거의 하지 않은 채 작업실에 칩거한다.
하루 한 차례 똥을 누이기 위해 개를 데리고 잠시 동네 산책에 나서는 일이 그의 유일한 취미생활에 속한다.

"자유롭진 않지만 그럭저럭 살아갑니다. 어떤 직업이건 40년쯤 근무했다면 거기에 합당한 처우라는 게 따를 텐데, 작가의 경우도 마찬가지겠죠. 그러나 도예 작품이 너무 헐값이라는 생각은 금할 길이 없어요. 문화에 대한 우리 사회의 인식이 워낙 낮아서……"

"작품세계를 자평하신다면요?"

"흙이라는 재료의 물성物性을 가급적 손상시키지 않고, 최대한 자연에 근접한 작품을 보여주기 위해 노력해왔어요. 흙을 빚어 그릇을 만드는 게 아니라 흙 안에서 그릇을 찾아간다, 그렇게 요약할 수 있겠습니다."

"가급적 꾸미지 않는다는 뜻인가요?"

"그렇죠. 억지가 없어야 한다는 것. 자연스럽게, 인위가 없게."

"흙을 흙 그대로 두지 않는 한, 도자기는 어차피 인위의 산물 아닌가요?"

"저는 그릇을 '만든다'는 표현보다 '만들어진다'는 표현을 더 좋아합니다. '만든다'는 것엔 주관이 개입된 반면, '만들어진다'는 것엔 순리를 따른다는 의미가 들어 있어요. 주관과 순리의 차이, 거기에 인위를 가하는 정도의 차이가 있고, 자연의 순리를 따르는 작품이 좋은 도자기라는 생각을 갖고 있죠. 작업을 하다 보면 조금만 더 주무르면 더 좋아질 것 같은데, 하는 미련을 가질 때가 많습니다. 그러나, 적당한 지점에서 손을 딱 뗄 수 있는 안목, 그게 중요합니다."

"'주관'을 자제하고 '순리'에 따르는 안목은 어떻게 얻어지죠?"

"부단한 훈련을 통해 쌓인 연륜 아닐까요?"

"산이나 물 같은 자연에 관한 감수성도 소중하겠어요."
"자연을 사랑하고 자연을 배우는 지혜가 선행되어야겠지요."

95세까지 달항아리 만들고 싶어

몸에 박힌 소박일까? 이수종의 언어는 주로 어눌하고 딱딱하며, 꽁초처럼 짧다. 원래 말이라는 연장을 잘 사용하지 않는 습성이 있거나, 매우 모처럼 오늘에야 말문이라는 걸 여는 낌새다. 뜸들여 터져나오는 한두 마디도 간이 덜 배어 덤덤하다. 말없는 흙을 말없이 다듬어온 생애였으니 딴엔 온당하구나.

"산을 자주 찾으세요?"
"두문불출, 거의 칩거의 연속입니다."
"그래서야 무슨 재미예요?"
"멀리서 바라보는 산경山景만으로도 황홀해요. 산과 대화가 돼요. 그 외엔 작업만으로도 충분히 즐겁고."

이수종은 술 한 잔 마실 줄 모르는 사람이다. 산과 대화한다지만 졸깃하게 산을 말하는 법이 없다. 매화꽃을 찾아 온종일 산야를 헤맨다거나, 마당에 나무 한 그루 가꾸어 완상하는 일이 없다. 오직 작품을 만드는 일로 취하거나 깬다. 작업만이 인생에 대한 물음이자 답이라 생각하는 것 같다. 주색잡기란 때로 세상의 악다구니를 견디게 하는 묘약일 수 있으나, 그는 그런 유구한 종목을 차라리 경멸한다. 작업밖엔 난 몰라! 그리 부르짖고 싶은 거다. 이런 이수종의 개성에 호감을 느끼는 사람들은 그를 진정한 예술가라 추켜세운다. 하지만 만고에 재미없는 인물이라는 소리도 왕왕 듣는다지.

혼자 세상을 독대하며 창작하는 자에겐 외로움이 따개비처럼 들러붙게 마련이다. 화실에 쥐를 기르는 화가가 있다. 외로워서다. 이수종은 개 두 마리를 집안에서 기른다. 한 마리는 작업실에 놔먹인다. 퀸장처럼이나 눈매가 영 매서운 이놈은 애먼 집배원을 물어뜯기도 했다. 이수종은 이 개를 '막내아들'이라 부른다. 늘 어울려 노닌다. 그게 유일한 취미란다. 하루 세 차례 똥을 누이기 위해 들판을 뛰어다닌다. 개하고 대화가 통한다고 한다. 비록 함께 사는 아내와 종일 말 한마디 나누는 법이 없지만, 견공과는 야무지게 정분이 났다. 남몰래 심히 외로워 그러시나? 그렇게 묻자 도리질이다.

"작가가 외롭다면, 그건 작가도 아니죠."

"작업이 뜻대로 안 될 경우엔 외로워지는 거 아니에요?"

"몰입이 깊어 외로움도, 시간가는 줄도 모르고 빠져듭니다."

"작업적인 고민 때문에 목놓아 우는 사람도 있습니다."

"완벽을 추구하는 게 작가니까요. 가마에서 익은 작품을 꺼내어 보면 뜻대로 잘된 작품도 나오고 나쁜 작품도 나옵니다. 고뇌할 수밖에 없지만 원래 이 길이 끝이 없는 길입니다. 어쩌면, 완벽하다 생각한 순간 그것으로 끝일지도 모르죠."

이수종은 오랫동안 분청에 매달렸지만 몇 해 전부터는 달항아리에 심혈을 기울이는 중이다. 분청에 매너리즘을 느꼈기 때문이란다. 보름달처럼 충만하고, 어수룩하면서 푸근하고, 무심한 듯 미묘하고,

백색의 살결이 눈부시면서 그윽하고, 풍만해서 섹시하고……. 조선의 달항아리에 쏟아지는 찬사는 화려하다.

도예에 홀려 도예만 한다는 작가의 작업실이지만, 얄궂게도 작품은 드물다. 다작多作은 구미에 맞질 않아서라지. 터진 봇물과도 같은 양산量産의 시절이 길었지만, 이젠 누를 건 눌러 소량으로 광량光量을 노린다. 그것으로 자부를 일삼는다.

저기 선반 위에 올라앉아 덩실하고 희멀건 자태를 뽐내는 풍경을 보라. 달항아리다. 소담스러운 목련이 부푼 듯, 섬려한 달빛을 두른 듯, 소복을 입은 청상인 듯, 항아리는 잔잔한 설렘과 떨림으로 고요하다. 거기 두고 바라보다가 어쩔 수 없이 끌려 어루만지게 된다. 이 교묘한 항아리는 조선의 원본을 재현한 게 아니다.

"고려청자나 조선백자나 진정 빼어난 예술이지만, 그것들을 그대로 재현하는 게 무슨 큰 의미가 있겠어요. 완벽한 재현 자체가 불가능하기도 하고요. 조선 항아리를 텍스트로 삼을 수는 있겠지만, 작가 본인의 고유한 해석을 가미한 특유의 것을 만들어야 한다고 봐요. 이수종 고유의 달항아리를 만들고 싶습니다."

"선생의 달항아리를 호평하는 눈들이 많아요."

"아직 갈 길이 멉니다. 남들 눈에는 좋아 보이더라도 내 눈엔 아닐 수 있고요. 엘리어트가 이런 말을 했어요. '전통이란 막연하게 얻어지는 게 아니고 노동에 의해 재현된다.' 열심히 작업하는 수밖에요."

"아직은 만족할 만한 작품이 안 나왔다는 말인가요?"

"95세까지는 계속 움직일 작정인데, 죽기 전 맘에 드는 걸 하나라

이수종의 달항아리는 조선의 그것을 본(本)으로 삼지만, 특유의 재해석과 창의로 독자성을 확보했다. 항아리의 중간부위 이음새 흔적을 그대로 살려 자연스러움을 더한 작풍이 이채롭다.

도 만들 수 있을지……."

자연의 침묵, 조용한 산 풍경을 바라보는 일 좋아

이수종의 아내가 다과를 내온다. 아내 역시 미술을 전공했다. 홍익대 미대 선후배 사이로 만나 연애결혼을 했다. 아내에 따르면, 이수종은 '뛰어난 작가'다. '군더더기 없이 툭 떨어진 작품'으로 기염을 토하는 도예가다. 성정은 지독히 내향적이라서 낯가림이 심하며, 입은 천근처럼 무거운 데다 어쩌다 흘러나오는 언어는 어색해서 남들의 흥미를 사는 일이 드물다. 잔정은 없으나 속정은 깊으며, 매사 묵묵하고 담담해서 절집의 중과 다를 바 없는 남편이란다.

이수종은 어쩌면 두 아내를 거느린 남자다. 도예라는 배필과 아무도 모를 두 번째의 은밀한 결혼식을 올렸음이 분명하다. 아내의 예리한 분석에 따르면, 이수종의 머릿골 왼편엔 '자기自己'가, 오른편엔 '도자기'가 들어 있다고 한다. 미친 듯이 작업에만 몰두하며 살아온 에고이스트 남편이라는 얘기다. 밥이 끓는지 죽이 끓는지 모른 채 작업실에만 박혀 살았다는 것.

그런 남편에게 당신은 왜 돈 안 되는 일에 목숨을 거느냐는 항변 한 번 하질 않았다고 한다. 워낙 말이 없는 남편이라 평생 오순도순 대화를 나눈 기억이 별로 없지만, 부부싸움 또한 한 적이 없다고. 사람살이의 신비와 경이가 여기에서 뾰족하게 입증되고 있구나.

남편에 대한 자랑과 통증이 함께 서린 아내의 감상에선 뭔가 적막강산 같은 게 느껴진다. 그녀의 톤은 유쾌하지만 한줄기 해묵은 갈증이 배어 있다. 인내와 체념, 긍정과 포용으로 도자기에 홀린 남편을 지켜봤으렷다. 아내는 급기야 '성공한 남자 뒤에는 우는 여자가 있다'는 논평을 곁들여 슬쩍 심금을 울린다. 이수종은 도예로써 얻은 내공으로 삶이 부과하는 많은 굴레를 이미 훌훌 벗어던졌을까?

"한때는 명예욕과 물욕에 취하기도 했어요. 내가 최고라는 자기도취도 많았죠. 그러나 하나하나 덜어냈어요. 목표가 있다면 자기만족이랄까? 도예보다 재미있는 일을 찾았다면 이미 때려치웠겠죠."

"자기만족이 있는 인생이 순리라는 이야기?"

"스스로 만족하며 물 흐르듯 산다는 게 쉬운 건 아니죠. 누구나 그런 삶을 바라겠지만, 실제로 그렇게 사는 사람이 몇이나 될까요? 저는 운과 은혜를 많이 입은 사람입니다."

"부인에게 다정한 말 한마디 건네는 일조차 삼가는 건 혹시 결례 아니에요? (웃음)"

"뭐 각자 알아서 살아가는 거지.(웃음) 제게 독불장군 기질이 있는 건 사실입니다. 남들은 괴팍하다고 하대."

"말없는 나무를 닮으셨어요."

"제가 말 많은 걸 아주 싫어합니다. 예전에 청계산 자락에 살면서도, 여기 시골에서 10년 넘게 살면서도 자주 산을 바라봅니다. 자연의 침묵, 조용한 산 풍경을 바라보는 일이 좋아요. 작업실에 파묻혀 한 달 내내 외출 한 번 안 하는 경우가 많지만, 마음속엔 자연이 있어요. 말없이 사랑과 지혜를 가르치는 산! 자연이 그렇거늘, 사람 사는 일에 굳이 왜 말이 필요할까?"

"묵언默言도 선禪이라죠?"

"도예 작업도 도 닦는 일과 마찬가지이고……."

세상엔 많은 입들이 있다. 즐거운 입, 가랑잎처럼 가벼운 입, '구라'를 쏟아내는 입, 입이 열 개라도 할 말이 없는 입, 다양한 입들이 저마다 제 세부를 표출한다. 이수종의 입은 재미없는 입이자 무거운 입이다. 그의 입에서 새나오는 말이 드물거나 어눌한 건 버려야 할 말과 생각들을 이미 버려서일까? 얻어들은 말이 많질 않으니 알 바가 없다.

오직 자신을 기쁘게 하기 위해 도예에 진력하는 사람과 작별하고 골목을 빠져나온다. 언덕으로 한풍이 몰아친다.

광주 무등산 자락에 사는 수채화가
강연균

안녕하세요, 나무님!
큰 나무에 절하는 남자

산다는 게 팍팍한 일이지만, 그러나 본질적으로 아름답지 않던가요?
자연은 언제 봐도 진부하지 않습니다. 그래서 아름다워요.
사람의 삶도 진부함에서 벗어날 수 있다면 얼마나 좋겠어요.

화가의 집, 너른 마당에 봄빛 아롱진다. 산수유 노랑꽃이 다정하다. 겨울을 건너 기어이 꽃을 매단 봄의 정령. 다정이 넘쳐 뜨겁다. 머잖아 목련에 벚꽃에 개나리가 흐드러지겠지. 은근한 봄꽃들 간드러지겠지. 문득 숨막히는 3월이다. 바람이 한결 청량한 건 무등산 기슭이기 때문이다. 뒤란의 대숲이 통째 바람에 술렁인다.

이 애틋한 초봄에 화가는 뭐하시나. 손에 술잔이 들려 있다. 일찍이 이태백은 거하게 읊었다. '술 석 잔이면 대도大道에 통하고, 한 말이면 자연과 하나 되네.' 음주란 모름지기 흥겨운 도취렷다. 창밖엔 꽃. 천지간엔 꽉 찬 봄기운. 민감한 화가에게 봄날 한낮의 독작獨酌이란 피할 길 없는 유혹일지도 모른다. 주방 식탁에 앉아 조촐하게 막걸리 한 잔을 즐기는 이분은 강연균 화백(75세)이다. 수채화로써 탕탕 기량을 과시하는 인물. 특유의 작풍을 구사하는 그의 수채화는 애호가들의 환심을 사고 있다. 소설가 문순태는 강연균의 무르익은 작품세계를 일컬어 '접신接神의 경지'라 찬탄하였다지.

강연균의 집은 오래된 한옥이다. 30여 년 전, 저 너머 마을에 있던 집을 고스란히 이축移築했다. 주추며 기둥, 대들보와 서까래는 물론, 문짝과 마룻장까지 일체를 뜯어 옮긴 것이다. 세월이 퇴적한 묵은 정과 깊은 운치를 누리기에는 옛집만큼 좋은 게 없다. 집의 나이는 대략 100살. 고색이 완연하나 기품이 넘친다. 으스대는 기미 없이 수굿하다. 순명順命하는 고로의 자태다. 고가古家에 대한 심취가 깊었나. 한옥의 미학에 단단히 홀렸나. 이축까지 감행해 굳이 한옥에 사는 이유를 묻자 뜻밖의 답이 돌아온다.

"어릴 때부터 많이도 굶주렸어요. 늘 배가 고팠지. 그 지독한 가난, 무너질 듯 누추한 초가집이 싫었어요. 언젠가는 번듯한 기와집을 짓고 싶었죠. 마침내 이룬 겁니다."

"그 옛날엔 흔히들 궁색하게 살았죠."

"우리 집안은 땅 한 마지기 없었어요. 자식들을 공부시키기 위해 아버지는 고향을 떠나 도시를 부평초처럼 떠돌았는데, 광주 양동시장 길바닥에서 포목을 팔기도 했어요. 간신히 입에 풀칠하며 살았죠. 나 같은 비렁뱅이를 먹고살게 해준 광주가 고맙지."

"광주가 아니고 강연균의 그림이 먹여 살린 거겠죠?"

"내 고향 광주를 한 번도 떠난 적이 없어요. 수채화를 떠난 적이 없듯이. 광주엔 친구들도 많고 내 그림을 알아주는 이들도 많습니

강연균은 저 너머 마을에 있던 100년 묵은 고가를 이축해 거처를 만들었다.
무등산 기슭에 자리한 덕분에 자연과 수려한 조화를 이룬 기와집이다. 운치와 기품이 넘친다.

다. 서울에 가면 알아주는 이가 드물지만, 고향이 좋아요. 나는 '광주의 화가'예요. 그게 만족스러워."

광주에 눌러 살며 불편도 불만도 없다는 얘기다. 이미 친숙해진 고향의 풍정과 풍토, 다채롭게 엮여졌을 관계들, 우호적인 평판과 믿음들. 이 많은 요소들이 그를 북돋아 '광주의 화가'라는 자부심을 길러줬을 것이다.

산도라지를 옮겨 심으면 3년이 못 되어 향이 비루해진다. 머무를 곳에 용케 머물러 제 길을 가는 자의 자족이란 복락이다. 그러나 인간은 붙박이 장롱과 달라, 바람이 등을 미는 대로 떠도는 종種이기도 하다. 해서 일찍부터 여행이라는 걸 애호했다. 강연균도 가끔 외국 바람을 쏘였다. 하지만 귀로엔 늘 심드렁한 감회만 남았던 모양이다.

"솔직히 나는 우물 안 개구리예요. 여행조차 별로 하지 않았어. 유럽 여러 나라와 페루, 브라질, 실크로드 등지를 돌아다녀 봤지만, 별 흥미를 느끼지 못했어요. 광주를 벗어나고 싶지가 않습디다. 파리의 노트르담 대성당이라든가 유럽 대부분의 명소들이 엇비슷한 건축 양식이더군. 건축물의 기둥이라는 게 밀걸레를 거꾸로 세워놓은 것과 비슷했어요. 그것들의 우수성을 인정은 하지만 내 눈엔 지루하더라고. 나는 역시 조선에 살아야 해요. 광주에 눌러 사는 게 좋아."

"은둔 취향인가요?"

"그렇진 않아요. 외국에 나가기 싫을 뿐이죠. 외국에 가면 열등감을 느낍니다. 키도 작고, 못생기고, 언어 통하지 않고, 따분해서 견디기 어렵던걸. (웃음)"

"열등감이라니? 화가 중엔 연애대장이 많습니다. 예술인 특유의 별난 성향이 여자들의 호기심을 자극하는 것 같아요. 강연균을 남몰래 사모한 여자들이 있지 않았나요?"

"연애는 숨어서 하는 거죠. 딱히 뭐라 털어놓을 일은 아니지."

"결혼을 늦게 하셨어요. 서른여덟 살에."

"우리같이 열등한 놈들에게도 좋아하는 여자가 있게 마련입니다. 좀 늦은 결혼이었지만, 제법 오붓하게 살아왔어요. 내가 말이죠, 아직껏 이혼을 하지 않고 살고 있는데, 이거 대단한 일 아닌가? (웃음) 진부한 얘기일지 모르지만, 늘 정도正道라는 걸 생각하며 살아요. 규율을 무너뜨리진 않습니다."

그리고 싶을 때 그림을 그리는 즐기자주의

강연균이 막걸리를 권한다. 잔을 입술에 대자, 꽃향처럼 감미로운 술내라고는 할 수 없지만서도 달게 음미할 만한 한줄기 향이 콧등을 친다. 창밖에선 지지구재재구 새들이 악다구니를 쓰지만, 귀기울이다 보면 그게 음유시인들의 노래인 걸 알 수 있다. 강연균은 늘 막걸리만 마신단다. 왜지?

"막걸리는 텁텁해서 끼니가 때워지는 기분입니다. 빛깔도 좋고."

"단골로 출입하는 주점이 있나요?"

"예전 광주경찰서 앞 영흥식당이라고, 매우 소박한 막걸리집이 있어요. 광주의 문인과 화가들이 애용합니다. 광주의 오피니언 리더들이 모여든다고 할까? 이 집에서 문학회도 하고 토론도 해요. 우리는 이 식당을 '영흥대학'이라 부릅니다. 총장은 강연균이라고들 그럽디다. 그러나 오해는 마시라. 내가 여론의 중심에 서 있진 않아요. 그리고, 사실 술꾼도 아닙니다. 막걸리 두세 잔이면 딱 끝나니까. 술에 지배당하는 건 정말 싫어."

"술이 때로 천 갈래 만 갈래로 들끓는 근심을 덜어줍니다."

"나는 원래 유별나게 술을 안 마시는 화가였어요. 안주만 먹어치웠죠. 그래서 주변에서 좋아하지 않았어요. 비싼 안주만 축내는 인간이라나 뭐라나……. 하지만 고픈 배를 채우기 위해 그럴 수밖에 없던 시절이었어요. 술을 늦게 배운 덕에 건강을 유지할 수 있었던 것 같아요. 과음을 일삼던 벗들은 이미 세상을 떴죠. 요즘에는 술이라는 걸 굉장히 좋게 생각합니다. 한두 잔 걸치면 별안간 없던 열정이나 용기도 생기고, 마음이 들뜨고 즐거워져. 그러나 많이 마시진 않아요. 나는 뭐든 적당주의로 살았던 것 같아요."

적당주의란 딱히 권장되는 기법은 아니지만, 세상에 두루두루 통용되는 처신술이다. 요령이나 잔꾀를 방편으로 구렁이 담 넘어가듯 슬며시 스르륵, 세상의 모든 담벼락을 넘는 데 매우 쓸모가 많은 요법이기에 알게 모르게 누구나 애용한다. 인간이라는 종은, 상당한 지능을 요구하는 이 적당주의의 보편적인 구사에 의해서도 빠르게 진화했을 것이다. 그러나, 창작마저 적당주의로 돌파할 순 없는 일. 예술은 장터에서 만병통치약을 파는 일과 달리 꽤나 순도 높은 정신의 산물이니까.

"그림만큼은 적당주의가 통하지 않겠지요?"

"억지로 그리진 않아요. 그리고 싶을 때 그릴 뿐. 그러니 적당주의는 아니고 즐기자주의랄까?"

"과하게 술 마시다 먼저 죽은 벗들을 떠올리면 어떤 생각이 드시나요?"

"몹시 보고 싶죠. 눈물겨울 정도는 아니지만."

"그들은 죽어 어디로 갔을까?"

"흠. 자연으로 돌아갔겠지. 무등산을 떠도는 한줄기 바람으로 변했거나."

"존경하는 인물이 있다면요?"

"서양화가 고 오지호 선생입니다. 알게 모르게 그분의 회화적 지향과 지사적 삶에 영향을 받았어요. 선생은 이렇게 말씀하셨죠. 데생을 열심히 하지 않고 그린 그림은 가짜다, 화가는 혁명가가 될 수도 있어야 한다, 사회적 모순을 그림으로 적시할 수 있어야 한다. 베

강연균은 평생 수채화에 전념해왔다. 수채화를 슬쩍 폄하하는 사람들이 없지 않지만, 강연균의 작품에 이르면 얘기가 달라진다. 자연 풍경을 표현하는 작품의 격과 묘미가 빼어나서다.

트남의 국부國父 호지명胡志明도 좋아합니다. 그는 의로운 빨치산 투쟁으로 그 큰 미국을 상대해 이겼어요. 대단한 지도자지. 나는 한동안 호지명이 썼던 모자와 똑같은 모자를 쓰고 다녔죠. 그 사람의 정신이 좋아서."

수채화를 얕잡아 보는 눈이 드물지 않다. 유화로 건너가는 전 단계쯤으로 간주하기도 한다. 그러나 강연균의 수채화에 이르면 얘기가 달라진다. 피나는 데생 훈련과 부단한 크로키로 얻어진 내공이 발현된 그의 작품들은, 수채화 역시 엄연하고 통렬한 회화 장르임을 입증하고 있다. 기발한 데생력, 리듬과 속도감 넘치는 선線, 자유로운 색채의 구사로 사람을, 세상을, 자연을, 여실하고 발랄하게 노래한다. 일수一手다. 실물보다 더 생동하는 '정물', 날렵하고 에로틱한 '누드', 자연의 본성에 도달하는 '풍경', 삶의 슬픔을 드러내는 '인물' 등 다채로운 테마들을 실밥 없이 꿰매는 솜씨로 경쾌하게 넘나든다.

강연균은 시대의 불의에 삿대질하는 그림을 그리기도 했다. 군사정권의 야만과 광란이 야기한 광주의 '오월'을 고발하는 작품들로 화가의 노릇을 다했다. 대작 「하늘과 땅 사이」는 우리 시대의 '게르니카'로 평가받는다. 일쑤 '민중미술' 계열의 작가로 일컬어지는 계기가 된 작품이었다. 그는 1990년대 초 시인 신경림, 문학평론가 염무웅과 함께 진보 그룹인 한국민족예술인총연합(민예총) 공동의장을 맡기도 했다. 그러나 강연균은 '민중미술'이라는 말 자체를 좋아하지 않는다지? 화가에게 무슨 경계가 있을 수 있느냐는 변이다.

"민중미술이라는 게 대체 뭘까? 광주의 '오월'을 경험한 작가치고 누군들 군사정권에 찬동할 수 있었을까? 또한 그렇다고 한평생 저항적인 그림만 그릴 수 있겠어요? 화가란 열렬히 그리는 사람일 뿐, 진영 기득권 따위는 필요 없다고 생각해요."

"우문 한 가지! 그림을 왜 그리시나?"

"(한참 생각하다가) 어! 이상하게 어려운 질문이네? 글쎄요. 자연스럽게 그냥 그리게 됐어요. 정해진 운명처럼, 그리는 게 그냥 좋아서, 아무런 회의 없이 일찌감치 마구 그려댔죠. 그러는 중에 어쩌다 보니 그림이 팔렸고, 먹고살게 됐고, 평생 직업이 됐습니다. 광주지역에서는 내가 최초의 전업작가일 거요. 좋아하는 일을 평생 해온 게 참 행복하지만, 이건 자화자찬이겠지."

"작품이 뜻대로 되지 않아 자살 충동을 느낀다는 화가도 있습니다."

"죽을 만치 고독하지 않다면 그게 화가일까요? 그러나 창작은 때로 즐겁습니다. 작업실에 묻히면 하루가 짧게 지나갑니다. 자살? 나도 어린 시절 죽으려고 철길에 누운 경험이 있어요. 기차가 달려오는 걸 보며 워매 무서워라, 냅다 달아났지만……. 힘든 가난에 오랫동안 숨가빴어요. 내가 수채화를 시작한 것도 유화물감을 살 돈이 궁해서였지. 아아, 어려웠던 시절 얘긴 하고 싶지 않아요."

자연을 섬세하게 관조하면 욕심 줄일 수 있어

강연균의 그림엔 자연의 식솔에 해당하는 모든 사물과 풍경들이 자주 나타난다. 눈길을 던지면 저 앞에 좌악 펼쳐지는 무등산의 다채로운 산경을 보라. 강연균은 자연과 생명의 전당 안에 살고 있는 셈이며, 풍성한 회화적 소재의 백화점에 거주하는 것이다. 그는 손을 뻗어 나무나 꽃, 풀이나 새를 끄잡아 자신의 화폭에 옮긴다. 마치 새장 안에 새를 가두듯이.

"무등산은 선생에게 어떤 산이죠?"

"어머니죠. 모성의 숲이랄까, 내 삶의 근본적 자궁 같은 산이에요. 또, 내겐 겨울에 더욱 아름답게 스며드는 산이죠. 어릴 적 들은 얘기인데, 무등산 상봉에 눈이 세 번 정도 내리면 마을에 첫눈이 내린다고 해요. 내가 눈을 좋아하기에 늘 무등산을 바라보며 겨울이 어서 오길, 눈이 펄펄 내리길 기다렸어요. 자연이라는 것, 풍경이라는 것, 나아가 그림이라는 것에 눈뜬 시절이었다고 할까? 무등산을 통해 소년기의 정서나 감성이 자라난 것 같아요. 고민이나 나태로 흔들릴 때 나를 잡아준 것도 무등산이라는 거인의 눈총이 주는 자극이었고. 그러고 보니 저 산은 인자한 어머니이자 엄격한 아버지였네요."

"방황하던 사춘기 시절, 폭설이 쏟아지는 밤에 무등산 증심사 골짜기를 오른 적이 있습니다. 무릎까지 빠지는 눈구덩이 속을 헤매다, 산기슭 작은 교회에서 흘러나오는 따뜻한 불빛에 이끌려 들어가 한참 동안 눈시울을 적셨죠. 그 작은 교회가 아직 남아 있을까요?"

"오, 특이한 사람일세. 내가 그 교회를 그린 적이 있어요. 신림교회라고, 옛날 나환자들의 대부이자 항일운동가였던 최흥정 목사가 만든 교회죠. 그분이 작고했을 때 전국에서 나환자들이 몰려들었어요. 한국에서 가장 조촐하고 감동적인 교회였는데, 현재는 기념관으로 바뀌었습니다."

"선생의 고가에 봄빛이 흥건하네요. 조만간 뜰의 나무들마다 꽃을 매달겠어요."

"내가 워낙 산을 좋아해 많이도 쏘다녔습니다. 산이 왜 좋을까, 가만 생각해봤더니 나무들이 있어서더라고요. 나무를 편애 수준으로 좋아한다는 걸 알았어요. 그래서 마당에도 많은 나무들을 심었죠. 나는 하늘을 찌르는 커다란 나무를 보면 바로 흥분해요. 어이쿠, 안녕하십니까, 나무에다 대고 절을 해요. 큰 나무를 보면 신령스러워. 귀신이 붙어사는 것 같아."

나무에 붙어사는 게 귀신뿐이랴. 안으로 꾹꾹 다진 상처도, 아픔도, 절망도 나무를 이룬다. 나무의 세계에도 폭력이 있으며 죽음이 있다. 그러고 보면 나무와 사람이 다를 게 무엇이란 말인가. 고로쇠나무 몸통에 대롱을 꽂아 뽑아내는 수액은 사람의 혈관에 흐르는 피와 다를 게 없다. 나무를 남으로 보지 않는 사람의 눈엔, 나무에 붙

오전 10시면 어김없이 작업을 시작해, 하루의 대부분을 붓을 쥐고 지낸다.

은 귀신도 감정도 숨결도 선연하게 보일 게 분명하다.

"무등산 자락에 살며 사시사철 자연과 통할 수 있다는 건, 내 주제에 과분한 복이지. 알고 보면 화가나 시정잡배나 다를 게 없어요. 욕망하는 건 다 똑같아. 그러나 화가가 조금은 순수하달까? 그게 그림을 그리는 자의 복이라면 복일까? 구르는 돌, 사소한 풀 한 포기, 새소리, 물소리, 자연과 교감하며 사생하는 순간들이 정말 행복합니다. 자연이 스승이자 동행이라는 것, 그건 의심의 여지가 없는 진실이에요."

"자연 속에 머무르면 삶이 치유될 수 있을까?"

"산다는 게 팍팍한 일이지만, 그러나 본질적으로 아름답지 않던가요? 자연은 언제 봐도 진부하지 않습니다. 그래서 아름다워요. 사람의 삶도 진부함에서 벗어날 수 있다면 얼마나 좋겠어요. 그러나 꽉 막힌 보수주의자들, 나처럼 연식이 오래된 자들은 한없이 진부하지."

"진부함에서 벗어날 수 있는 비결이 있다면요?"

"내 나이 일흔다섯, 충분히 늙었어요. 이제 와 생각해보니 산다는 거, 별것 아니더군요. 결국은 욕심을 줄이는 일에 달렸어요. 자연을 섬세하게 관조할 수 있다면, 욕망을 순하게 이끄는 힘을 얻을 수 있다면, 날뛰는 욕심을 어느 정도 줄여나갈 수 있을 겁니다."

욕심을 줄여라! 역시나 귀에 솔깃한 언설. 그러나 진부한 자의 귀에는 바람처럼 들어왔다 바람처럼 새나가기 십상이다. 고가에서 나와 마당에 서자 물씬하게 흘러드는 꽃향기. 봄소식을 들을 수 있는 귀가 없지만, 스스로 때를 알아 피어나는 산수유 노란 꽃.

사람도 꽃이라지만, 멀리 날아갈 향이 없으니 봄이어도 봄이 아니구나.

2

성찰

자연이라는 교사

논산 산골 호숫가에 사는 소설가 박범신 내 몸이 자연, 뜨겁게 쓰다가 죽고 싶소
여주 중근이봉 자락에 사는 시인 홍일선 대지라는 거대한 생명을 제대로 섬기는 일, 그것이 바로 문학
양평 시골에 사는 서양화가 최석운 도란, 자연이란, 선수란 많은 말 필요 없이 그저 단순한 것
춘천 금병산 자락에 사는 소설가 전상국 삶도 죽음도 그저 흘러가는 자연의 일부일 뿐
담양 무등산 자락에 사는 소설가 문순태 달빛, 별빛, 저무는 들꽃에서 얻어 쓰는 삶
홍천강변 숲속에 사는 작가 김규현 티베트를 떠돌다 숲으로 돌아온 낭인

논산 산골 호숫가에 사는 소설가
박범신

내 몸이 자연,
뜨겁게 쓰다가 죽고 싶소

―――――

누군들 외롭지 않을까요? 그러나 늙을수록 견고해져요.
늙으면 내부의 고독을 견디는 단단함이 있어야 하지.
고독과 대결하는 일에 비해 소설 쓰는 건 아무것도 아니더군요.

산에도, 길섶에도, 눈이 쌓여 있다. 햇살 쏟아지는 양달쪽 눈밭이 순결한 몸처럼 말쑥하다. 구불구불 휘어지는 길 위에도 눈이 엉겨 붙어 미끄럽다. 차가 휘청거린다. 조금쯤 시련에 찬 여정. 그러나 설경을 만끽할 수 있으니 이게 호사렷다. 이런 날 작가는 뭐하시나.

논산시 가야곡면 탑정호숫가. 야트막한 야산들이 호수를 에워싸고 있다. 박범신(70세)은 물가에 산다. 눈을 뒤집어쓴 산이 호수에 발목을 담그며 파르르 몸을 떠는 언저리에. 새파란 호수가 저 아래로 내려다보이는, 전망 좋은 2층집. 이게 그의 거처다.

밖에서 점심식사를 하고 돌아온 그와 마주 앉는다. 피곤기가 살짝 서린 낯빛. 그러나 아직 스러지지 않은 청춘의 잔해랄까, 깡이랄까. 뭔가 짱짱한 기미가 완연하다. 그는 아무래도 독종이다. 40여 년을 소설가로 살며 무려 40여 권의 책을 써냈지 않은가. 평생 소설이라는 귀신에 홀려 살아온 작가는 왜 이 적막한 산골로 내려왔지? 자연에 필이 꽂혀서?

"무위자연을 즐기기 위한 게 절대 아니에요. 즐기기엔 서울이 좋지. 후배 문인들 집합시켜 술 마시기 좋고, 아침에 아내가 끓여주는 해장국으로 속도 달랠 수 있고……. 여기로 내려온 건 말년에 나 자신을 강력하게 바꾸고 싶어서예요. 불편한 게 많지만 감수하기로 했지. 난 이미 나이들었지만, 그러나 여전히 변화에 대한 열망이 커요. 젊다 하더라도 주변에 의지하거나 안락함에 기댄다면 그건 이미 늙은이겠지."

변화의 열망, 변신에의 갈망을 길잡이 삼아 자연으로 회귀했다는 얘기다. 산이 들려주는 음성, 물이 전하는 귀띔 안에서 삶을 바꾸고 정신을 갈아치우는 일이야말로 쾌거에 속한다는 건 신빙성 높은 오래된 뉴스다. 자연의 협찬을 받아 느긋하게 무위나 일락逸樂을 도모하기보다 나 자신을, 나의 내부를 변화시키겠다는 것, 산골에 들어앉은 작가의 생각이 이와 같다. 올해 나이 일흔 살. 세월은 그의 등을 떠밀어 어언 강의 하구로 데려왔지만, 여전히 시퍼런 근성으로, 참을 수 없는 어떤 허기로 세찬 눈을 돌려 내면을 응시한다. 참다운 노경老境이란 어쩌면 생의 절정. 그러나 박범신에게 '늙음'이란 부질없거나 소소한 조짐에 불과하다.

"늙어서 좋은 게 뭐가 있을까? 나 역시 어느덧 늙은이가 됐지만, 늙음을 통째로 긍정하기란 어려워요."

"순응이라거나, 달관이라거나, 그 또한 즐거움 아닐까요?"

"늙기 전에 비해 어떤 응어리가 싹 빠져 좋은 건 있습디다. 소설 「은교」를 쓰고 난 뒤 그런 편안함을 느꼈어요. 그러나 솔직히 늙어서 좋을 건 없지. 다만, 자못 너그러워지고 기다릴 줄 알게 되긴 해요. 내가 원래 성격이 매우 급한데, 이젠 기다릴 줄 알지. 기다리면 상처가 적어지더군."

"사람들은 박범신을 일컬어 '영원한 청년작가'라고 합니다."

"문학적 감수성이 늙지 않았다는 뜻이겠죠. 나 자신으로 말하자면 늙어 죽을 때까지 현역으로 살겠다, 야인처럼 살겠다, 장교가 되지 않겠다, 그런 생각을 해요. 그러나 생물학적 나이가 어디 가나? 60대 전반기엔 쓸쓸하더라고. 그러나 이젠 인생을 꽤 깊이 볼 수 있어요. 관용의 넓이, 깊은 통찰력, 오욕칠정의 감정을 컨트롤하는 힘, 사람 관계에서 상처를 줄이는 능력, 그런 것들이 생겨요. 세상에 대한 두려움도 없어지더라고. 소설 「은교」를 쓰면서는 죽음에 대한 두려움도 없어졌어요. 그럼에도 불구하고, 젊음이 좋죠. 너그럽지 않되 젊게 사는 게 더 좋지 않을까, 그런 생각도 해보고……."

가난한 밥상과 쓸쓸한 배회가 산골생활의 즐거움

어중간하게 살다가, 이제 어중간히 늙은 나에게 젊었던 과거란 기껏해야 몽유병이거나 상처로 칠갑된 일기장 같은 것. 다시 청춘으로 돌아가라 한다면, 이 멍청이는 두 손을 휘저어 기어이 사양할 수밖에 없는 일이다. 대체 젊음의 그 무엇이 좋지?

"젊은이들에게선 빛이 나지 않던가? 광채가 있어. 요즘 젊은이들의 맹점은 자신이 얼마나 빛나는 존재인지 모른다는 거예요. 내부의 에너지를 모른 채 불안해하고, 자본주의가 주입한 세속의 욕망에 휘둘려요. 심지어 많은 젊은 애들이 부랑자처럼 살더라고. 우리 시대보다 젊은 부랑자가 많은 시절이 또 있었던가요? 이게 이 시대의 딜레마겠지. 참 안쓰러워. 연민을 느낄 수밖에……."

"어쩌나요?"

"루카치가 말했죠. '길이 끝나는 곳에서 비로소 길이 시작된다. 그게 문학이다.' 길 없는 길에서 자기 길을 찾아가는 게 젊은이들의 길 아닐까? 그냥 누워서 그 길을 찾아갈 수는 없을 테고, 공부든 여행이든 좁은 울타리에 갇히지 말고 좀 더 너른 세상을 봐야 하지 않을까요? 나는 과감히 떠나라고 권하고 싶어요. 미국이나 일본엔 이미 빈자리가 없을 것이고, 수고와 고통을 견뎌낼 수 있다면 아프리카로 가는 건 어떨까? 거긴 빈자리가 많으니까. 공부나 독서를 통해 길을 찾을 수도 있을 거예요. SNS나 TV는 현상을 가르쳐줄 뿐이지만, 독서는 심층구조를 알게 하죠. 본질을 보게 한다는 것. 젊음이란 그지없이 짜릿하지만 양날의 칼이 아닐까요? 자신을 잘 못쓰면 세상이 주입한 욕망에만 사로잡히니까."

"아까 젊음의 '광채'를 말했지만, 선생의 젊은 날은 매우 어두웠죠."

"무거운 무채색의 모습이었다고 할까. 내 젊은 날은 어둠이 가득

박범신이 서울을 벗어나 논산 산골로 내려온 건 변화에 대한 열망 때문이다. 타성과 안락함에 안주하기 싫었던 것. 그는 시골에서 자연과 고독을 친구로 삼은 채 '가난한 식사'와 '쓸쓸한 배회'를 즐기며 글쓰기에 몰두하고 있다. 독서에도 자주 몰입한다.

차 있었어요. 가난으로 꽉 막힌 시절을 염세적인 청년으로 통과했어. 세계와 내가 어떻게 소통해야 할지를 몰랐어요. 오직 책 속에 파묻힌 문학도였으니까. 20대 중반에 이르러서야 소설을 통해 내 정체성을 찾았죠."

젊음이라는 깔딱고개, 해뜨기 직전의 어둠과 추위를 닮은 청춘의 신산辛酸을 넘었다는 얘기다. 작가란 그의 두뇌에 부착된 예민한 촉수로 삶의 희로애락을 더듬어 글발을 엮는 존재이다. 창가 책상 앞에 앉아 창밖 저잣거리에 만화경처럼 펼쳐지는 고통과 상처를, 내 안에 고인 슬픔과 꿈의 화면에 옮겨 세상의 요철凹凸을 여실히 재현하고자 용을 쓴다. 그래서 작가의 정신은 벼린 칼처럼 날이 서며, 그 칼날은 부메랑으로 돌아와 스스로를 베기 쉬우니, 그게 자승자박이거나 자학이다. 박범신은 젊을 때부터 1980년대 초반까지 네 차례의 자살미수를 경험했다.

통유리 바깥으로 펼쳐지는 허연 설경이 눈에 시리다. 산골에 홀로 머문 박범신의 표정에 설핏 쓸쓸한 공기가 감돈다. 적막한 기운이 작가다운 운치를 돋운다. 그는 문학에 목을 매다시피 몰두하는 인물이다. 소설을 쓰며 생기는 스트레스를 소설을 써서 푼다. 주야로 문장과 맞붙어 사는 사람에게 고독이란 차라리 매혹이거나 유혹일까? 산은 고요하고 호수는 텅 빈 채 적막하다. 눈 내린 날엔 한결 고독하겠지?

"누군들 외롭지 않으랴. 그러나 늙을수록 견고해져요. 늙으면 내부의 고독을 견디는 단단함이 있어야 하지. 고독과 대결하는 일에 비해 소설 쓰는 건 아무것도 아니더군."

"고독이란, 어디서 오는 것일까?"

"태어날 때부터의 슬픔이겠지. 삶의 환경은 나아질 수 있지만, 본원적 고독은 나아지는 게 아녜요."

"영영 벗어나기 어렵다는 뜻인가요?"

"친구가 될 뿐, 내 존재가 짊어지고 가야 하는 것일 뿐⋯⋯. 여기 살다 보면 밤이 유난히 깜깜해서인지 몹시 고독해요. 남모를 시간에 절대적인 고독과 딱 부닥쳐 맞장뜬다고나 할까? 그렇다고 고독에서 벗어날 순 없죠. 사람 수준에 따라 다르겠지만, 난 버리지 못하겠더라고. 벗어난다? 버린다? 그게 정말 가능할까요? 쉽지 않은 일이라고 생각해요. 그런데 사람과 함께 있는 고독은 불편하지만, 혼자 있는 고독은 나쁘지 않더군. 고독이라는 놈과 친구로 지내는 일이 편해요. 고독의 씨앗 속으로 들어가면 좋겠다는 생각도 많고⋯⋯."

"여긴 경관 좋은 산골이에요. 낙도 많을 것 같군요."

"가장 좋은 건 두 가지죠. 하나는 '가난한 밥상'. 아내가 일주일에 이삼 일쯤 서울에서 내려와 반찬을 만들어두고 가는데, 혼자 물에 밥 말아 먹는 식사, 혼자 먹는 가난한 식사가 참 좋습니다. 또 하나는 '쓸쓸한 배회'예요. 산도 오르고 호수도 서성이고, 그런 시간엔 나를 들여다볼 수 있어서 좋더라고. 자연이 주는 선물이라 할 만합니다. 도시에서 얻기 어려운……."

"주변 경관 못지않게 집터도 아늑해요. 뒤란의 암반과 물길도 묘하고."

"이 집을 처음 봤을 때, 마치 오래 살아온 집처럼 딱 맘에 들더라고. 북향집이지만, 그마저 외골수의 느낌을 줘서 좋았어요. 예술가란 홀로 세계와, 귀신과 맞장뜨는 단독자거든."

"서울에서보다 오히려 더 많은 방문객들이 들이닥치진 않는지. 단독자를 가만두지 않는 훼방꾼들 말이에요."

"맞아요. 조용히 은거해서 소설을 쓰고 싶었는데, 찾아오는 사람들이 많아요. 물리치지도 못하는 성격이고. 딜레마죠. 봄가을 두 차례 날을 정해 사람들을 불러 파티를 하고, 그 외엔 문을 닫아걸고 있어요. 내게도 프라이버시라는 게 있으니까."

실내는 하염없이 정갈하다. 결벽증 있는 독신녀가 홀로 사는 것 같은 구색. 먼지 한 점 묻어나질 않는다. 서가의 책들은 도열처럼 반듯하다. 서울서 자주 내려온다는 아내의 손길이 스친 자국들일 테지만, 예민한 작가의 성정이 서성거리는 풍광이다.

작품도 정신도, 자연에 신세진 바가 많아

거실 벽에 걸린 자전거 미니어처가 눈길을 끈다. '늘 떠나고 싶은'이라 휘갈긴 낙서도. 방랑에 관한 열망, 자유에 관한 갈증이 서린 글귀다. 어디로 떠나고 싶은 걸까? 그는 에베레스트를 무시로 드나들었다. 영산이라 부르는 에베레스트 설산에 서면 삶이 더 잘 보이나? 산정에서 되돌아보면 모든 게 사랑인가? 마음도 몸도 온전한 자연으로 돌아가나?

"에베레스트를 열다섯 번 갔죠. 왜냐고? 산에 가면 좋잖아. 사람이 자연 아니던가? 나는 평소에 운동하는 게 없어요. 운동을 싫어하지. 많이 먹지도 않아요. 그러나 산에 가면 잘 걸어요. 젊은 친구들이 묻죠. 트레킹을 잘하는 비결이 있냐고. 나는 산과 일체가 되면 잘 걸을 수 있다고 말해주죠. 산이 험하다고, 너무 방어하거나 조심할 일은 아니지. 산을 러닝머신처럼 사용할 게 아니라 산에 스며드는 느낌, 내가, 내 몸이 자연이다, 그렇게 자연과 동화하면 잘 걸을 수 있어요. 자연과의 깊은 교감이랄까, 일종의 정서적 오르가슴이랄까. 그런 극치의 감흥을 준다는 것, 그게 에베레스트 산행이 주는 묘미라 할 만하지."

"집 근처 야산도 자주 오르시겠다."

"발길이 다 닿았다고 봐야지. 길 없는 산이라서 더 좋더라고. 이 집 어디서건 눈에 들어오는 저 건너 대명산大明山도 참 좋아요. 대명, '크게 밝다'는 뜻인데, '큰 깨달음'이라 읽어야겠지. 나이들수록

2층에 있는 집필실. 이렇다 할 치레가 없이 가지런하고 깔끔하다.

마음이 크게 밝아야 하지 않아요? 세속이 주는 소음이나 욕망을 좀 내려놔야죠. 요즘은 저 대명산을 마음에 두게 됩니다. 작품도 정신도, 저 산하 저 자연에 신세진 바가 많다고 할 수밖에요."

산길을 걸으며, 물가를 걸으며, 은연중에 얻은 것들이 많을 게다. 자연과의 교제, 생태와의 접촉으로 관찰력과 집중력이 커지고, 가령 숲을 흔들며 들이치는 햇살을 관람할 때 즉각적으로 솟구치는 감흥을, 소설의 언어로 옮겨 자족하는 자 특유의 황홀을 거듭 맛보았을 법하다. 자연과 내통하는 작가의 소득이 이모저모 쏠쏠할 터이니, 그가 경영하는 산골살이의 타산이 이미 흑자일 것!

"소설 「은교」 얘기를 해볼까요? 저는 영화 「은교」를 먼저 보고 나중에 소설을 봤습니다. 실례되는 소감일지 모르지만, 영화가 더 인상적이었죠. 원작자로서 영화 「은교」에 만족하시는지?"

"소설 대부분을 버리고 만든 영화에 작가가 어떻게 만족하겠어요? 그러나 한국 영화 수준으로는 괜찮은 영화임에 틀림없어요. 영화가 이미 흥행 위주의 산업인데, 나이 칠십 된 노인네의 연애 스토리를 영화화한 것 자체가 소중한 모험이고……. 객관적으로 볼 때 원작의 내용을 잘 축약해 형상화한 영화라고 칭찬할 수 있어요. 그러나 불만도 있지. 노인과 어린 소녀의 러브스토리로 부각되었으니까. 원작에선 노인의 고독이 짙어요. 노인을 통한 시간에 대한 반역, 그것의 피 흘림을 말하기 위해 소녀를 등장시켰거든. 존재론적 번뇌에 사로잡힌 노인의 강렬한 캐릭터가 도드라져야 했어요. 노인을 통한 불멸의 세계에 관한 갈망. 이게 원작의 핵심이지. 영화 속 노인에겐, 그에 따른 긴장과 본원적 힘이 빠졌더라고. 영화가 가진 어쩔 수 없는 한계겠죠."

"불멸! 소녀 은교가 노인에겐 불멸의 가치를 상징하겠어요."

"그렇죠. 노인이 가진 완전한 영원성에 관한 욕망, 그 불멸의 가치를 표상하는 게 은교니까. 그렇다면, 은교를 열일곱 살이 아니라 마흔 살이나 쉰 살로 봐도 무방해요. 남녀 성별조차 필요 없겠죠. 소설 속 노인은 은교를 시詩로 봤어요. 사람이 늙어서 여자를 보게 될 경우, 현상적으로나 감각적으로는 여자지만, 그 현상 너머엔 영원성이라거나 본질이 있는 게 아니겠어요?"

"「은교」의 문장은 놀라워요. 탐미적, 감각적이라서."

"젊은 작가들에 비해 감수성이 떨어지진 않겠지. 내 안에 짐승이 사는 것 같아. 생김새는 낙지나 문어처럼 생긴……. 뭐랄까, 그것

106

은 시간의 세례에 의해서도 늙거나 왜소해지지 않더라고요. 늙어서도 그 짐승은 싱싱하니까. 범박하게 말하자면, 창조적 자아? 뭐 그런 것. 오욕칠정이라는 거, 그걸 장악하는 덴 소설 외엔 방법이 없더라고. 현실을 품어본다 할지라도 오래가지 않고, 사랑도 오래가지 않고……. 뜨겁게 쓰다가 죽고 싶소."

박범신에게 문학이란 영혼의 방부제다. 작가이기 때문에 예민하게 세상에 반응하며 살 수 있다는 걸, 썩지 않을 수 있다는 걸, 쓰면 쓸수록 싱싱해지는 자신을 느낄 수 있다는 걸 축복으로 여긴다. 소설을 통해 자신의 본질을 드러낸다는 점에서, 문학을 구도로 간주하기도 한다. 흔히 소설 「은교」를 연애소설로 읽지만, 그는 구도소설로 본다. 연애는 때로 광기에 찬 투쟁에 가깝다. 상대를 완전히 소유하고 싶은 욕망과 싸워야 하기 때문이다. 그런데 구도 역시 소유욕을 버리고자 하는 싸움이지 않은가? 따라서 연애와 구도가 통합된다.

"순한 사랑이란 정말 불가능할까? 모든 사랑이 결국 실패한다는 게 에리히 프롬의 결론이지만, 선생은 한걸음 나아가 사랑하는 상대를 완전히 소유하고 싶다면 죽이는 수밖에 없다고 했어요. 극렬한 충동에 휘말리는 증상도 사랑일 수 있을까요? 광포한 사랑을 넘어설 순 없는 건가요?"

"소유욕에 사로잡히기 쉬운 게 사랑이고, 그래서 연애도 마침내 구도가 되는 것이죠. 이제 나는 욕망을 잘 컨트롤하며 살아요. 물욕, 높거나 중요한 자리에 대한 욕망, 베스트셀러에 대한 욕망도 노력하면 이겨낼 수 있더라고. 그러나 마지막까지 이겨내지 못하는 게 사

소설 『은교』는 영화화되면서 새삼 대중들의 관심을 모았다. 『촐라체』, 『고산자』와 더불어 '갈망의 3부작'에 속한다. 창가에 앉은 박범신이 헐벗은 겨울나무들을 내다보고 있다.

거실 벽면에 걸어둔 자전거 미니어처. 자전거를 타고 자유롭게 떠나고 싶어하는 마음이 읽힌다. 미니어처 아래편엔 '늘 떠나고 싶은'이라는 글귀가 쓰여 있다.

랑의 욕망이오. 물론 사랑의 대상이 여자만은 아닙니다. 숲가의 꽃들도 선생이고, 따라가고 싶은 처녀들이지. 아마도 더 좋은 소설에 대한, 더 좋은 세상에 대한 욕망이겠지만, 정확히 잘은 모르겠지만, 근원적인 사랑에 관한 욕망, 갈망을 누를 길이 없어요. 살아서는 이룰 수 없는 욕망이겠지요."

"성욕, 애욕이란 끝내 따라붙는 난적이라 합니다."

"성욕이 창조적 자아의 욕망과 맞닿은 건 사실이에요. 하지만 이 나이에 그걸 승화 못 시킨다면 인생 헛산 거겠죠. 찰나적이고 허깨비 같은 것이니까. 하지만 사랑을 승화시키는 건 쉽지 않아요. 다행히 나에겐 문장이 있어요. 애욕으로서의 욕망도 소설로 풀 수 있지. 문학 순정주의가 내 안에 강해요."

"사후 묘비명을 미리 준비하셨다죠?"

"딱히 정해놓은 건 아니고, '대대로 불멸을 꿈꾸었느니 이제 여기 와 다 이루었네' 그런 걸 써놨다가, 너무 장중해서 요즘은 다른 걸 생각해보고 있지. '일생을 다해서 산다는 것은 걸어서 별까지······' 그런 걸."

창밖은 혹한, 실내는 작가의 언설로 후끈하다. 그의 언어는 정교해 시나브로 귀가 민감하게 열리는데, 이런! 보건소 직원들이 링거병을 들고 들이닥친다. 글을 쓰는 일이란 방울방울 피를 뽑는 일. 몸이 성할 리 없으렷다. 소설에 미친 사람의 팔뚝에 주사기가 꽂히는 걸 바라보며 자리를 턴다. 그가 걸어가는 별까지의 길을 헤아리며.

여주 중근이봉 자락에 사는 시인
홍일선

대지라는 거대한 생명을 제대로 섬기는 일, 그것이 바로 문학

모든 사람이 농사를 지을 수는 없어요. 그러나 정신만큼은 농업근본주의로 돌아가야 합니다. 식탁에 오른 밥 한 톨이 어떤 경로로 내 입에 들어오는지 성찰할 수 있어야겠죠.

구불구불 휘며 꺾여 야산 자락으로 스며드는 길의 끝. 거기에 외딴집 한 채. 시인 홍일선(66세)의 거처다. 여주군 점동면 도리마을 중근이봉 기슭이다. 혹한에 얼어붙은 공기가 살갗에 맵차다. 하지만 추위쯤 대수냐, 하는 투로 꼬끼오! 수탉이 후끈하게 목청을 돋워 산자락을 흔들어대는 통에 슬쩍 한기가 가신다. 홍일선은 토종닭 700마리 정도를 기른다. 닭치는 시인이구나.

홍일선은 농민시인이다. 땅의 생명력을 옳게 보는 눈, 대지의 음성을 깊숙이 듣는 귀, 농사꾼의 꿈과 애환을 야무지게 대변하는 입. 그의 시는 그런 품목들에 힘입어 빚어진 산물이다. 여기 외진 변방으로 이주하기 전엔 줄곧 서울에서 살았다. 한때는 영등포 시장통에서 '백두산'이라는 상호의 곱창집을, 또 한때는 독서실을 운영하며 식솔을 부양하는 한편, 민주화 운동권 인사들의 뒷바라지에도 물심양면 힘을 쏟았다. 그런 그가 후다닥 가차 없는 귀촌을 결행한 건 11년 전의 일. 무슨 까닭인가?

"고종명考終命(제 명대로 살다가 편하게 죽음)이라, 옛사람들은 죽음의 자리를 중시했습니다. 고향과 선산을 지키다 임종을 맞이하는 게 선비들의 본분이었어요. 그렇다면 나는 어디서 죽을 것인가? 제 고향인 화성시 동탄은 이미 개발에 뭉개졌어요. 그래서 여기저기 전국 곳곳을 찾아다녔어요. 그러다가 우연히 이곳을 찾아들게 됐는데, 아하, 바로 여기다! 하는 감이 퍼떡 오더라고. 숨이 막힐 정도로 강렬하게……. 나 여기서 흙과 살다, 농사를 지으며 살다가 목숨줄을 놓으리라, 그런 생각이었습니다."

생사야 하늘의 소관, 그저 흐르는 대로 흐르다 멈추면 그만이겠거니, 불에 태워 바람에 실려 보내면 그만이겠거니, 그쯤의 생각을 하는 나에게는 자못 낭만적인 포부로 들린다. 그러나 삶을 신중하게 끌어온 사람이라면 죽을 자리 또한 정중히 물색하는 게 사리에 맞을지도.

홍일선의 거처 지척에 남한강 본류 여강이 흐른다. 강을 생각하면 홍일선은 우울하다. 여강이 망가져 천연을 잃었기 때문이다. '4대강 삽질'로 수려하기 그지없던 여강의 본색이 뒤틀려도 한참을 뒤틀렸다. 일단은 부아가 치밀다 종국엔 비감에 잠길 수밖에 없는 일. 강변에서 저희끼리 부대끼며 도란거리던 억새는 거짓말같이 사라졌다. 순정한 백사장도, 개운한 여울도 덩달아 타살되었다. 모골이 송연해지는 공포영화의 클라이맥스에 비해야 하나?

"이곳에 와서 맨 먼저 무릎을 꿇고 땅에게, 강에게 절을 했어요. 그리고 한동안은 여념 없이 행복했죠. 강변에 앉아 묵상하는 일만으로도 충분히 황홀합니다. 강여울 소리를 듣는 자체가 시였어요. 강물에 발을 담그면 발가락을 툭 건드리는 물고기들의 몸짓 또한 얼마나 좋던지……. 그러나 오래가지 않았어요. 4대강 사업이 시작되면서 포클레인이며 덤프트럭 수십 대가 주야장창 드나들며 무시무시한 굉음을 냈으니까요. 그 결과가 저 황량한 풍경입니다. 슬프더라고. 아프더라고."

"그들은 왜 그런 무자비한 일을 자행했을까요?"

"해월 최시형 선생의 메시지 중에 '경물敬物'이라는 게 있어요. 경인敬人, 경천敬天에서 나아가 우주에 존재하는 모든 것을 모시고 섬기는 도리가 필요하다는 것이죠. 우린 그걸 잊고 삽니다. 삼라만상 모든 것치고 '임' 아닌 것이 없다는 인식, 모든 사물을 아끼고 공경하는 삶의 태도, 관념 아닌 실사구시로 이런 것들이 행해질 때 비로소 지속가능한 미래가 시작된다고 봐요. 그런 인식이 결여되면 자연을 무자비하게 타살하게 되죠."

"닭을 '닭님'이라 부르는 건 오래된 관습인가요?"

"사연이 있어요. 중장비들이 굉음을 내지르며 밤낮없이 강을 파헤치던 때였죠. 닭들이 놀라 혼비백산 달아나고 그랬어요. 그러던 어느 날, 뒷산 숲 저쪽에서 어미닭 한 마리가 병아리 열다섯 마리를 몰고 집으로 돌아오는 게 아니겠어요? 그걸 본 순간의 감격과 경이

홍일선의 거처 풍경. 너와를 올린 2층 황토집이 멋스럽고 정갈하다. 시멘트나 스티로폼을 전혀 쓰지 않고 지은 집. 거처 뒤편 멀지 않은 곳에 여강이 보인다. 이른바 4대강 사업으로 강변의 갈대밭이 모조리 사라졌으며, 홍일선은 이 느닷없는 '재앙'에 깊은 슬픔을 느낀다.

를 뭐라 설명하나. 저의 치기가 부끄러웠어요. 포클레인 소리에, 강이 무너지는 모습에 괴로웠던 건 나만이 아니었구나. 닭님들도 힘들었구나. 세상이 아프니 닭님도 아파했구나. 그러나 생명다운 도리를 다해, 숲 너머 조용한 곳으로 대피해 새끼들을 탄생시킨 후 집으로 돌아왔구나. 그때부터 닭이라는 생명을 새로운 눈으로 보게 되었어요. 그리고 '닭님'이라 부르기로 맹세했죠."

내 입에 들어오는 밥 한 톨에 대한 성찰

'닭님'이라는 호칭이 낯설어 조금은 간지럽다. 그러나 닭의 알을 뺏어먹고, 그 고기로 배를 채운 수탈의 전과를 부인할 길이 없으니, 예를 차리는 게 경우에 맞는 일일 수도 있다. 붉은 벼슬을 화관花冠처럼 달아 고상한 족속이지만, 이미 알 낳는 기계로 추락한 닭의 신세. 그걸 영영 남의 일로만 간주하는 일은 염치없는 짓임에 틀림없다. 인간의 DNA에는 우리가 침팬지의 한 종이었던 시절의 기록은 물론, 그 이전 물속에서 물고기로 살았던 시절의 기록까지 담겨 있다. 거슬러 올라가면 인간과 닭이 같은 씨앗에서 파생한 생명체라는 얘기다. 닭을 섬겨 호칭까지 진급시킨 홍일선의 방책이 은유하는 바가 오롯하다. 그는 어쩌다 닭을 키우게 되었을까?

"원래 밭농사도 좀 하고, 된장도 만들어 호구지책으로 삼았어요. 그러다가 동화작가 이상권 씨에게 토종닭 다섯 마리를 얻은 게 양계의 계기가 됐습니다. 지금은 700마리로 늘었어요. 일반 양계장과는

홍일선은 700마리쯤의 토종닭을 키워 생활을 도모한다. 그리고 닭들에게 반드시 경어를 쓴다.
계란을 꺼낼 때면 "닭님! 알 가지러 왔습니다!" 이렇게 고한다.
낮엔 방목하지만, 아침저녁으로는 직접 만든 발효사료를 먹인다고.

다른 방식으로 기르죠. 거의 방목하니까. 700마리 중 10퍼센트 정도는 오소리·솔개·너구리·삵 같은 야생짐승들이 가져갑니다. (웃음) 그게 자연의 순리겠죠."

"마릿수를 더 늘려야 하지 않을까요? 타산을 맞추려면."

"아, 그건요, 언젠가 백무산 시인이 와서 이럽디다. '선배님, 700수만 하셔야 합니다. 그 이상은 우선 힘에 부칠 거고, 강을 오염시킬 수도 있습니다.' 맞는 얘기였어요. 우리 닭님들은 저와 아내가 손수 만든 발효사료를 먹고 자라는데, 그걸 만들기가 보통 힘든 게 아니에요. 정말 바빠요. 700마리가 딱 이상적이에요. 이건 노하우도 아네요. 우리 할아버지들이 다 했던 방식인 거라. 자급자족이 가능한 정도의 가족 소농, 우리 농업은 이걸 회복해야 한다고 봐요. 그래야만 아까 말한 '경물'의 가치관을 실천할 수 있어요."

자칫 뒤로 가는 농업을 선창하는 소리로 들릴 수 있다. 그러나 홍일선은 '경물'을 통한 자연과의 조화를 위해서는 뒤로 물러서야 한다고, 그게 진정한 진보라고 생각한다. 이러한 지향을 통해 진정한 생명농업을 사실적으로 구현할 수 있으며, 그것이 너무도 타당한 공리에 속한다는 지론! 타산이나 계산은 뒷전이다.

"이런 얘기를 들었어요. 전에 구제역 파동 때, 어느 축산농가에서 돼지 수백 마리를 땅에 묻었는데, 돼지들의 울음소리가 닷새 동안이나 들리더란 겁니다. 환청이 아니라 실제로 말이죠. 우린 이 시점에서 호흡을 멈추고 심각하게 반성할 필요가 있어요. 과연 가축들을 생명으로 보았나, 오직 돈으로 보진 않았나, 하는 문제들……. 가축을 대하는 윤리의 문제, 공생 공존의 문제에 관한 질문을 해야 하지 않나요? 내 생명과 마찬가지로, 모든 타생명도 고귀하다는 깨달음이 필요합니다."

"항구적인 위기에 처한 농업, 세상에서 가장 못 믿을 직업으로 알려진 농사, 이러한 농촌의 화급한 현실이 뒤돌아보는 반성을 어렵게 만드는 구조적 요인 같습니다."

"진정 급박한 위기는 신자유주의 체제 안에서 모든 게 비인간화 내지는 반인간화한다는 점 아닐까요? 이걸 이기는 길은 대지와 한 몸이 되는 정신이라고 봅니다. 그 방법은 농업이고요. 지속가능한 미래란 오직 농업에 있다고 생각해요. 기업형 농업이 아니라, 쿠바의 성공적인 사례에서 볼 수 있는 가족 중심의 소농, 거기에 우리의 '오래된 미래'가 있다는 거죠. 전통사회에서 우리 농촌은 가난했으나 평등했죠. 마을공동체가 살아 있었어요. '모심'과 '섬김'의 정신이 살아 움직였죠. 빛나는 시절이 우리에게도 있었던 겁니다."

"과연 과거의 영농방식으로 회귀가 가능할까요? 과학영농이라는 미명하에 작물들의 유전인자를 광범위하게 주물러대는 추세인데요. 먹어야 할 입들은 지구를 뒤덮고, 여전히 굶주려 아우성치는 인구가 많은 것이 현실입니다."

"물론 우리가 상투를 틀고 마차를 타고 서울을 갈 수는 없는 일입니다. 모든 사람이 농사를 지을 수도 없어요. 그러나 정신만큼은 농업근본주의로 돌아가야 합니다. 식탁에 오른 밥 한 톨이 어떤 경로로 내 입에 들어오는지는 성찰할 수 있어야겠죠. 영성을 말하는 이들의 소리에 귀기울여야 하지 않을까요? 인간의 얼굴을 한 자연을 바라봐야 합니다."

흙님·강님·숲님·햇님·곡식님을 섬기며 더불어 사는 삶

땅과 형제애를 나누고, 자연과 기탄없이 교제하는 홍일선의 집은 자연에서 얻어진 재료들을 중심으로 지어졌다. 황토와 나무로 골격을 세우고, 지붕엔 너와를 얹었다. 스티로폼이나 시멘트는 전혀 사용하지 않았다. 실내엔 책이 산처럼 쌓여 있다. 달빛이 창으로 들이치는 밤이면 감미로운 독서에 빠져들겠지. 그에게 책이란 무엇일까?

"도법 스님이 이런 말씀을 했어요. '모두가 서로에게 등불이다.' 삼라만상이 상호보완하며 소통해야 한다는 얘기죠. 아프면서 귀하게 들렸어요. 책도 그런 '등불'의 하나겠죠."

"책의 '등불'이 선생을 어디로 인도하나요?"

"밑줄을 그어가며 열심히 책을 읽기도 하지만, 그저 입과 귀와 눈으로만 사는 게 아닌가, 책을 통해 내가 과연 무엇을 변화시켰는가, 이런 걸 많이 생각해요. 모든 학문이 삶속에서 실사구시하지 않는다면 위험할 뿐이니까. 우리 삶 자체가 한 발짝 나아가지 않는다면 독서마저 백해무익하겠죠."

"지행합일 知行合一?"

"맞아요. 그 점에서 무위당 장일순 선생은 만인의 사표셨어요. 지행합일의 본을 보였으니까. 그 분의 깨끗한 가난, 무소유의 삶도 아름다웠어요. 생시에 그림을 많이 그리셨지만, 단 한 장도 팔거나 하는 법이 없었어요. 외롭고 아픈 사람들에게 거저 나눠줬을 뿐이죠. 놀라운 일이에요. 그는 실로 있으면서 없고, 없으면서 있는 사람이었습니다. 일찍이 무위당 선생을 가까이서 뵈며 살았는데, 제 자식들의 이름도 지어주셨어요. 그런데 이곳으로 내려오자 무위당 선생의 삶과 말씀이 비로소 실감으로 다가오더군요. 뭐가 뭔지를 조금은 알겠더라고."

다른 사람 가르치기를 극도로 싫어했던 무위당. 모두가 기대고 싶어했던 태산. 무위당의 생시 거처는 마냥 낡아 창으로는 찬바람이

닭을 키우고 농사를 짓는 틈틈이 독서를 한다. 뒤편으로 보이는 액자엔 가족사진이 들어 있다.
그가 입고 있는 겨자색 스웨터는 작고한 어머니가 입었던 옷이다.

숭숭 들어왔고, 변소에서는 똥물이 튀어올랐다. 돈에 연연하지 않고, 과한 욕심을 부리는 법 없이 수수하게 수려하게 살다 간 나그네였다. 무위당을 일컬어 홍일선은 '선지식'이라 한다.

"여지없는 선지식의 행장을 남기셨죠. 해월이나 간디의 삶, 예수의 정신, 그런 걸 실제로 보여주셨으니까. 개인의 행복이나 자유를 무한한 소비를 통해 추구하는, 이 요란한 물신주의에 휘둘리지 않고 살아갈 길을 시범처럼 보여주고 떠난 분이었어요."

"딱히 고명한 이름이 아니더라도, 그러니까 평범한 사람들 중에도 선지식은 있겠죠?"

"물론입니다. 이름 없는 선지식들이 많을 겁니다. 얘기 하나 할게요. 얼마 전 들일을 하던 노인이 제가 시를 쓴다고 하니까 묻습디다. '시는 한 근에 얼마요?' 참 먹먹했어요. 등짝을 후려치는 죽비 같았죠. 그 어른에게 제가 그랬어요. '어르신이야말로 위대한 농부다, 위대한 농부야말로 시인이다'라고요."

"펜을 쥐고 시를 쓰는 시인의 손과, 대지를 경작하는 농부의 손이 다르지 않다는 말씀?"

"괜히 노자나 장자를 흉내내는 건 경계해야겠지만, 대지라는 거대한 생명을 제대로 섬기는 일, 그게 바로 문학의 길이라 생각해요. 시농합일詩農合一이랄까? 시와 천지간에 대자대비한 농업이 서로 다르지 않으니까요. 이 점에서 저는 부끄러워요. 게으른 시업詩業이었지만, 시로써 때로는 교언영색하며 세상을 속인 죄가 크기에……. 삶의 근원적인 질문을 하지 않는 한 문학마저 도로徒勞에 지나지 않는다는 것, 시도 문학도 결국은 농업이란 무엇인가, 하는 문제로 귀결한다는 걸 아프게 깨닫습니다."

시종을 일관해서 농업의 근원적인 묘리를 얘기한다. 땅의 자녀, 대지의 숨결로 살며 마음을 잡도리하고 처신을 살피는 일에 삶의 근간이 놓여야 한다는 얘기다. 우리네 삶은 흔히 헤맴 속에 놓여 있은 즉, 자연의 깨달음 속으로 이행함이 마땅하다는 소식이다.

농사일로 단련된 시인의 몸피는 단단해 보인다. 세월이 내려앉은 머리칼은 어언 백발. 눈빛은 말갛다 못해 서늘한 빛이 감돈다. 그런데 그가 입고 있는 겨자색 털스웨터가 여자 옷이구나. 궁금해서 옷의 내력을 물었다가, 돌아오는 답에 뭉클해진다.

"이게 원래 어머니 옷입니다. 어머니께서 1997년 작고하셨는데, 제가 1994년에 사드린 것이죠. 운명하실 때도 이 옷을 입고 계셨어요. 그런 내력이 있는 옷인지라 이렇게 늘 입고 지냅니다. 어머니께서 딱히 시라는 건 모르셨지만, 그 다정했던 한평생을 생각하면 시인의 그것이었다는 생각이 들어요."

"사람에게 가장 중요한 가치가 무엇일까요?"

"오덕五德을 잘 섬기며 더불어 살아야 한다는 생각이에요. 오덕이 무엇인가 하면, 흙님·강님·숲님·햇님·곡식님, 이 다섯이에요. 우리는 이 오덕에게 너무도 많은 빚을 지고 살아갑니다. 아버지가 진 빚은 자식이 갚아야 하듯이, 자연에게 진 빚은 우리가 갚아야 해요. 석고대죄의 심정으로 오덕을 섬기지 않는 시나 예술은 모두 가짜 아닐까요?"

"오덕에 사람이 빠졌네요?"

"지금의 세상에서 사람만 없다면, 또는 교회나 절만 없다면 더 행복하지 않을까요? 인간들은 오덕에게 행악의 존재 아닌가요? '사람이 꽃보다 아름다워'라는 얘기가 있지만, 그건 말이 안 됩니다."

"사랑을 안 해보셨군. 사람도 꽃 자체인 것을요."

"(웃음) 용기 있게 성찰할 수 있다면, 뉘우침의 시간을 갖는다면, 채우기에 급급한 욕망의 주머니가 없어진다면 사람도 아름답겠죠. 저 역시 지행합일에 관해서는 아직 멀었지만요."

불가해한 삶이여. 산다는 일은 미묘해서 파란 중에도 가끔은 성취감과 정신적 자유를 얻는다. 잠정적인 자족 안에서 춤출 수 있다. 하지만 그게 내면의 변화까지 가져오던가? 마음을 흔드는 과욕의 뿌리를 뽑아낼 천하장사가 있던가? 왁자한 거리에 나서면 욕망은 다시 요동치고, 내숭으로도 누를 길 없는 번뇌가 웃자란다.

성찰하라! '닭님'을 치는 시인의 목소리가 낮지만 뜨겁다.

양평 시골에 사는 서양화가
최석운

도란, 자연이란, 선수란
많은 말 필요 없이 그저 단순한 것

―――

외진 산골에서 처절한 절대고독을 느끼며 살았어요.
그런데 차차 편안해지더라고요. 뭔가가 쓰윽 지나가면서 가벼워졌어요.
사람들이 도를 닦으러 왜 산에 가는지 알겠더라구요.

 태풍이 한반도를 관통하는 날이다. 비바람 몰아쳐 나무를 뽑고 집을 날릴 기세다. 자연이, 하늘이 언제 사람의 형편을 봐가며 업무 보는 법이 있던가? 불합리하기 때문에 그냥 그렇겠거니, 믿을 수밖에 없다. 부조리하긴 인생 또한 마찬가지. 갈피없이 흔들리는 쑥대를 닮았다. 가끔은 태풍 속에서 길을 잃는다.
 드센 비바람 속을 헤쳐 화가의 시골집을 찾아가는 길에 상념이 질펀하다. 이런 날 화가는 뭘 하시나? 작업실은 다듬거나 가꾼 게 전혀 없어, 겉보기엔 창고를 닮았다. 현관문이 열리고, 거기 벌쭉한 웃음과 함께 드러나는 최석운(56세)의 얼굴. 동네 구멍가게 아저씨 스타일이라고 해야 하나? 맺힌 데 없이 소탈하고 푸짐한 인상이다. 상대를 일거에 무장해제시키는 경관이라는 점에서 가작이라 해도 무방하리라.

최석운은 부산에서 오래 살았다. 거기서 미술대학을 나왔으며, 고프고 아픈 무명의 한 시절을 지냈다. 그러다가 자못 야릇한 그림을 그리는 인물로 서울 화단의 입길에 오르기 시작했다. 그건 사실상 미미한 관심에 불과했으나, 그의 작풍이 일찍감치 특유의 것이었음을 알게 하는 단서라 할 만하다. 그의 얘기를 들어볼까?

"제 나름의 그림을 신나게 그리고 있을 때였어요. 당시 1980년대의 여느 회화 경향과는 다른 그림이었죠. 상당히 이상한 놈, 진짜 웃기는 놈 하나가 부산에 산다고 알려지기 시작했어요. 지금부터 20여 년 전에 서울로 올라왔는데요. 서울에 이어 여기 양평 산골에 눌러 살며 고생을 많이 했습니다. 이상하게도 웃기는 그림을 그린 바람에 지금까지 밥을 벌고 있는 겁니다. (웃음)"

웃기는 그림, 웃지 않을 수 없는 그림, 굳었던 안면근육이 대번에 풀어지며 푸하하 저절로 폭소를 터뜨리게 하는 그림. 그것이 최석운의 그림이다. 그럴 수밖에 없는 게, 우선 그의 그림은 쉽고 가볍다. 카툰이나 일러스트처럼 간명하다. 이른바 '이발소 그림'처럼 서툰 듯 단순하다. 난해한 그림들의 행진에 딴죽을 거는 그림이다. 해학과 익살로 배꼽을 쥐게 만든다.

작품 「인어」를 볼까? 여기엔 아무런 판타지가 없다. 남자를 홀리는 미모의 인어가 아니다. 눈이 옆으로 째진, 팔자 사납게 살아왔을 법한 아낙의 얼굴이 등장한다. 가슴은 물풍선처럼 늘어졌고, 배통은 간장독처럼 벌어졌다. 남자인어도 그렸다. 노랑머리에 금귀고리, 드

별다른 꾸밈없는 작업실 내부에 그림과 책자들이 넘쳐난다. 최석운은 잦아야 일주일에 한 번, 드물게는 한 달에 한 번 정도 외출할 뿐이다. 작업에 무섭게 몰두하는 성향이다.

럼통만 한 '배둘레햄'이 엽기적이다. 웃음을 참을 길 없다.

그런데 말이다. 웃다가 문득 쓸쓸해진다. 페이소스! 최석운의 그림 속 인물들엔 그런 게 눅진하게 묻어 있다. 해서, 내가 지나온 삶을, 걸어온 골목골목을 돌아보게 된다. 언어로 대변되는 삶의 낭만과 꿈은 화르륵 낙화처럼 지고, 별 수 없이 지지고 볶는 세사 속에서 바동거리는 우리네 인생의 '생얼'을 보게 된다. 내숭과 꿍꿍이, 눈치코치로 간을 보며 세상의 파도를 건널 수밖에 없는 장삼이사張三李四들을 향한 작가의 연민이 훈훈하다. 그래서 그의 그림에선 웃음을 필두로 흥이, 묘한 긴장이, 서늘한 그늘이, 안도할 만한 정감이 열을 지어 활보한다. 이런 그림을 어떤 내력으로 그리게 되었을까?

"대학 시절 서양미술사를 공부하며 우리가 알고 있는 그림의 무국적성이랄까, 우리 미술에 대한 정체성이랄까, 그런 문제로 고민이 많았어요. 최소한 미술책에 나오는 식의 그림을 그려서는 안 되겠다는 생각을 하게 됐죠. 그리고, 최루탄이 난무하는 1980년대의 시대 상황 속에서 미술실에 처박혀 그림만 그린다는 무기력함 내지는 부채감이 컸어요. 그러면서 사회성 있는 그림을 그리게 됐는데, 그마저 괴롭더라고요. 제가요, 노래 부르기 좋아하고 친구들과 밤새워 놀기 좋아하는 성격입니다. 낙천적이죠. 이런 성격과, 심각하고 현실발언적 그림 사이에 괴리가 있었어요. 세상일에 개입한다는 생각으로 한동안 스스로 열광했지만, 차츰 부담스럽더라고요. 내 취향과 맞지 않는 목적성 있는 그림을 그린다는 염증, 그런 것……"

"염증이 전환점을? 사람을 웃게 만드는 그림을 그리자는 발상은 어떤 계기로 시작되었죠?"

"무거운 주제를 다루며 염증을 느끼던 중, 낮잠 자는 남자의 엉덩이에 바퀴벌레가 들러붙은 그림을 그렸는데, 아하, 사람들이 웃더라고요. 쥐를 그린 그림을 보고도 웃어요. 아니, 징그러운 벌레나 쥐를 그렸는데, 왜 웃지? 왜들 이러지? 물어봤더니 재미있다 하더라고. 내 그림이 재미있다는 소리를 그때 처음 들었죠. 사람들이 우하하 웃는 반응. 이것으로 숨통이 트였어요. 제 그림을 풍자적·해학적이라고도 하는데, 그때 그 그림이 단초가 됐습니다."

산중 은둔으로 새롭게 만난 세상

최석운의 그림에 등장하는 인물들을 보면, 사람이란 정말 보잘것없는 동물이라는 생각을 하게 된다. 하찮고 시답잖은 군상들이 펼치는 소소한 일상으로 버무려진 풍자화라서, 그게 나의 초상이며 당신의 초상임을 깨닫게 한다. 그런데, 보잘것없음과 하찮음이야말로 존재의 본질이다. 최악의 비극이나 희극 속에서도 기어이 꼼지락거리며 머리를 들어올리는, 그게 삶의 징후거나 본색이지 않던가?

"조선 후기미술에서 아이디어를 얻었어요. 조선미술 부흥기의 화가들, 즉 김홍도·신윤복·장승업 같은 이들의 풍자화가 저의 스승입니다. 그들은 중국 '관념산수'의 영향에서 벗어나 일반 서민들을 그리거나 당대의 풍속을 풍자와 해학으로 묘사했는데, 오늘날의 시대 상황을 드러내는 데도 매우 유효할 거라고 봤어요. 한편, 우리가 사

최석운은 틈틈이 여행을 즐긴다. 고비사막을 다녀온 뒤 그린 이 작품의 타이틀은 「고비사막에 눕다」.

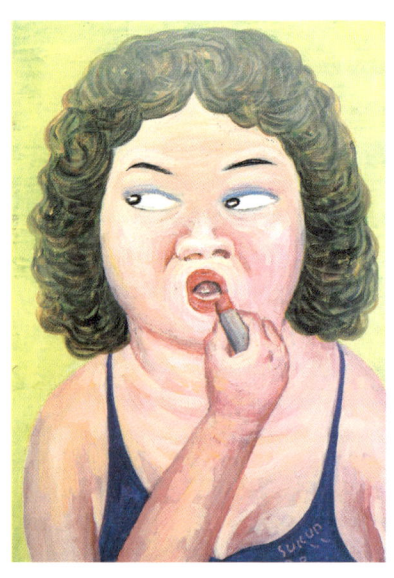

째진 눈, 쏠린 동공, 넓적한 얼굴과 좁은 어깨.
사람을 단박에 웃게 만드는 그림이다.
최석운은 삶의 통속적인 단면을 풍자적으로
그린 작품으로 인기를 끌고 있다.

는 이 시대는 다수의 생각을 중시하기보다, 개인의 사소함을 철저히 중시하는 풍토라는 점에서도 착안했어요. 사람을 웃기는 저의 그림은 그런저런 궁리 끝에 터져나온 셈이죠. 조금은 앞서갔다고 할까요? 이젠 꽤 바쁩니다. (웃음)"

"선생의 그림은 누워서 떡 먹기처럼 감상하기가 쉬워요. 그 점이 예사롭지 않은 강점으로 느껴집니다."

"오랫동안 서양의 미니멀이나 추상이 한국미술의 주류로 군림해 왔지만, 그건 너무 어렵습니다. 대중과 도저히 가까워질 수 없는 작품들이었어요. 우리와 상관없는 다국적 예술, 비빔밥 미술이 판쳤어요. 제겐 폼과 권위에 대한 경멸이 있지만, 그래서 고민했지만, 조선 후기 풍자화에서 길을 찾았어요. 신나게 밀어붙였죠. 쉽게 그리자, 호의적인 반응들이 터져나왔어요. 어른들은 눈치를 보며 실실 웃었고, 아이들은 그 자리에서 깔깔 웃습다. 됐다, 이거다! 그런 판단이 섰어요. 저의 선택이 틀리지 않았다고 봐요."

"웃음과 재미, 단순히 그것만 의도한 건 아니겠죠?"

"단순히 재미만 노렸다면 만화에 불과하겠죠. 가능하면 일부러 조금은 치졸하게 그리기, 만화적으로 그리기, 내용적으로 그렇게 재미를 부여한 뒤 감춰진 의도를 떠올리게 하는 그림을 그려왔습니다. 일테면 세상 비꼬기죠."

뒤틀린 세상을 비꼰다는 것. 대중을 상대로 작업하는 작가 누구라도 이 책무를 면제받을 길은 없다. 공허한 물신物神의 소동으로 휘청거리는 뺑튀기 사회. 여기에서 삶은 곡예에 가깝기 쉽다. 세상의 겉과 속은 차이가 나고, 생활의 앞과 뒤는 모순으로 틀어지기 일쑤다. 이 점에 인생사의 두통이 걸려 있을 터인데, 최석운은 장기적인 산중 은둔으로 자신을 돌아보고 세상을 새로 만났다고 한다. 산골에서 얻은 성찰의 눈으로 내부와 외부를 새롭게 읽게 됐다는 것이다.

그는 현재 양평읍 용문산 근방 시골에 머문다. 그 이전 30대 때의 10여 년은 한층 후미진 양평군 양동면 고송리 산중에 살며 작업에 전념했다. 오직 고독이 벗이었다지? 생활은 팍팍하고 그림에 대한 몰두는 깊어 결혼도 늦었다. 마흔 살이 돼서야 아이를 얻었다.

"깊은 산골짝에 묻혀 살았어요. 고독엔 두 종류가 있을 겁니다. 상대고독은 누굴 만나 풀어버릴 수가 있어요. 그러나 절대고독은 만만치 않아요. 외진 산골에서 처절한 절대고독을 느끼며 살았어요. 그런데 차차 편안해지더라고. 뭔가가 쓰윽 지나가면서 가벼워졌어요. 사람들이 도를 닦으러 왜 산에 가는지 알겠더라고요. 세상이 새롭게 보였고."

"이젠 고독에서 벗어났다는 말씀?"

"괜한 고독에 빠지진 않아요, 요즘엔. 설레는 일이 자주 생기니까. 가족과 친구가 있어서죠. 고민은 항상 있어요. 작업에 관한……"

"작가에게 가족이란 때로 번거로운 등짐일 텐데?"

"그림을 그리는 일에 방해가 될 거라고 생각해, 애초 결혼하지 않으려 했어요. 그러나 인생사 내 뜻대로 되는 게 아니더라고요. 살면서 스스로 많은 일을 결정하는 것 같지만, 실은 내 의지와 상관없이 진행되고 결정되는 일이 더 많지 않던가요? 우연이 마침내 필연이

작업실 한편에 마련된 서재. 휴식을 거부하는 규율일까? 그 흔한 안락의자 하나 보이지 않는다.

되는 것인데, 결혼도 마찬가지였어요."

"세계평화보다 실현하기 어려운 게 부부간의 평화죠. 부부애는커녕 전우애로 간신히 버티기 십상이라서. 아닌가? (웃음)"

"왜 아니겠어요? 파경에 이르는 화가들을 주변에서 흔히 봅니다. 저는 미술보다 가족을 우위에 두고 살았어요. 물론 정말 힘들었어요. 단 한 번도 월급이라는 걸 받아본 적이 없는 전업작가로 가족을 부양한다는 것, 무척 힘겨웠어요. 아내에게 생활비를 주기 시작한 게 몇 해 되지 않아요. 가족을 먹여 살리는 고통, 그게 바로 예술이지 않을까? 부부 사이의 갈등도 피할 수 없고, 이 모든 것이 뒤엉켜 희로애락이 되는 것인데, 이 지점에서 작품이 생산됩니다. 만약 가정을 꾸리지 않았다면 지금의 절반쯤도 그리지 못했을 거예요. 저는 예술 때문에 가족에게 상처주는 작가들을 경멸해요."

상처 없는 가족, 상처 없는 지속이 가능하랴 싶지만, 최석운은 가장의 책무를 다한 사람다운 호언을 한다. 가족을 부양하기 위해 죽을힘을 다했으며, 그러자 어라, 그 안간힘이 작품을 생산하는 밑천이 되더라는 이야기 아닌가?

그렇다고 마누라에게 상처를 주거나 파탄나 쫓겨난 인간들을 경멸할 게 뭐람. 저마다의 알량한 속사정이 있을 것이며, 사랑의 열정도 결국은 사막처럼 말라붙는 게 아니던가? 내 몸 같았던 사람, 내 옆구리 같았던 사랑도 한순간 손가락 새로 흘러나갈 수 있으며, 여기서 삶의 긴장과 진실이 고조되기도 한다. 사랑도 자연, 상처도 자연이다.

자연에서 얻은 관조의 힘

최석운의 그림은 그림책처럼 읽힌다. 이야기와 메시지가 들어 있어서이다. 다시 말해 다분히 문학적인 그림이다. 그에게 들입다 책을 파는 취미가 있나?

"책 읽기보다 공상을 많이 했어요. 그것에서 자기언어랄까, 자가 발전의 능력이랄까, 그게 생긴 것 같아요. 문인들과의 교유는 매우 활발합니다. 소설가 성석제, 이 사람은 저와 같은 해, 같은 날 태어난 묘한 인연을 지녔어요. 이 친구 얘기가, 사주가 같으면 인생도 비

최석운의 캐리커처.
간결한 터치지만, 생동하는 그림이다.

숫해진다는 건데, 늘 같이 술 마시고 많은 대화를 합니다. 그 외에도 교류하는 문인들이 많아요. 그림을 하는 친구들과는 자칫 반복적인 패턴으로 흐르는 반면, 장르가 다른 문인들과의 교유는 더 신선하고 재미있어요."

"화가의 자질엔 어떤 게 필요할까요?"

"주변을 보면 귀신같은 손끝 테크닉을 가진 화가들이 있어요. 그러나 그것만으로는 어렵다고 생각합니다. 엉뚱한 생각, 독특한 감각, 별난 취향, 문학적 감수성, 이런 걸 지닌 사람이 좋은 그림을 그릴 확률이 높지 않을까요?"

탁자에 석 잔째 커피가 오른다. 전화벨이 수시로 울려 화가를 찾는다. 작업실 밖으로 여전한 비바람. 그는 한때 자연이 내는 소리가 무서웠다고 한다.

"고송리 외딴집에 살 때였어요. 그곳은 폐가와도 같았죠. 거기에 혼자 살았는데, 무서웠어요. 나방이 덤벼들어 밤마다 창문을 툭툭 때려대고, 숲에선 살쾡이 소리가 들리고……. 한동안은 해만 지면 밖에 나가질 않았죠. 그 와중에 청각이 극도로 예민해졌어요. 주변을 둘러보면 알 겁니다. 힘들고 외롭게 산 사람이라면 청각이 예민할 수밖에 없어요. 그런데 말이죠, 나중에 생각해보니 제가 무서워한 모든 것이 자연이었어요. 그걸 알고는 두려움을 떨칠 수 있었죠."

"자연이라는 야성野性과 밀접하게 교감하셨구나. 산속에서 혼자 살다 보면 생각이나 감성에 다양한 변화가 온다죠?"

"제 경우엔 커다란 변화들이 있었어요. 우선 도회지에서 그린 그림과 양평에서의 그림이 완전히 달라졌어요. 산골에 산 후로, 그림에서 자연이 보조수단으로 자주 혹은 전면적으로 등장하게 되었죠. 그 무엇보다 귀하게 얻은 건 깊은 성찰! 유심히 자연을 관조하는 힘을 얻은 것 같아요. 도란, 자연이란, 선수란 심플하다는 걸 느끼기도 했어요. 많은 말이 필요 없이 그저 단순하다는 걸."

"그림도 도에 이르는 길일까?"

"당연하죠. 몰입하게 되니까. 작품을 할 때 가끔은 유체이탈이랄까, 내가 나를 내려다보게 되는 경우가 있어요. 그럴 때면 이렇게 저렇게 그려야 한다는 의식이나 의도 없이 그리게 돼요. 이삼십 분 그린 것 같은데, 시계를 보면 서너 시간이 지나 있어요. 일종의 무아지경일까. 이건 꼭 그림만이 아니라 뭐든 한 가지 일에 집중하다 보면 동일하게 도달할 수 있는 경지 아닐까요? 그림이든 정치든 장사든, 집중하고 몰입하면 정상에선 모두가 같아져요. 예술은 그림에만 있는 게 아닙니다. 비즈니스맨도 예술가일 수 있어요."

"산다는 일 자체가 예술일지도 모르죠. 지지고 볶아 오색찬란한 진땀을 흘리는 연극이니까요. 가까운 지인들이 말하는 선생은 어떤 사람이죠?"

"젊어서부터 제가 들은 얘기 중 제일 좋았던 건 '넌 자연스럽다!'는 소리였어요. 폼잡거나 척하는 게 없다는……. 어쩌면 최고의 찬사가 아닐까 싶네요. 저 자신이 모든 자연스러운 것들에 강렬한 호의를 가지고 삽니다."

노자는 '도법자연道法自然'을 말했다. 도는 자연의 순리에 따른다는 것이다. 따라서 인간의 빗나간 욕망으로 얼룩진 모든 부자연스러움을 걷어내라는 독촉이다. 최석운의 그림은 코믹하고 찡하며, 그의 사유는 날랜 발로 현실과 지향을 아우른다. 터진 실밥 없이 잘 누벼진, 사람 자체가 하나의 민첩한 풍경이거나 자연이다. 이 역시 내공이렷다.

춘천 금병산 자락에 사는 소설가
전상국

삶도 죽음도 그저 흘러가는
자연의 일부일 뿐

자연의 모든 것이 아름다워요. 무궁한 섭리로 움직이는 저 아름다운 풍경이, 표정이, 내 생애 마지막으로 보는 것들이겠지, 하는 마음으로 바라보면 자연과 삶이 소중해집니다.

소설가 전상국(76세)은 '김유정에게 미친 사람'으로 통한다. 스스로도 그렇다고 자처한다. 김유정의 고향인 춘천시 신동면 실레마을엔 '김유정문학촌'이 있다. 「봄봄」「동백꽃」 같은 불후의 단편소설을 남기고, 1937년 스물아홉 살에 폐병으로 요절한 김유정을 기리는 공간이다.

전상국은 이 문학촌의 촌장이다. 오랫동안 김유정을 널리 알리고 세우고 돋우는 일에 신명을 바쳐왔다. 월급이라는 게 없으니 직장이랄 수 없고, 천직이라 할 소설작업마저 아예 뒷전으로 물려두었으니 이게 외도인가, 외출인가? 여하튼, 그는 비지땀을 쏟았다. 쏟은 게 많은 만큼 거둔 것도 많다.

'김유정문학촌' 일대는 날마다 관람객들로 바글거린다. 아마도 천

김유정 기념관 입구에서 포즈를 취한 전상국.
그는 '김유정문학촌'에서 낮 시간의 대부분을 보낸다.
외출도 잦지만, 그것 역시 '문학촌' 관련 업무 때문이다.

근래에 복원해 지은 김유정 생가 마루에 걸터앉아 답사 행렬을 바라보는 일은 늘 뿌듯하다.
여느 문학촌과 달리 항상 답사자들로 넘실거린다.

상의 어느 푸른 공간에 머물며 술을 마시고 있을 김유정의 넋이, 시시때때로 계단을 밟고 지상으로 내려와 사람들을 바라볼 테지. 국내에 80여 개의 문학관이 산재하는데, '김유정문학촌'의 인기와 역동성은 단연 최고이다. 전상국은 그게 흡족하다.

2년 전 거처를 아예 문학촌 뒤편 금병산 기슭으로 옮겼다. 마침내 빙의! 김유정의 혼이 옮아 붙은 셈이다. 하지만 딱히 그런 것만도 아니구나. 그는 일찍이 산림에 머물러 자연과 사교하며 지내는 일을 선망했다. 마음뿐 아니라 몸까지 자연의 한 물질로 여기고 자연을 길동무 삼아, 오래된 와인처럼 숙성한 노년의 운치를 누리고자 도모하다 드디어 이루었다.

구불거리는 소로를 지나고 좁은 고샅을 거쳐 그의 집에 닿자, 시퍼런 솔숲, 울긋불긋 물들어가는 관목들이 사위에서 넘실거린다. 오롯이 탐스러운 가을 산중 경개다. 군락을 이뤄 핀 노란 국화들에서 번지는 향이 미약처럼 농밀하여 쓰러질 것만 같다.

터전은 호방하게 펼쳐져 있고, 이렇다 하게 멋부린 흔적이 없는 채로, 혹은 덤덤하거나 수더분한 구색으로 집 두 채가 들어앉아 있다. 쥔장의 담백한 성정이 비치는 풍경이다. 하나는 아내와 함께 살림을 하는 본채. 그의 대표작 제목인 '동행' 두 글자를 전각한 팻말을 벽면에 붙여두었다. 다른 한 채는 작업실로 '아베의 가족'이라 쓴 편액을 걸었는데, 그 역시 대표작 제목이다. 이곳으로 이주한 뒤 그는 나무를 심는 일에 공을 들였다. 자연과의 본격적인 교제를 그렇게 식목으로 시작했다.

"서울에서 오랫동안 교사생활을 하며 소설을 써왔는데, 도시적인 삶이 제 정서에 맞지 않았어요. 1985년 강원대 교수로 부임하면서 서울을 탈출할 수 있었죠. 교직은 어릴 때부터의 꿈이었습니다. 모범적인 삶을 지향했죠. 그러나 소설은 모범적인 삶의 얘기로는 안 되는 것, 문학 속에서 늘 방종과 일탈을 꿈꾸었어요. 그러한 글쓰기가 잘 되지 않을 때는, 또 절망을 느낄 때는 가르치는 일에서 신명을 찾았고, 가르치는 일이 힘겨울 때는 글쓰기로 신명을 얻었어요. 글쓰기로도 가르치기로도 찾을 수 없는 건 자연에서 구할 수 있다고 생각했어요. 자연친화적 인생, 그걸 구현하고 싶은 겁니다."

"자연의 그 무엇에 매혹을 느끼시나요?"

"자연이 지닌 충만감이 사람에게 위안을 주죠. 마음을 편하게 해줘요. 그 편함이란 어디서 오는가. 자연은 사람의 상처를 치유해줍니다. 사람과 사람의 만남은 뺄셈의 만남이에요. 상처 주고받기의 연속이죠. 그러나 자연의 수학은 오로지 덧셈이에요. 게다가 이치라는 것, 순응이라는 걸 느끼게 합니다. 나뭇잎이 시들어 떨어지는 모습에서 조락의 이치를 알게 되고, 나 자신을 새삼 발견하게 되죠. 반성하게 되고……."

"반성 뒤에는 무엇이 오나요?"

"욕심을 빨리 버릴 수 있겠지. 무리하지 않는 자연, 섭리에 순응하는 자연을 통해 내가 지닌 욕망이나 가치가 영원한 것이 아니라는 걸, 결과적으로 삶이란 허망하다는 걸, 이 시간 이 공간은 다시 오지 않는다는 걸 깨닫게 됩니다. 즉, 일회성의 삶을 직시하게 되면서 오

142

늘 여기의 이 순간이 소중하다는 걸 절감하게 되죠."

"저 같은 석두는 자연이 재촉하는 반성이라는 걸 느끼기는 하지만, 잠시 스쳐가는 아픈 감상에 불과합니다. 적막강산이라고, 그저 고요한 자연의 상태가 참 좋습니다."

"적막한 자연, 그건 별 의미가 없거나, 도피적인 취향으로 바라보는 것 아닐까요? 세사世事의 번거로움을 피해 자연으로 들어간다는 것, 옛사람들의 둔세遁世나 은둔 같은 것은 내 취향이 아닙니다."

"자연의 눈으로 보면 둔세건 출세건, 결국에는 마찬가지 길 아닐까요?"

"그게 섭리라는 것이겠지. 자연 안에서 삶의 소중함을 느끼는 것, 그게 섭리를 느끼는 자의 태도일 테고요. 아침 산에 드리워진 운무, 저녁에 비끼는 노을, 소리 없이 내리는 이슬비……. 자연의 모든 것이 아름다워요. 무궁한 섭리로 움직이는 저 아름다운 풍경이, 표정이, 내 생애 마지막으로 보는 것들이겠지, 하는 마음으로 바라보면 자연과 삶이 소중해집니다. 내가 저 금병산을 100여 차례 올랐어요. 산행하면서 늘 겪는 게 뭐냐면, 이 순간의 이 길을 언제 또 오겠나, 이 나무를 다시는 못 볼 수도 있겠지, 매번 그런 생각에 사로잡히는 겁니다. 그러니 걸음이 느려질 수밖에."

지독한 열등감이 작가로 만들어

낮지만 묵직한 어조, 정중한 언사. 표정의 변화 없이 근엄한가 하면, 드물게나마 슬며시 새나오는 서산마애삼존불처럼 푸근한 미소. 한 그루 묵묵한 나무를 닮은 동태다. 자연을 나의 것으로 끌어들여 내부로 구축한 생태계가 어언 풍경을 이룬 것인가. 대학 때 읽었던 그의 작품들은 세상의 무참한 시스템을 탕! 치는 힘이 있었으나, 문장은 튀는 맛이 드물어 섭섭한 바가 없지 않았더랬다. 무엇이 그를 작가로 이끌었을까.

"어려서부터 지독히 내성적이었어요. 열등감 체질이었죠. 작가가 된 건 그 열등감을 감추기 위한 길이었습니다."

"이제 다 극복하셨나요?"

"어느 정도는요."

"어릴 적 열등감의 뿌리엔 무엇이 있었나요?"

"소년시절 문예반 선생님에게, '너는 문장력이 없다'는 소리를 들었어요. 저 자신이 그걸 인식하기도 했고요. 그게 콤플렉스였고, 그래서 문장을 제대로 쓰려고 안간힘을 다했죠. 즐거운 노력이었다고 할까. 하지만 열등감 때문에 염인증厭人症, 즉 사람이 싫어 사람을 피하는 경향이 농후했어요. 그걸 감추려고 표정을 부드럽게 하고, 사람을 만나면 내 감정을 표현하는 대신 상대방 얘기를 주로 들었죠. 그게 오히려 호감을 사기도 했어요. 그러나 열등감의 뿌리를 찾는다면, 바로 가난이라는 놈입니다."

옛사람이 말하길, 스스로 기꺼워하면 가난마저 헐겁도록 여유롭다고 했으나, 이는 아마도 해탈한 이들의 소관사항이다. 과거 보릿고개라는 게 있던 시절의 가난은 명줄마저 위협하는 수난인 경우가

뒷산 산책길에 주워온
도토리와 빨간 열매를
평상에 널어 말리고 있다.

많았다.

　그런 모진 시련을 유년부터 겪은 전상국에게 세상은 쓰나미의 소용돌이로 다가왔을 터. 그 와중에 의식의 지하로 열등감이 실뿌리처럼 퍼져나갔고, 거기에서 다시 불안이 움트고, 자의식이 줄기를 뻗고, 고독이 가지를 쳤을 것이다. 이 모든 암울한 기운은 소년 전상국의 등을 떠밀어 문예반에 앉혔고, 마침내 문학으로 생애를 쟁기질하게 하는 동력이 되었다. 가난의 체험만이더냐. 좌절도 상처도 문학의 밑불이다. 작가란 징그러운 독종이라서, 절망적인 상황에서 오히려 불꽃을 사른다. 전상국의 생각을 들어볼까?

"가난이 길었어요. 교사생활을 하면서부터 비로소 한숨 돌렸죠. 교직과 창작활동을 병행하며 신념처럼 확고했던 건, 생활의 안정 속에서라야 제대로 된 글을 쓸 수 있다는 것이었어요. 너무 절박한 상황에서는 내가 와르르 무너질 것만 같아서……. 그러나 돌이켜 생각해보면, 여러모로 절절한 환경 속에 살았던 삼사십 대에 비교적 괜찮은 작품들을 써낸 것도 사실입니다. 대학에 재직하면서부터는 기어이 써야 한다는 절박감이 엷어졌으니까. 글쓰기를 하나의 게임으로 여겨야 하는데, 난 그게 잘 안되더라고."

"게임요?"

"치열하게 써야 한다는 것, 목을 건 승부처럼."

"헤밍웨이는 작가를 복서라 했죠. 반드시 이겨라, 안 써지면 차라리 죽어라……."

"어떤 상황도 극복하고 기어이 써내는 것. 난 왜 그게 안 될까, 회의를 느낄 때가 있었어요. 나의 문학은 게임이 아니라 하나의 놀이였던 셈이죠. 치열성이 부족했어요. 노년에 이르러서는 더욱 그렇고요."

"'문학촌'에 투신한 탓에 초래된 손실도 많겠죠?"

"시간과 에너지를 많이 빼앗기고 있는 건 사실입니다. 한때는 억울하기도, 허탈하기도 했어요."

남의 흉내를 내지 않는, 나만의 오솔길이 있는 삶

작가의 본업인 글쓰기에 훼방이 된다면 문학촌에서 손을 떼면 그만일 것을 왜 그러시나 싶지만, 문학촌 일에도 가슴을 요동치게 하는 풍미가 왜 없으랴. 그는 본래 김유정의 문학과 삶을 애호하는 사람이다.

"스물아홉 살 아까운 나이에 요절한 김유정의 삶은 미완의 것이었으나, 작품세계는 매력적입니다. 현실의 무참한 질곡에 빠진 서민들의 삶을 해학과 비애를 섞어 여실하게 그려냈으니까요. 도스토예프스키도 좋아합니다. 그의 극렬한 삶, 러시아적 어두운 침울, 그런 게 좋아요. 은사였던 황순원 선생은 존경스러운 작가였어요. 작품세계와 삶이 일치하는 분이라는 점에서 제겐 큰바위 얼굴 같은 존재였어요."

"삶과 작품세계가 일치해야 존경할 만한 작가라고 할 수 있을까요? 저도 도스토예프스키를 좋아하지만, 작품의 문학성에 존경을 느껴서이지 그의 피폐했던 삶까지 좋아해서는 아닙니다."

"삶의 조화를 추구하는 작품을 남긴, 도덕적 완성이라는 방향성을 가지고 진력한 작가라면 존경받을 가치가 충분하죠."

"선생이야말로 삶과 작품을 조화시키려 노력한 분 아닙니까?"

"남들은 나를 그냥 교과서도 아니고 국정교과서 같은 사람이라고 합니다. (웃음) 좋게 말하면 모범적이라는 뜻이겠고, 지나치게 완벽한 사람이라는 얘길 텐데, 글쎄, 글쓰기로 얻지 못한 가치를 이젠 자

거처에서 어느 방향으로 길을 잡거나 산책하기 좋은 오솔길이 펼쳐진다.
전상국이 문학만큼이나 애호하는 자연과 교감하는 산책은 그에게 가장 오붓한 낙이다.

연에서 찾고 싶은 겁니다. 물론 작품을 쓰는 일에 남은 생을 쏟겠지만요."

창으로 몸부림처럼 왁자하게 들이쳐 바닥을 할끔거리는 햇살 무더기. 덕분에 작업실 내부가 환하다. 그러나 고즈넉하다. 서가에 가지런히 쌓인 책들도, 반듯하게 놓인 책상과 의자도 어떤 열기를 머금고 있지 못하다. 이 방의 주인은 붓을 꺾은 사람이 아닐까, 싶도록 썰렁한 분위기. 그러나 사람이 기계가 아닌 한 잠정적 휴지休止라는 게 필요한 법. 냉골에도 불을 지피면 이내 달아오른다. 안 쓸까 보냐, 나는 쓰련다! 전상국은 그리 다지고 있다.

식당으로 자리를 옮겨 닭갈비며 막국수로 점심을 먹는다. 탁자마다 문학촌에 답사온 사람들이 둘러앉아 식사한다. 소음이 분진처럼 어지럽다. 닭갈비라는 음식은 갈비뼈에 붙은 고기가 나오는 것도 아니면서 이름이 왜 닭갈비인가? 김유정은 진정 매력남이었을까? 그렇다면 왜 연상의 명창 박녹주를 짝사랑하다 한심하게 퇴짜를 맞았을까? 문학촌 전체를 차 없는 동네로 만들면 안 될까? 두서없는 생각을 하며 포식한 뒤, 전상국과 함께 문학촌 내 사무실로 자리를 옮겨 다시 마주 앉는다.

문 밖엔 전상국을 기다리는 사람들이 많다. 그는 날마다 빽빽한 스케줄 속에서 뛴다. 오라는 곳도, 갈 곳도 많다. 이제 생각해보니 그는 열혈 노인이다. 노년에 비친 세상은 더 아름다울까? 더 쓸쓸할까?

"내가 감상막이 얇은 사람입니다. 노년엔 더 얇아져요. 황순원 선생께서 말년에 자주 우시는 걸 봤는데, 그게 이해가 안 되던데, 난 그러지 말아야지 했는데, 이제 가끔 눈물이 납니다. 소소한 것들에 감동하고, 눈에 보이는 세상이 새삼 새롭고 아름다워요. 이 시간 이 공간에서 만나는 자연과 사람이 새삼 소중하게 다가와요. 자연을 통할 때 사람과 사람의 관계가 더욱 원만해질 수 있다는 생각도 들고요."

철따라 변전하는 자연은 그 자체로 수승하기 짝이 없는 뉴스이자 법문이다. 사소한 싹눈에서 거목이 나오고, 그게 고목이 되고, 마침내 흙 한줌으로 가뿐하게 돌아가는 나무의 근사한 순환을 통해, 삶도 죽음도 두려울 게 없는 자연임을 이해할 수 있다. 나무가 미리 죽음을 알아 대비할까 보냐. 그저 흘러갈 뿐이다.

생물학에 따르면, 짐승들은 제 앞에 죽음이 기다리고 있다는 걸 몰라 죽음에 대한 두려움도 없다고 한다. 반면에 사람은 저 앞에서 대기하고 있는 게 죽음의 골짜기라는 걸 잘 알기에 끙끙거릴 수밖에 없다. 전상국은 죽음에 대해 어떤 생각을 할까?

"흔히들 죽음이란 두렵고 추하다는 관념을 가지고 살죠. 이걸 극복하기는 어렵겠지만, 준비는 필요합니다. 죽음 직전까지 갔다가 살아온 사람들의 공통적인 얘기는 너무 많이 가졌다, 너무 누렸다, 삶에 너무 오만했다는 것들이에요. 겸손한 태도, 그것만으로도 어지간한 준비는 되었다고 봐야 하지 않을지……."

"도 닦는 승려들은 죽음이야말로 축제다, 죽는 날이야말로 가장 기쁜 날이라고 큰소리칩니다. 드디어 모든 번뇌에서 완전히 벗어날 수 있는 절호의 찬스라는 거죠."

"허헛! 나 같은 범인凡人은 감히 꿈조차 꾸지 못할 얘기입니다. 죽음을 생각하면 여전히 두려워요. 그래서 내세를 지향해요."

"사람답게, 또는 자유롭게 잘 사는 비결을 알려주실래요?"

"남의 흉내를 내지 않는, 나만의 오솔길을 가진 삶이 가장 좋겠죠. 많은 사람이 다른 사람을 따라 큰길에서 길을 잃고 헤매다 결국 오솔길을 찾지 못하는데, 자신의 정체성을 갖고 평생 즐길 수 있는 오솔길을 발견한다면, 오히려 작가보다 더 문학적인 삶을 살 수 있을 겁니다."

"선생도 길을 잃는 적이 있으신가요?"

"나만의 오솔길을 추구하며 살아온 삶이라 자부하지만, 가끔은 여전히 나를 잃습니다. 길을 잃습니다. 이럴 땐 자연 속으로 들어가 온전한 나를 회복합니다."

날마다 길을 잃는 사람이 있다. 자신이 누구인지, 무슨 일을 했는지, 어떤 길을 걸어왔는지 모르는 사람이 있다. 바로 나, 또는 이 글을 읽는 당신이다. 이를 어쩌나?

허세를 모르는 묵묵한 나무처럼, 노작가는 그저 담담하게 귀띔한다. 자연 속에서 온전한 나를 회복하라!

담양 무등산 자락에 사는 소설가
문순태

달빛, 별빛, 저무는 들꽃에서
얻어 쓰는 삶

―――

피어난 작은 들꽃들, 가만히 부는 바람.
이 소소한 것들을 통해 큰 것들을 바라보게 되는 것 같아요.
미시적인 걸로 우주적인 걸 본다고나 할까?

 남도의 여름철 명물이 아닐까, 배롱나무 붉은 꽃. 처처에 배롱나무꽃이 만개해 길이 붉다. 햇살 받은 그 잎사귀는 황금빛이며, 꽃떨기는 수줍은 듯 잠잠하다. 폭염 아래 타들어가는 산천은 적막한데, 배롱나무꽃 흐드러져 기묘한 눈빛을 보낸다. 저승 가는 길에도 조경수가 있다면 배롱나무가 적격이렷다. 달려온 사바를 뒤돌아보게 하는 어떤 적요, 그리고 야릇한 쓸쓸함을 느끼게 하는 꽃이라서. 이 길은 오지로 가는 길이다.
 올망졸망한 산들 사이로 길이 뻗어나가고, 초록숲 사이로 다시 조붓한 길이 이어진다. 전남 담양군 남면 만월리, 무등산 자락이다. 이윽고 길의 끝. 푸른 산 덩어리들이 하늘의 절반쯤을 가렸으니 오갈 데 없는 오지다. 여기에 소설가 문순태(75세)의 거처가 있다. 마을 이름은 '생오지'. 오지 중에도 진정한 오지, 생짜로 통째로 험악한 산중 오지라서 붙은 이름이란다. 쉬 오지도 가지도 못할 벽촌의 유서가 깊었던 모양이다.

그러나 문명은 잽싼 발을 놀려 이 산골에 떠억 진주했다. 대충 20여 가구가 산재하는데, 그중 절반쯤은 외지 사람들의 전원주택이거나 별장이다. 문순태의 거처도 번듯한 포즈를 취하고 있다. '문학의 집 생오지'라는 명패가 붙었다. 그는 왜 이 산골에 들어왔나? 귀향이다. 물이 흘러 바다로 가듯이, 그는 세월의 골목골목을 돌고 돌아 고향으로 회귀했다. 이 마을 저 아래편에 있는 구산에서 태어나 초등학교 5학년까지 생활했다.

"처음 이곳에 와서 작업실 이름을 '생오지'라고 붙였더니 주민들이 그렇게 쓰지 말라 합디다. 오지에 사는 자격지심이랄까? 그냥 오지도 아닌, 생오지라는 소리가 듣기 싫었던 모양이에요. 그러나 저 옛날 시골에 산다는 건 누구나 풀뿌리 캐먹고 생똥 누는, 그렇게 보편적으로 팍팍한 삶 아니었을까요? 지금은 오지도 아니에요. 오히려 환경이 훼손되지 않고 생태가 그대로 살아 있으니 전화위복이라고 해야 하나? 이젠 마을길 이름도 '생오지길'로 바뀌었고, 주민들 역시 긍정하고 있죠."

"작업실 건물의 모양새가 특이합니다. 작가의 공간치고는 화려해요."

"아, 그건 말이죠. 이 집이 원래 차도 팔고 연주회도 하는 카페였어요. 분위기가 좋아 가끔 이곳에 들렀는데, 어느 날 집을 판다고 하더라고. 그걸 제가 샀어요. 낙향을 궁리하던 시점이었으니까."

"작업실 외 살림채며 정원이 매우 넓군요. 관리하기가 상당히 힘들겠어요."

"아내와 둘이 사는 살림채치고는 너른 편인데, 책이 많아 불가피하게 집이 커졌어요. 정원은 원래 논이었지. 그러나 농사지을 실력이 못 되어 그냥 잔디를 깔았죠. 집을 간수하는 일이 쉽지 않았지만, 이젠 자리가 잡혔어요."

"마을분들과 어울리는 일에 어려움은 없으셨나요?"

"내 거처에 가득한 게 책입니다. 그런데 주민들이 이 많은 책들을 신기한 눈으로 구경하십디다. 거부감이랄까, 그런 걸 느끼는 것 같았어요. 책에 관한 공포감 같은 거겠죠. 평생 책이라는 걸 보지 않고 살아온 분들로선 당연한 심리겠지. 어느 날인가는 묻더라고. 문학이라는 게 대체 뭐냐고?"

"아하!"

"뭔가 알아먹기 쉬운 즉답을 못하겠더라고. 이거야 원, 뭔가를 해야겠다, 문학이 무엇인가를 경험하게 해드려야겠다, 그런 생각을 했어요. 그래서 '생오지 문학제'라는 걸 10년 넘게 정기적으로 펼치고 있습니다. 이 마을 저쪽 골짝에 철쭉꽃밭 1만여 평이 있는데, 사람들을 불러 모으기 위해 주로 철쭉 피는 철에 문학축제를 열어왔어요. 근 300명쯤 모입니다. 시인들도 오고, 판소리나 가야금 연주자들도 오고, 동네 할아버지 할머니들이 시낭송도 하고, 그렇게 어울려 노는 겁니다. 재미있어요. 그러면서 아, 이게 문학이라는 거로구나, 마

문순태는 한때 고향 부근 산골에 있는 조용한 찻집을 단골로 드나들었다. 그러다가 그 찻집을 인수해 아예 이사했으며, 그렇게 덜커덕 귀향을 했다. 찻집이었던 공간을 적당히 손질해 '문학의 집'을 만들었다.

문순태는 줄곧 광주권에 살며 교직생활과 문학활동을 했다.
산골로 이주한 후에도 후배를 양성하는 일과 창작을 병행한다.

을분들이 그렇게 나름대로 친근감을 갖게 되었어요."

창문 너머 나무들의 초록빛이 흥건하다. 산들이 병풍을 둘렀으니, 여기가 낙원이 아니면 뭐란 말인가? 자연과 교제하며 산의 에테르를 날마다 마신 탓일까? 일흔다섯 노작가의 자태도 동태도 강건해 보인다.

문순태는 1974년 소설 「백제의 미소」로 '한국문학 신인상'을 받으며 본격적인 창작활동을 시작했다. 그리고 1978년 수몰민의 애환을 그린 장편 「징소리」로 문단과 대중에게 각광을 받았다. 이후 팔목이 부러져라 왕성한 집필을 해서 수많은 소설을 써냈다. 이상문학상 특별상, 요산문학상, 채만식문학상 등을 받은 중견 소설가이자, 한때는 신문사 기자생활을 했으며, 대학교수로도 오래 재직했다.

인간에서 자연으로 바뀐 시선

문순태는 서울이라는 권력과 무관하게 줄곧 광주에서 활동했다. 출판시장, 또는 소비사회의 광기와 소동이 집중된 서울이라는 센터를 강 건너 불 보듯 하며 작가생활을 지속하기란 쉬운 일이 아니다. 그 점에 문순태의 이채가 있다. 이곳 산골로 낙향하면서는 광주에서 쌓은 많은 관계와 인연도 청산했다고 한다. 그걸 그는 군더더기 욕망을 내려놓은 일쯤으로 치부한다. 생이 한결 가벼워졌다는 전갈.

"광주에 살며 맺었던 학계, 언론계, 잡다한 단체들과의 관계를 모두 끊었어요. 그렇게 세속적인 것들과 절연하고 산골에 살다 보니 우선은 내가 낮아지고, 세상이 더 잘 보이더라고. 광주에 살 땐 욕심이랄까, 자만심이랄까? 세상을 온통 껴안으려는 생각이 많았지만, 지금은 달라졌어요. 늙어가며 시력은 비록 흐려지지만 오히려 세상이 잘 보인다는 거? 피어난 작은 들꽃들, 가만히 부는 바람, 이 소소한 것들을 통해 큰 것들을 바라보게 되는 것 같아요. 미시적인 걸로 우주적인 걸 본다고나 할까?"

"산골생활, 말하자면 은둔인가요?"

"아니, 나름대로 바쁘게 삽니다. 새벽에 일어나면 뒷산을 한 바퀴 산책하고, 오전 두세 시간은 글을 씁니다. 오후엔 찾아오는 방문객들을 만나는데, 이 공간을 상시 오픈하고 있어요. 가끔은 외지로 강연을 다니고, 일요일엔 여기에서 문학 강좌를 해요. 오래전부터 '문순태 소설대학'이라는 걸 운영해오고 있어요. 이미 전에, 광주대학 재직 때까지를 합치면 근 서른 명 정도의 제자를 문단에 등단시켰어요. 그런 소문을 듣고 소설을 배우려는 사람들이 찾아오고 해서, 아예 상설 강좌를 만들었지. 물론 무료로요."

"문순태 하면 저는 소설 「징소리」가 생각납니다. 그 장편을 읽고 수몰민의 애환을 남의 일로 보지 않게 되었죠."

"지금 다시 보면 「징소리」는 소설도 아니지. (웃음) 그러나 좋은 평가를 많이 받았어요. 청탁이 여기저기서 쇄도하더라고. 죽어라 썼어요. 애들을 키워야 했으니까."

"이곳에서 아홉 권짜리 대하소설 「타오르는 강」을 마무리하셨죠?"

158

오래 사귀어 온 벗인 수채화가 강연균이 그린 문순태의 초상. 억실억실 투박한 얼굴의 특징을 여실하게 살려냈다.

"근 40년에 걸쳐 완간했죠. 에피소드가 있어요. 이 작품을 출간하기 위해 어느 유명 출판사를 노크했는데, 그거 팔리겠느냐고 거절하더라고. 그러다가 신통방통하게 소명출판사라는 곳을 만나 출간하게 됐지만, 책이 제대로 팔리기나 하는지 걱정되네. 요즘 우리네 삶도 그렇고 소설도 그렇고, 호흡이라는 게 너무 짧은 거 아닐까? 그런 생각을 하며 펄벅의 「대지」처럼 호흡이 긴 장편을 쓰고자 했어요. 그게 「타오르는 강」인데, 조만간 이 소설에 나오는 토박이말들을 발췌해 단행본으로 내려고 해요."

문학 얘기가 나오자 문순태의 눈에 빛살이 서린다. 문학으로 삶을 닦고, 그렇게 닦은 기량을 다시 문학에 투여하는 게 노작가의 생태이자 방책이다. 그를 가장 괴롭힌 것도, 그를 가장 사랑한 것도 소설이었을 게다. 글쓰는 일에 탐닉이 깊어 고통 역시 여벌로 따라붙었겠으나, 그건 세월 속에서도 풍화돼 흩어지지 않는 형벌 같은 것. 그럼에도 작품을 멈출 수 없다. 그렇기에 글쓰기란 지병이다.

홀연히 산골로 돌아온 그에게 자연이 조석 간에 윙크를 보냈겠지만, 문순태는 안중에도 없다는 투로 돌아앉아 대하소설을 마무리했다. 그는 오랫동안 역사의식과 민중의식이 저변에 관류하는 소설을 써왔다. 그러나 산속에 살며 슬금슬금 작풍에 변화가 왔단다. 자연이 달아준 관조의 눈을 얻었다는 거다.

"문학이란 '역사의 칼'이라고 생각해요. 억눌리고 빼앗기고 짓밟힌 사람들의 마지막 목소리가 문학이라고 봅니다. 하지만 산골로 오면서, 나이가 들면서, 인생론 쪽으로 변하더라고. 문학은 어쩌면 구도求道의 길일지도 모르겠어요. 깨달음의 깊이가 있는 작가가 결국은 좋은 작품을 쓰지 않겠는가? 물론 지식인은 주머니칼이라도 갖고 있어야 합니다. 사회가 잘못되었을 때, 그걸 지적하는 게 옳다는 생각엔 변함없어요. 하지만 이젠 근원을 생각하게 돼요. 인간을 통해 세상을 바라보던 시선이, 자연을 통해 삶을 바라보는 시선으로 점차 바뀌고 있어요. 그런데 말이지, 이곳에 살며 변한 생각이 또 하나 있는데, 프로작가보다 아마추어가 더 행복할 거라는 점입니다."

"프로작가는 투철하고 냉담해서 거의 킬러에 가깝죠. 당장의 행복 추구는 그의 일이 아닐지도……."

"그건 그렇지만, 좀 묘한 점이 있어요. 이곳을 찾아오는 사람들 대부분이 아마추어 문인들이에요. 향토작가라고 하지. 그런데 가만 지켜보니 이 사람들이 매우 행복해 보이더라고. 오랫동안 제자들에게 프로가 되라고 가르쳤지만, 사실 프로는 자만심이 가득할 뿐 그리 행복하진 못해요. 반면에 아마추어 글쟁이들은 행복하더라고. 무슨 자만심 같은 것도 없고, 무겁지 않고, 바쁘지 않고, 또 나름의 독자들도 있고……. 그래서 내가 생각을 많이 바꿨어요."

"서울 중심의 문학권력을 바라보는 눈도 더 예민한 쪽으로 변했을까요?"

"문학권력, 이거 엄청난 거지. 난 한 번도 광주를 떠난 적이 없어요. 서울을 기웃거린 일이 없었지. 그런데 그런 식으로는 살아남기 어렵더라고. 굉장히 외로웠어요. 소외감이 컸어요. 예전이나 지금이나 과도한 문학권력은 여전하고, 그걸 수긍할 하등의 여지라는 게 없어요. 그래도 문학판은 순수한 편이지. 작품만 좋으면 어디선가는 평가를 받게 마련이니까."

"가까이 지내는 문우로 어떤 분들이 있나요?"

"광주권에선 내 또래가 없어요. 송기숙 선생도 병석에 계시고. 시인 송수권과 가끔 어울리지만, 요즘은 주로 제자들과 친합니다. 고인이 된 시인 이성부는 늘 그립지. 한때 언론계에 몸담고 살며 글과 담쌓았던 나를 독려해준 친구였어요. 이제는 그가 없어 무척 외롭습니다. 작고 직전 나를 보고 싶다고 해서 병실을 찾았는데, 소리 없이 눈물만 흘리더라고."

정든 친구를 잃고, 황황히 삶의 쓸쓸함을 어루만지게 되는 일을 누군들 피할 수 있을까? 떠난 시인을 회상하는 문순태의 눈자위에 그늘이 내린다.

그의 처소 인근엔 조선의 별서정원 소쇄원이 있다. 양산보가 지은 정원이다. 양산보는 스승 조광조가 기묘사화 己卯士禍 로 화를 입어 죽자, 표표히 자연 속에 들어 은둔처사로 남은 생애를 보냈다. 문순태는 몇 해 전부터 이 양산보의 삶과 정신에 유난한 관심을 기울여왔다. 세속을 벗어나 자연 속에서 이상세계를 구현한 그의 지향과 실천에 매력을 느껴서다. 마침내 그는 양산보의 생애를 소설 재료로 끌어들여 지난해에 『소쇄원에서 꿈을 꾸다』라는 장편소설을 출간했다.

자연의 아름다움이 욕망을 내려놓게 만들어

산중의 오후는 한적하다. 숲을 드나드는 새들의 노래가 가끔 적막을 흔들 뿐, 도시의 잡답雜沓도, 공공생활의 소란도 여기에서는 저승처럼 멀다. 고즈넉한 산골에서 단순한 생활을 하며, 순수하고 담백한 행복을 맛보는 일은 널리 권장해 마땅할 테지만, 때로 이 무참한 정적이 따분하진 않을까? 산속에 산다고 욕망이 저절로 가벼워질까? 자연 속에 사는 진국 맛은 무엇일까?

"아름다움의 근원이라고 할까, 자연 속엔 그런 게 있습니다. 인간 역시 아름다움을 가지고 있지만, 그건 다분히 감각적인 것이고, 자연의 그것은 원초적인 것이겠죠. 안개 낀 아침, 바람에 흔들리는 나

살림채가 따로 있지만, 문순태는 하루 일과의 대부분을 '문학의 집'에서 보낸다.
문하생들과 인근의 향토작가들이 수시로 들이닥치기 때문이다.

무, 물 흐르는 소리……. 이 아름다운 것들이 강렬하게 내포한 서정성을 인식하게 되면, 서서히 욕망에서 벗어날 수 있지 않을까요?"

"달빛도 깨끗하게 밝겠어요."

"산골의 보름달은 얼마나 투명한 은빛인지……. 놀라워요. 달뿐일까? 하루의 해가 뜨고 질 때까지 모든 풍경이 아름다워요. 내가 노년에 접어들어, 자연의 아름다움이라는 걸 속속들이 들여다본 건 여기 와서 처음입니다. 아름답게 느껴지다 보니 모든 생명이 소중해지고, 그러다 보니 내 존재감이라는 게 뚜렷해지고 정신적으로도 건강해지는 것 같습니다. 자연이 주는 쇄신력이겠지."

"혹시 폐단은 없나요?"

"투사도 산골에 들어오면 순해집니다. 날카로웠던 게 둥글어지고 부드러워지지. 그러다 보면 소극적인 사람으로 변할 가능성도 있어요. 도시에선 용기와 도전심을 갖고 매사 적극적으로 앞장서지만, 시골에선 세상을 외면하는 단점이 있을 수 있죠."

"그걸 무엇으로 피하나요?"

"법정 스님이 순천 불일암에 머물 때 가끔 찾아뵙곤 했어요. 그분께서 간혹 출타를 하셨는데, 어딜 다녀오셨는가 여쭈면 '나, 충전하고 왔어!' 하십디다. 자연 속에 있으면 사람이 너무 부드러워질 수 있으니, 때로 도시에 내려가 사람들과 섞임으로써 칼칼한 성정을 유지해야 한다는 그분 나름의 노하우였겠지."

충전! 문순태에겐 자연 자체가 무한한 전원電源이다. 필요한 건 자연에서 다 얻어 쓴다. 달빛에서, 별빛에서, 혹은 저무는 들꽃에서 정신에 필요한 샘물을 길어다 쓴다. 이런 호사가 없다. 그러나 그에게도 '원초적 고독'이라는 게 엄습한다. '죽음'을 생각하면 그렇다는 거다.

"이성부도, 조태일도, 이문구도 떠나고, 이젠 내 차례가 오겠구나, 어떻게 하면 잘 갈 수 있을까? 그걸 생각하면 한없이 고독해지더라고."

어차피 영생할 수 없는 게 인간. 왔으니 가는 것을, 어쩌면 황천길도 또 하나의 꽃길일 것을, 어이 고독하지? 하지만 별리別離란 일쑤 애간장이 녹아나는 일. 이승의 바깥뜰로 떠나간 벗의 이름을 불러도 돌아오는 게 있을 리 만무. 그들은 지금 어디에 있나? 허공에 대고 물어보지만, 허공은 입이 없으니 돌아오는 기별도 없다.

산그림자 늘어지는 하오. 기우는 햇살을 받은 배롱나무가 통째 붉다.

홍천강변 숲속에 사는 작가
김규현

티베트를 떠돌다
숲으로 돌아온 낭인

텅 빈 숲속의 터에 집을 짓기 시작했어요. 그러나 물난리에 불난리가 덮치면서, 그 집은 완전히 사라졌어요. 아하, 색(色)은 기어이 공(空)으로 돌아가는구나. 그 무엇에건 애착하지 말자. 그렇게 수습했어요.

3월. 초봄이다. 천지가 설렘으로 들썩인다. 그러나 강원도 홍천 산중엔 아직 겨울이 남았다. 산기슭 잔설로 남은 겨울이 애착처럼 보챈다. 계절도 뒤를 돌아보는 눈을 가졌을까? 봄과 겨울이 짬뽕된 이 산중에 미묘한 우수가 서린다. 나무들은 핼쑥하여 겨울나기가 고역이었음을 기별한다. 지척에서 흐르는 홍천강 푸른 수면으론 산그림자 어리는 것 같지만, 골을 휩쓸고 불어온 바람에 이내 흩어진다.

강변 숲속에 집이 있다. '수리재水里齋'다. 너른 터에 서너 채의 돌집이 산재한다. 강가에 구르는 돌들을 모아다 손수 집을 지었다니, 권장의 남다른 내공이 오롯이 비친다. 그는 목판화가이며, 글을 쓰는 사람이다. 내로라하는 다인茶人이며, 티베트 땅을 무른 메주 밟듯 샅샅이 누빈 티베트 전문가다. 사진을 기차게 잘 찍는 발군拔群

인가 하면, 두더지처럼 땅에 익숙한 농사꾼이다. 구도자라는 심오한 이름을 붙이는 사람도 있으니, 그의 기량과 지향이 예사롭지 않겠구나. 다정茶汀거사 김규현(68세)이다.

김규현이 강변 숲속에 터를 잡은 건 1979년 서울생활을 접으면서였다. 서울이란 매력과 환멸이 공존하는 도시. 물신物神이 떠돌고, 속도전이 판을 치는 서울을 견디는 일은, 어쩌면 사각 링에서 살아남는 일과 닮았다. 게다가 1970년대 말은 군사정권의 파행이 자심한 시절이었다. 인사동에 화실을 마련해 그림을 그리거나 전통찻집을 운영하며 살았던 김규현은, 참을 수 없는 존재의 괴로움을 느꼈던 것 같다.

"고뇌가 많았어요. 반체제 인사들이 마구잡이로 잡혀 들어가던 때였는데, 거기에 속하지도, 저항의 대열에 뛰어들지도 못하고 괴로웠어요. 인사동 옆에 있는 종로경찰서를 쳐다보기조차 힘들더라고요. 차라리 이꼴저꼴 안 보고 지내다 세상이 좋아지면 다시 나오리라, 그런 생각으로 이곳에 내려왔죠. 그 뒤로 계속 이렇게 살고 있는 겁니다."

"일종의 도피처럼 내려오셨구나. 수상한 시절에 쫓겨서……."

"절이 싫으면 중이 떠나야지 어쩌겠어요. 제가 말이죠, 일찍이 '도인의 길'이랄까, 그런 길을 가고 싶었어요. 이 숲속이 아니라, 아예 인도에 가서 살고 싶었습니다. 거기에 작은 집을 짓고 들어앉아 도나 닦자, 그런 생각이었죠."

저마다 제 길을 타박타박 가는 일. 인생이란 그쯤의 풍경이다. 살

김규현은 강변의 돌을 주워 모아 손수 돌집을 지었다. 본채 외에 정자와 부속건물들이 있다.
이젠 너무 규모가 커져 관리가 힘겨울 지경이라 하지만, 새소리 물소리 종일 들려오는 숲속의 낙원이다.

면서 얻은 것과 잃은 것 사이에서 상처가 생기고, 스스로 그 상처를 어루만지며 다시 꿈을 꾸는 게 생활이다. '나'를 돌보는 일에 능한 김규현은 일찌감치 구도求道를 중심에 두었다. 나를 그릇처럼 닦고 닦는 일로 먼지를 털고자 했다. 그래서 한시 빨리 인도로 날아가고 싶었으나, 여의치 않아 일단은 이 숲으로 이주했다. 산속에 들어와 그가 처음 한 일이 집 짓기였다지.

"텅 빈 숲속의 터에 집을 짓기 시작했어요. 강변에서 돌을 주워 벽채를 쌓고, 목재를 사다가 문틀을 만들고, 서까래 걸고, 중방을 넣고, 이엉을 얹어 아주 멋진 2층 초가를 지었어요. 요즘 말로 하면 전원주택의 모델 같았다고 할까? 그러나 물난리에 불난리가 연달아 덮치면서, 그 초가집은 완전히 사라졌어요. 남들이 예쁜 집이라고 칭찬해주면 좋아서 희희낙락하고 그랬는데, 그게 다 우스워졌어요. 아하, 집이 타버렸구나, 색色은 기어이 공空으로 돌아가는구나, 그 무엇에건 애착하지 말자, 그렇게 수습했어요. 집이라는 걸, 욕심이라는 걸 놔버리는 터닝 포인트가 됐죠."

"지금의 돌집도 충분히 멋져 보여요. 규모 있는 집들을 손수 지은 실력이 놀랍군요. 고생이 많았겠어요. 농사일도 만만치 않을 텐데."

"나름대로 열심히 일했어요. 농사는 두릅을 길러 소소하게 벌이하는 정도지만, 농사꾼이라고도 할 수 없지만, 물과 기름처럼 겉돌지 않을 만큼은 동네 농부들과 어울려 지냈죠. 반장도 맡았고……. 집은 너무 커서 이젠 관리가 힘들어졌습니다. 열심히 다시 지었으나 이 역시 부질없는 짓을 했구나, 아내를 너무 고생시켰구나, 하는 생각도 들고요. 하지만 산중생활은 한마디로 즐거웠습니다. 다만 하나, 히말라야가, 티베트가 나를 부르는 영적인 소리가 들려오면 힘들었죠. 수시로 티베트를 드나들었지만, 가정과 일과 영혼을 잘 겸비하는 일이 쉽지 않았어요."

"영적인 생활은 히말라야나 티베트에서만 가능한가요?"

"그럴 리가요. 저에게 주어진 연결고리가 우연히 그렇게 됐을 뿐입니다. 어쩌다 보니 티베트를 만났고, 다가왔고, 난 거역하지 않았어요. 끌려들었어요. 그게 좋았으니까."

출가와 환속, 그리고 만행

숲에서의 나날들은 자궁처럼 따뜻하지 않을까? 나무들은 고요하게 사는 법을 묵시하고, 강물소리는 나직한 선율로 흘러 세속의 시비是非와 호오好惡를 밀어낼 것이다. 하여, 그는 산중생활이 즐거웠단다. 그러나 영적 충동이 때론 벼락처럼, 때론 감로처럼 엄습했다. 히말라야 설산이, 티베트라는 영매가, 무시로 그를 꼬드겨 흔들어댔던 거다. 사실 김규현은 일찌감치 티베트에 심취한 사람이다. 티베트 불교를 내부에 담은 인물이다. 여기에는 그럴싸한 내력이 있다.

김규현은 성균관대 화공과에서 수학했으나 적성에 맞지 않았다고 한다. 재미없는 대학생활 대신 산을 만났다. 설악산을 오르내렸고, 백담산장을 출입했으며, 선禪을 논하는 도류道流를 만났다. 술 마신 뒤 깨어난 새벽, 개울물 흐르는 소리에 섞이는 산사의 새벽예불 소리에 귀가 밝게 열리고 마음이 낮아지는 경험을 했다. 내친 김에 해인사로 출가했다. 번잡한 욕심들은 산문 밖에 내려놓고, 생의 더 깊은 자리로 들어간 것이다. 하지만 그 생활은 오래가지 않았다.

"해인사 강원에서 부지런히 경전공부를 했어요. 하루 중 스무 시간은 경전을 파는 데 썼으니까. 제 한문공부의 기반이 그때 쌓였습니다. 절에선 이런 나를 강사로 키우고 싶어했어요. 그러나 절을 떠날 수밖에 없었죠. 자유롭지 못했기 때문이에요. 자유로운 영혼이 되고 싶어 출가했지만, 운신의 폭이 좁아 답답했습니다. 환속해서 만행 같은 삶을 사는 게 차라리 낫겠다고 판단했죠."

"환속하지 않았다면, 혹시 길이 더 환해지지 않았을까요? 일찍부터 찾고자 하셨다는 '도인의 길'이라는 것 말이에요."

"경전에 관한 학문적 깊이를 얻어 대강사가 됐을지도 모르죠. 그러나 나에게 선객적인 기질은 없어요. 스스로 그걸 알아요. 만약 계속 절에 머물렀다면, 지금처럼 예술, 풍류, 음악 등 영혼과 관련된 다양한 방면으로 나아갈 수 없었을 겁니다."

"뭘까요, 선객적 기질이란?"

"승려 중엔 기와지붕을 잘 고치는 사판승이 있고, 포교에 능한 중이 있는가 하면, 나처럼 불교예술적인 냄새에 착안하는 경향이 강한 사람도 있죠. 다도나 판화 같은 것에 이끌렸으니까. 선객적 기질을 가진 스님에게는 그런 재주가 없습니다. 선객은 이것저것 기웃거리질 않아요. 그냥 덤덤한 성격으로 매사 흔들리지 않는다고 할까……"

절을 나와 만행을 한 뒤 그가 당도한 곳은 병원이었다고 한다. 몸이 만신창이로 망가졌던 것. 해서, 6개월쯤 병원에 누워 있다가 인사동에 화실을 냈다. 이후 여기 산속으로 이주했으나, 속에서 아우성치며 들솟는 방랑벽은 그 무엇으로도 억누르기 어려운 천성이었던 모양이다.

물난리 불난리로 집을 잃은 후엔 다시 낭인이 되어 객지를 미친 바람처럼 떠돌았다. 술독에 빠지길 자청해 거듭했으며, 울릉도에서 오징어배를 타고 대해로 나갔다가 배가 뒤집혀 구사일생으로 명을 지키기도 했다. 그러나 하늘은 자비로워 그를 굽어 살폈다. 신이 내려준 최상의 선물에 속할 반려를 만나 결혼한 것. 그로써 생기를 찾아 다시 집을 지었으며, 아들을 얻었고, 숲속은 아침햇살처럼 따사로워 정처定處다운 휴식을 부여했다.

그러나 가정과 숲마저 그의 허기를 채워주지는 못했다. 한 곳에 안주하기엔 그의 정신이 지나치게 들썩였다. 영혼의 자유라는 걸 찾아 일단 중국으로 튀었다. 북경중앙미술대학 입학원서를 아내에게 들이밀고 유학을 허용하든가 이혼을 하든가, 둘 중 하나를 택하라고 탕탕 협박(?)했다지.

만고에 헌신적인 아내의 승낙을 받아 마침내 중국으로 날아가 2년간 미술을 공부했으며, 내친 김에 티베트로 뛰어 라싸에 있는 티베트대학에 적을 두고 다시 그림공부를 했다. 오랜 숙원이었던 티베트와의 본격적인 만남이 그렇게 이루어졌다. 영적 센터로 간주해온, 티베트에 관한 그의 상상의 변경은 출렁거리며 확산되었다.

김규현이 심혈을 기울여 출간한 『실크로드 고전 여행기』다. 다섯 권짜리 총서.
국내에 실크로드 관련 자료가 부족한 걸 개탄하다가 직접 덤벼들었는데,
여러 해에 걸쳐 한서 고전들을 번역해 마침내 출간하기에 이르렀다.

"내가 역마살을 타고난 사람입니다만, 젊어서부터 히말라야 설산이나 카일라스를 생각하면 가슴으로 울먹였어요. 한마디로 영적인 끼가 다분했죠. 그래서 일찍부터 티베트를 드나들기 시작했는데, 그 탓에 결혼도 늦었죠. 호시탐탐 티베트에서 살 궁리를 했고, 그게 소원이었고, 그래서 결혼 뒤 다시 티베트로 유학을 갔던 겁니다. 티베트에 그토록 강렬하게 필이 꽂힌 건 지구상의 모든 산과 강의 근원인 수미산, 즉 카일라스 때문이었어요. 카일라스를 처음 봤을 때 느낀 영적인 분위기, 그로 인한 충격은 정신적 외상처럼 격렬한 것이었습니다. 강력한 감전感電을 느꼈어요."

물고기처럼 자유롭게 항상 깨어 있고 싶어

카일라스는 일찍이 세상의 모든 이치를 관장하는 신령한 산으로 숭배되었다. 티베트인들은 이 산을 우주의 중심으로 믿는다. 힌두교도들에겐 시바신이 거주하는 영산이다. 카일라스를 숭배하는 사람들은, 이 산에 이르러 찰나에 하늘과 영적으로 이어지는 초절超絶을 체험하는 것 같다. 하지만 지나친 신비화는 아닐까? 산을 캐보라. 거기에 무슨 영적 에메랄드라도 묻혔을까 보냐. 눈과 얼음으로 칠갑된 거산에 불과할 텐데…….

"단지 무생물 덩어리가 아니라 신적인 걸로 느껴졌어요. 내겐 그랬어요. 에베레스트를 여러 번 갔지만, 거기선 영적 분위기를 느끼지 못했어요. 카일라스는 진정 다릅다. 저절로 무릎 꿇게 하고, 경배하게 했어요. 티베트인들은 인간의 조상을 원숭이라고 생각합니다. 그들의 생사관은 윤회사상에 기반을 두었지만, 진화론에도 가까워요. 원숭이의 가장 우수한 유전인자만 뽑아 인간이라는 작품을 만들었다는 건데, 도전정신을 인간의 특징으로 봅니다. 신에게 도전하는 인간, 또는 인간 자체가 신이라는 것, 이게 그들의 인간관예요. 신으로 가는 길, 관음보살에 가까워지는 길, 그 길목에 있는 롤 모델이 카일라스죠. 따라서 신에게 가까이 가려면 카일라스 아래에 엎드려라, 경배하라, 그렇게 되는 겁니다. 말하자면 정복의 개념이 아니라 경배의 개념으로 카일라스를 보자는 것. 겸손하라, 노력하라, 도전하라, 그런 가르침을 알아채야 한다는 것이죠."

성철 스님의 사리와 시골 촌부의 사체에서 나오는 뼛조각은 서로 무엇이 다를까? 풀잎잠자리의 알을 3천 년 만에 핀다는 우담바라라 속는 맹목盲目은 얼마나 코믹한가? 그러나 신앙이란 믿어져서 믿는 게 아니라 믿기에 믿어지며, 그래서 철벽처럼 단단하다.

카일라스를 외경으로 술회하는 김규현의 언설에 가락이 붙는다. 카일라스에서 영적 경험을 한 그는 티베트 불교에 더욱 빠져들었다. 티베트 불교엔 불교의 어떤 정통이 박혀 있어 여전히 힘을 뿜는다. 티베트 불교가 빛을 발하는 이유는 무엇일까?

"예를 들어보죠. 자넨 재주가 있군, 탱화를 그리게. 자넨 재주가 없군, 장작이나 패게. 이렇게 개인의 그릇 크기에 맞게 가르치는 응기설법應機說法이 티베트 불교를 꽃피게 했어요. 유치원생에게도 대학과정을 가르치는 것과 같은, 한국의 조사선祖師禪과는 풍토가 크

거처 곳곳에 물고기 형상물을 걸어두었다.
항상 깨어 있는 정신으로 눈을 크게 뜨고 살자는, 스스로를 매섭게 경책하는 뜻으로.

게 다르죠."

"티베트엔 도를 이룬 승려들이 많다고 들었습니다."

"많을 수밖에요. 그들은 초능력을 드러냅니다. 한국 승려들은 그걸 못하니까, 초능력 그거 별것 아니라고 하지만, 초능력을 통한 설파가 얼마나 효과적인지 눈여겨볼 일이에요."

"아무 소리소문 없이 가만히 피어나는 풀꽃보다, 사람의 초능력이 위대할 수 있을까요? 도대체 티베트 승려들은 어떤 초능력을 드러내지? 눈으로 본 걸 말해주실래요?"

"(웃음) 그걸 굳이 말로 할 것까지야……. 아무튼 티베트 불교엔 각별한 게 많아요. 다음 생에 다시 태어난다는 환생에 관한 굳건한 믿

2층에 마련된 서재. 틈나는 대로 읽고 쓰는 일은 그의 오래된 관습이다.
그의 모든 공부와 집필 활동은 '도인의 길'을 구현하기 위한 방편이다.

음이 이번 생을 충실하게 만들어줘요. 달라이 라마가 열네 번이나 몸을 바꿔 태어났듯이, 환생을 믿고 최후의 일각까지 노력하라는 거죠."

"내세에 다시 난다 해도 전생을 기억할 수 있을까요? 기억할 수 없는 전생이나 알 수 없는 차생을 미리 걱정할 것 없이, 까짓것 오늘 당장 잘 먹고, 똥 잘 누라는 소식에 저는 더 위로받습니다만."

"티베트에선 전생을 기억해야 고승高僧, 즉 림포체로 쳐줍니다."

김규현은 티베트에 대해서라면 할 말이 많다. 그럴 수밖에 없는 것이, 그는 실로 티베트를 종횡무진 누볐다. 열여섯 번을 드나들었단다. 티베트 불교와 미술과 문화 전반에 박학다식하다. 티베트학의 일인자를 자처한다. 현장법사의 『대당서역기』를 비롯해, 옛 사람들의 실크로드 여행기를 번역한 다섯 권짜리 총서 『실크로드 고전 여행기』를 출간해 티베트 전문가다운 기량을 과시했다. 또한 2000년에는 『티베트의 신비와 명상』을 펴내 카일라스를 국내에 처음 알리기도 했다.

"늘 그립겠어요, 티베트가……."

"여기 산속에 살고 있지만, 세월의 절반은 티베트를 넘나들며 살았습니다. 여건만 되면 티베트 설산으로 내뛰었죠. 바람이 있다면, 히말라야 기슭에서 로지lodge 나 하나 차려 조용히 살고 싶어요."

"가족 때문에 보류 중이세요?"

"처자를 팽개치고 달아난다면, 내가 도둑놈이지 않겠어요? 아내가 여태껏 뒷바라지해줬는데……."

"궁금해요. 선생이 생각하는 좋은 삶이란 뭘까요?"

"나 하고 싶은 대로 하며 사는 것, 그리고 남에게 폐를 끼치지 않는 것, 가능하면 남을 돕고 사는 것. 그러나 쉽지 않아요. 내 코가 석 자라서."

내 생각을 말하자면, 인간의 문제는 욕망이라는 놈에 달려 있다. 욕망을 비우거나 지워 도를 이루는 사업은 아득해서 오를 길이 없다. 욕망을 저 멀리 카일라스에 개밥처럼 내던지더라도, 그 질긴 놈은 도돌이표처럼 이내 출발했던 자리로 되돌아온다. 행행본처行行本處 지지발처至至發處라, 가도 가도 그 자리, 닿고 닿아도 첫 자리다.

욕망으로 허우적거리는 나 같은 자들은, 그저 욕망의 동향을 정직하게 주시하는 일만으로도 가상하다.

　김규현의 낯빛에 피로기가 서린다. 그는 오늘, 아주 오랜만에 긴 얘기를 했다고 한다. 거처 안팎 곳곳에 물고기 그림이나 조각이 걸려 있다. 물고기는 그의 화두란다. 물고기처럼 자유롭게, 물고기처럼 자면서도 눈을 감지 않은 채 매사 환하게 꿰뚫고 살고 싶어서다. 잠이 오면 눈 감고 자면 될 것을, 굳이 왜 견딜까 싶지만, 그는 그리 산다. 그게 길이라는 것.

3

조화

자연이라는 순리

안성 산골에 사는 전방위 예술가 문순우 가지 못할 곳 어디랴 벗어날 수 없는 것 무엇이랴
대구 팔공산 자락에 사는 시인 이규리 자연 속의 아름다운 것들에게도 고통은 있다
문경 주흘산 자락에 사는 도예가 김정옥 몸으로 실천하며 생의 덤덤한 무늬를 꽃피워가는 자의 확신
보은 산골 폐교에 사는 화가 원덕식 부부 산중의 별을 바라보면 찰나에 사라지는 고민들
홍천 백구산 자락에 사는 목수 이정섭 나무에 대한 고정관념을 거부하는 무뚝뚝한 일벌레
진천 산골에 사는 판화가 김준권 자연과 생명은 죽을 때까지 작업의 화두
경주 남산 기슭에 사는 한국화가 박대성 불편 속으로 들어가라! 그게 자연의 순리이니

안성 산골에 사는 전방위 예술가
문순우

가지 못할 곳 어디랴
벗어날 수 없는 것 무엇이랴

―――

*물질이 주는 편리함보다는 정신의 편안함을 선택하는 게
현명하지 않을까요? 난 말이죠, 물질적으로 가진 게 거의 없어요.
이런 내게 아내가 물어요. 당신 행복한가요?*

보헤미안이라 한다. 방외인, 또는 유목민이라 부른다. 경기도 안성 보개면의 산자락에 사는 문순우(71세)를 일컫는 얘기다. 그 평판 속에 이미 한 사람의 생애에 감도는 다양한 무늬가 완연하지만, 문순우의 신상도 신분도 실로 이색이다. 그는 화가이자 사진가이며, 도예가인가 하면 목수이고, 오디오 평론가이자 와인 전문가이며, 요리의 달인이다. 이 야릇한 다재를 일컬어 흔히 '전방위 예술가'라 부른다.

문순우의 거처는 종일 새소리 들리는 숲 언저리에 있다. 둘레 곳곳으로 천천히 거닐기 좋은 오솔길이 있으며, 초록물이 뚝뚝 드는 그 길에 들어서면 솔바람이 냉큼 달려와 속을 씻어준다. 푸르게 펼쳐지는 자연 풍광을 문턱 삼아 문순우의 집 안으로 들어서면, 독창적이고도 감미로운 또 하나의 세계가 눈앞에 전개된다.

숲의 초목들에 둘러싸인 문순우의 거처. 덤덤한 창고 건물을 닮은 외향부터 흥미를 자아낸다.
미술 재료와 채소 모종이 널려 있는 풍경에서 그의 일상을 짐작할 수 있다.

 겉보기엔 창고풍으로 덤덤하게 지어진 목조 건물. 그러나 그 내부는 오만가지 잡동사니로 들끓는다. 그러나 그건 잠깐의 첫인상에 불과할 뿐, 실은 모든 사물이 정밀한 구도를 이룬 채 적재적소에 정연하게 들어앉아 저마다 특유의 존재감을 드러낸다. 놀라워라! 사물들의 카오스 속에 깃들인 코스모스!
 문순우의 전방위적 성향을 여지없이 대변하는 실내의 풍경엔, 언어가 사물거리고 감각이 스멀거린다. 공간의 용도는 다양하다. 집이라는 한정된 공간이 무한한 스케일과 디테일로 확장될 수 있음을 알게 한다.

문순우는 전방위 예술가다. 목수이기도 한 그가 손수 지은 집 내부에서 사진과 그림, 도예, 요리 등 모든 장르의 창작행위가 펼쳐진다. 주변 예술인들이 집합하는 사교장이기도 하다. 항상 음악이 흐르며 촛불이 켜져 있다.

　이 집은 문순우의 미술 작업실에 그치지 않는다. 암실이 딸려 있는 사진 스튜디오이며, 와인과 와인글라스가 중첩된 와인바의 형색이 완연한 걸로 봐선 기탄없는 교제가 이루어지는 사교장이다. 바윗덩어리만 한 앤티크 오디오들이 벽 한 면을 점령한 음악 감상실이자, 주방에 빼곡한 요리 도구들로 보자면 미각의 전당이며, 처자와 더불어 숙면을 취할 수 있는 살림채가 분할된 주거공간이기도 하다.

　문순우와 마주 앉아 커피를 마신다. 오디오에서 흐르는 낮은 선율로 실내의 풍치는 한껏 로맨틱하다. 췬장의 풍모는 억실억실 투박하다. 금방이라도 일어나 말을 타고 냅다 초원을 내달릴 것 같은 고구려 장수의 풍색이다. 그의 생리에 절절하게 스며있을 법한, 어떤 야생성이 느껴지는 인상. 그러나 흘러나오는 언어와 어조는 나지막한 음악과 리듬을 같이해 귀에 솔깃하다. 내면의 섬세한 켜, 그게 그저 흐르는 물처럼 여실하게 비쳐서.

"제가 말이죠, 마흔 살에 처자를 떼놓고 혼자 프랑스로 유학을 갔어요. 그런데 파리에서 가장 인상적인 게 살롱문화였어요. 예술가들의 오픈 스튜디오나 거리의 카페를 통해 예술가들이 자유롭게 소통하고, 그것으로 예술의 풍토가 다져지고, 신진 예술가들이 배출되는 문화가 부러웠죠. 사르트르나 시몬 드 보부아르, 에디트 피아프, 이브 몽땅 등이 모두 카페에서 컸거든. 한국에도 그런 게 있어야 한다, 살롱 문화가 필요하다, 그런 생각을 하며 귀국하자마자 서울에 '라 끌레'라는 재즈바를 열었어요. 결국은 뜻대로 되지 않아 손을 떼고 말았지만요."

"어떤 점이 뜻대로 되지 않았죠?"

"문인이나 예술가들이 많이 모이긴 했어요. 그러나 내가 원한 건 교수와 학생들이 빈번하게 드나드는 것이었는데, 그렇게 안 되더라고. 장사라는 게 쉬운 것도 아니었어. 퍼주지 않으면, 베풀지 않으면 오질 않더라고요. 결국 실패했죠."

1년 뒤엔 남태평양 작은 섬에 살고 있을지도

남들 눈엔 유유자적으로 보이는 삶도, 누구나 그렇듯이, 알고 보면 그 안에 격렬함과 숨막히는 불안이 서려 있기 십상이다. 문제는 내가 나를 구조적으로 이해하는 능력이다. 문순우는 자신의 본성 안에 어디서 유래한 것인지 알 수 없는 유목민적 기질이 박혀 있는 걸 스스로 알았으며, 거기에 순응해 삶을 움직였다. 마흔 살이라는, 조금은 많은 나이에 프랑스로 유학을 떠난 건, 그래서 순행順行이다.

"방랑벽! 돌아다니기 좋아하는 습성 때문이었어요. 20대 때는 공수부대원으로 월남전에 참전했어요. 정훈 부대에서 신문·방송·영화 파트 직무를 맡으며 4년간 복무했지. 애초 월남전에 지원한 것도 외국을 나가고 싶어서였어요. 말도 안 되는 극악무도한 전쟁이라서 남모를 트라우마가 많지만, 방랑벽이라는 걸 억누르기 힘들더라고. 마흔 살 이전까진 디자인 업체를 운영, 직원을 17명까지 두고 돈도 많이 벌고 그랬어요. 당시엔 오디오 평론도 꽤 활발하게 했죠. 돈이 생기면 오디오를 사고, 돈 떨어지면 오디오를 내다팔고, 그렇게 살았어요. 그러다 삶에 회의가 들었죠. 이게 뭔가? 이렇게 사는 게 무슨 의미가 있나? 바꿔야 한다! 깨달음이랄까, 그런 게 생겼지. 그래서 아내에게 사업을 맡기고 별 대책도 없이 혼자 프랑스로 떠났어요."

"유학생활은 순탄했나요?"

"예술 장르 중 내가 가장 먼저 인정을 받은 건 사진이었어요. 사진가로서 파리를 갔지. 프랑스·헝가리·폴란드·독일 등지에서 6년간 머물렀는데, 사진으로 용돈 정도는 벌어서 썼어요. 유럽 쪽은 예술가를 존중하는 풍토가 있어서, 파리만 해도 최소한의 생활은 제도적으로 보장해주더라고요. 덕분에 소르본 대학원도 다녔지만, 예술이란 결국 배워서 되는 게 아니더군요. 대학에서 배운 것보다 현장 예술가들과 어울리며, 내가 가졌던 진부한 사고들을 다 버렸어요. 좋았어요. 뭐든 간절히 원하면 되더라고. 돌아오고 싶지 않았지."

"그런데 왜 돌아왔지?"

"폴란드에 집도 하나 마련하고, 아내를 데리러 한국에 나왔죠. 기발한 아이템 하나가 번쩍 떠오르기도 했는데, 뭐냐면, 호두과자 기계가 있으면 폴란드에서 일주일에 하루만 일해도 충분히 먹고살겠더라고. 그래서 300만 원을 들여 호두과자 기계를 장만했어요. 근데 말이지, 한국에 와서 선배나 친구들을 만나 술을 마시다 보니 그게 참 좋더라고. (웃음) 그래서 눌러앉게 됐어요. '라 끌레'를 차렸고, 이후엔 강원도 원통에 가서 살았고, 이천을 거쳐 지금은 여기 살고 있는 거요. 이렇게 살고 있지만 모를 일이지. 1년 뒤엔 남태평양 작은 섬에 살고 있을지도. 인생이라는 거 어차피 잠깐 왔다가는 것인데, 소풍인데, 어딘들 못 갈 곳이 있을까?"

가지 못할 곳 어디랴. 벗어날 수 없는 게 무엇이랴. 삶의 강압이나 세뇌에서 놓여나는 게 대책 중 상책이라는 생각을 하는 듯하다. 세상을 건너는 공식이라는 게 있겠으나, 그것에서 흔연히 벗어나 스스로 공식이 되는 경지란 절경에 맞먹는다. 더구나 그는 예술가다. 전방위 예술가다. 예술의 푯대가 펄럭거려 갈 길을 제시해준다. 삶의 모든 것이 예술이라는 게 그의 생각이다. 하여, 전방위로 열린 길이 그를 바람의 동맹자로 이끄는가?

그런데 '전방위 예술가'라는 별호가 무겁진 않을까? 한 우물만 죽

와인을 담는 상자의 나무판을 이용해 그림을 그렸다.
문순우의 미술작품은 모두 폐자재를 활용해 창작된다.

점토로 빚은 소조와 사진 작품들.
문순우가 가장 먼저 기량을 인정받은 분야는 사진이었다.
실내 한쪽엔 완벽한 장비들을 갖춘 암실이 마련돼 있다.

어라 파고들어도 달통하기 쉽지 않건만, 열 우물을 동시다발적으로 파다니. 딱히 하나를 기차게 돋우지 못한 바람에 열을 버무리는가? 아니면, 영락없이 다재다능한 준재일까?

"다재다능? 그런 건 필요하지 않아요. 어느 하나라도 격을 갖추면, 다른 장르 역시 다 따라오게 마련이죠."

"격?"

"일테면 무슨 와인을 썼느냐에 따라 음식의 격이 달라져요. 인격에 따라 사람이 다르듯. 예술에 있어서 격이란, 본질이란, 결국 창조성 여부에 달려 있을 텐데, 현대예술의 키포인트는 '충격'과 '감동'에 있겠지. 예를 들어, 바늘을 전봇대 크기로 만든다면 그건 충격이죠. 물방울을 3층 높이로 만들면 그건 예술이고. 이런 예술행위가 지니는 충격과, 이어지는 감동, 또 그 뒤에 이어지는 변화가 가능할 때 격을 지녔다고 말할 수 있겠죠. 이 격이라는 게 수평적으로 이동해 모든 장르에 통하게 되는 것이라."

하나에 깊이 통한 나머지 열을 능히 꿰는 경지를 문리文理라고 한다. 문리가 트이면, 이제 제 삶을 떡 주무르듯 주무를 수 있으렸다. 하지만 그건 인간의 이상향에 그치기 십상이라, 일테면 혼신을 다한 예술이라는 것도 밑 빠진 독에 물 붓기인 경우가 허다하다. 그럼에도 채워야 하고, 미쳐야 하고, 꿈꿔야 한다. 방랑이 있는 치열한 삶, 문순우를 채우는 질료는 그런 것이며, 그가 자코메티(스위스의 조각가 겸 화가)를 애호하는 건 자코메티의 궤적에서 자신의 모습을 보기 때문이다.

문순우의 인상은 독특해서, 일테면 말을 타고 달리는 고구려 장수의 풍색이다.
그러나 그의 입에서 흘러나오는 언어들은 묘하게도 부드럽고 섬세하다.

"난 그림을 누구에게 배운 적이 없어요. 자코메티도 그랬더라고. 자코메티 역시 방랑벽이 있어, 자전거를 타고 무전여행을 하다가 프랑스에 정착했고요. 그런데 작업을 얼마나 치열하게 했으면 그럴까? 자코메티의 작업실이 작품으로 가득 찼고, 나중엔 보관할 곳이 없어 불가피하게 이쑤시개처럼 길쭉하고 작은 작품들을 작업했어요. 그는 스푼과 포크도 손수 만들어 사용했어요. 나 역시 그래요. 내가 목수이긴 하지만, 이 집을 직접 지었거든. 미술작품도 모두 폐자재를 활용하고 있어요."

"치열했던 자코메티, 치열한 문순우?"

"예술은 목숨을 걸어야 해요. 그게 프로지. 프로는 조건이나 상황에 굴하지 않는 반면, 아마추어는 휘둘리겠지. 프로에겐 예술이 업이 되어야 해요. 그런 점에서 카뮈는 스승이라 할 만해요. 그는 철저했어요. 가령, 풀 한 포기의 이름도 정확하게 구사했거든. 흔히들 '이름 모를 꽃 한 송이'라는 식으로 표현하지만, 카뮈는 달랐어요. 식물에 관해 치열하게 공부했죠. 그게 프로의 본이겠지."

최상의 음악은 자연이 내는 소리

예술에 목숨을 건 사람의 공간답게 실내가 온통 예술적인 구색이다. 그러나 정작 그가 그려낸 그림의 수효는 조촐해서 썰렁하다. 그림만이 주종목은 아니라서 별반 어색할 게 없는 정경이지만, 그렇더라도 뭔가 알갱이가 흩어진 느낌이라 살짝 허전하다.

"예술인들이 수시로 찾아든다죠? 귀찮진 않아요? 작품은 언제 하시고?"

"사람 사이의 공감이라는 것. 그것만큼 좋은 게 다시 있을까? 굳이 예술인들에 국한된 문제가 아니에요. 공감이란, 이 시대 최대의 화두 아닐까요? 사람과 사람 사이의 공감은 물론, 자연과의 공감이라는 문제 역시 정색하고 깊이 있게 접근해야 해요."

"자연이야말로 근원이니까?"

"오디오로 음악을 즐기지만, 자연의 소리에 비하면 1퍼센트 미만의 감동을 얻을 뿐이죠. 최상의 음악은 자연이 내는 소리라는 겁니다. 자연의 소리를 닮으려는 것, 자연의 에너지와 감동을 닮으려는 게 예술이겠죠. 그런데 우리는 자연에게 만행만 일삼고 있지 않나요? 월남전 때 보니까, 월남엔 야생 산닭들이 많더라고. 이 닭들은 자연 상태에서 1년에 두 번밖에 알을 낳지 않아요. 날마다 알을 낳는 닭들은 인간이 만든 괴물에 불과한 거죠. 그게 곧 자연과의 공감 능력을 상실한 결과라는 걸 난 말하고 싶어요."

"예술분야 사람들이 대체로 아집이 강하죠? 허울뿐인 예술로 치장한 쇼맨도 많고. 여길 와서 보자니 조선 한량들의 사랑채가 생각나는데요. 때로 상처받을 일이 생기진 않나요?"

"별로요. 설령 내가 상처를 받더라도, 상대에게 상처를 주지 않으면 언젠가는 반드시 돌아오더라고. 배려라는 것, 내가 귀하면 남도 귀하다는 생각으로 살다 보면 적이 없어지죠. '거래'가 아니라 진정한 '관계'를 맺는다면 무슨 문제가 있을까요? 나에게 신조라는 게

텃밭을 돌보는 일은 중요한 일과이자 즐거움이다.
손수 기른 채소나 허브들이 특별한 요리의 재료로 쓰인다.

있다면, '사람에게 바라지 않고, 원하지 않고, 애쓰지 않는다'예요."

문순우의 얘기들은 확신에 가득 차 있다. 자신의 인생 전체를 절박하게 떠받치는 규율이라는 게 있다면 그건 '무규율'이며, 그를 통해 열린 자유 쪽으로 고개를 돌리고 있다는 투로 말이다. 이는 아마도 그의 뼈 굽이굽이에 새겨진 자유에의 욕망이 불러들인 생기일지도 모른다. 사교에 능한 사람이 흔히 그렇듯, 문순우의 입에선 누구나 알 만한 인물들과의 일화가 실타래처럼 줄레줄레 흘러나온다.

젊었던 한때 문순우는 건달 계보에 속해 뚝심을 과시하기도 했다. 기인의 원조에 속할 고 김관식 시인을 따르며, 시인이 국회의원 선거에 나갔을 때 선거운동원으로 뛰기도 했다. 또한 드럼의 달인 김대환, 가수 장사익, 피아니스트 임동창, 민속학자 심우성 등과 교유했다. 중국의 영화감독 장예모와도 친분이 있단다. 지금은 딴 세상에 머무르는 중광 스님과도 막역한 사이였다지. 그의 눈에 비친 중광은 어떤 사람이었을까?

"천진한 아이 같았다고 할까요? 중광이 용산역 앞에서 건달들에게 맞아 죽을 뻔한 일이 있었는데, 우연히 제가 있어서 수습이 됐어요. 그 인연으로 주욱 알고 지냈지. 그의 솔직함과 순진함에 누구든 반하지 않을 재간이 없었어요. 일면 괴물로 보이기도 했지만, 심성은 맑고 착한 분이었거든. 아, 중광은 얼마나 거침없던지……. 한 번은 그 양반이 영국 옥스퍼드 대학 미술학부에서 강연을 했는데, 책장에 꽂혀 있던 세계미술전집을 모조리 창밖으로 던져버렸어요. 이것들 다 쓰레기야, 짜슥들아! 그렇게 외치면서 말이에요. 하핫. 기발한 일격이었는데, 학생들이 환호의 박수를 치고 난리가 났었죠."

"중광, 허! 못 말릴 파격과 천진 사이에서 신나게 놀다 떠난 분이라고 할 수 있겠죠? 잘 노니는 삶. 선생의 경우도 예외가 아니려나? 일상을 특히 즐겁게 하는 요소들은 뭡니까?"

"술과 담배, 그리고 음악. 이 셋이 원동력이에요."

"그거 진부한 종목들 아닌가? (웃음) 텃밭을 보고 놀랐습니다. 하나는 빈 술병으로 담장을 쌓은 풍경에. 또 하나는 정갈한 텃밭의 꾸밈새에."

문순우는 요리의 달인이다. 그의 손이 닿으면 전혀 새로운 형태의 음식이 만들어진다. 요리도 예술이라는 지론의 소유자다.

"와인병 2천 개쯤으로 쌓은 담장이에요, 그게. 텃밭은 요리에 필요한 재료들을 얻기 위해 나름 공들여 가꾸는 것이고. 지난 초봄, 강원도에서 토종 올챙이 200마리를 가져와 연못에 풀었는데, 그게 너무 잘 자라 요즘 개구리 소리에 밤마다 천지가 진동을 하네, 허!"

"요새 세상, 물신物神이 판을 쳐 천지가 진동하죠."

"물질이 주는 편리함보다는 정신의 편안함을 선택하는 게 현명하지 않을까요? 난 말이죠, 물질적으로 가진 게 거의 없어요. 이런 내게 아내가 물어요. 당신 행복한가요? 불편하지만 불행하진 않다고,

고뇌 없이 편안하다고 답할 수밖에."

그리스의 에피쿠로스는 흔히 쾌락주의자로 오해받지만, 그가 말한 쾌락은 마음속 고통을 깨끗이 비워낸 평온과 안락의 상태를 일컫는 개념이다. 쾌락에도 가짜 쾌락이 있는 것이다. 편리함을 추종하는 삶은 가짜라는 게 문순우의 생각인 듯하다. '진짜'로 살자고, '진짜'에 공감하고 소통하자고 그는 말한다. 그렇다면, 그의 산중 오픈 스튜디오를 '에피쿠로스의 숲'이라 불러야 하나?

그가 만들어준 요리와 와인을 즐긴 뒤 작별할 즈음, 한 무리의 사람들이 요란하게 들이닥친다. 춤을 추듯 너울거리며. 문순우의 일상 하나가 또 그렇게 펼쳐진다.

대구 팔공산 자락에 사는 시인
이규리

자연 속의 아름다운 것들에게도
고통은 있다

―――――

자연 안에서 살며 고통을 대하는 태도에 변화가 왔어요. 전엔 고통을 고통으로 인식하며 피하려 했다면, 이젠 피하지 않고 껴안을 수 있어요. 고통을 고통으로만 보지 않고 궁극적인 것으로 보게 됐죠.

넓은 창 너머로 봄이 일렁거린다. 팔공산에 내려앉은 4월의 봄빛이 눈부시다. 꽃은 흐드러지거나 시든다. 피어나는 꽃도, 지는 꽃도 봄날의 향연이다. 탁자에 놓인 찻잔에서 커피향이 번지고, 실내에까지 스미어 찰랑이는 햇살로 사물들이 투명하다.

대구 시내의 아파트에서 살았던 시인 이규리(61세)가 팔공산 기슭에 집을 짓고 이주한 건 8년 전의 일이다. 남편인 건축가 이정호 교수(경북대)가 설계한, 위풍당당한 노출 콘크리트 건축물이다. 매우 모던한 잿빛 인위의 덩어리. 그러나 산속에 들어앉은 덕분에 자연과 단단하게 연결돼 있다. 사방에서 범람하는 숲의 나무들은 연둣빛을 머금어 소녀처럼 싱싱하다. 가만히 창밖을 응시하는 버릇을 몸에 달고 살아갈 법한 시인의 모습에도 뭔가 청명한 분위기가 서려 있다.

세월의 농간에도 좀처럼 마모되지 않은 감성적 기운이랄까. 세상의 모든 파도를 용케 잘 비켜간 사람의 어엿함이랄까.

창으로 물살처럼 들이치는 봄날의 가경佳景. 풍광이 기차게 삼삼하다고 저절로 시가 써지는 건 아닐 게다. 신선놀음에 도끼자루 썩을 수 있다. 경치에 홀리면 시를 놓칠 수 있다. 이곳으로 이사할 때, 이규리에게도 그런 염려가 있었던 모양이다.

"풍경 좋은 곳에 살며 일상적인 고통을 잃어버릴까 봐 걱정했어요. 그런데 기우였죠. 제 삶을 새삼 발견하며 굉장히 안심했어요. 자연 속의 아름다운 것들도 뒤집어보면 고통이 있더군요."

"시란 고통의 산물이라는?"

"인간적인 고통이나 고뇌가 있어야 시도, 삶도 지속되니까요. 자연 안에서 살며 고통을 대하는 태도에 변화가 왔어요. 전엔 고통을 고통으로 인식하며 피하려 했다면, 이젠 피하지 않고 껴안을 수 있어요. 고통을 고통으로만 보지 않고 궁극적인 것으로 보게 됐죠. 건방진 생각이겠지만, 이제 문학이 무엇인지 알 것 같아요."

"문학이란, 시란 한마디로 무엇일까요?"

"고통을 껴안는 사랑과 배려?"

"고통을 응시함으로써 해답과 평온을 찾았나요?"

"아직은 제 언어가 부족하지만, 평온을 얻은 게 분명해요. 전에는 마감에 쫓기거나 오래 구상하고 글을 썼다면, 지금은 딱 떠오르는 걸 바로 쓸 수 있습니다. 그러나 안주할 수는 없는 일이라서, 더 나아가야죠. 인간과 자연 속으로."

서재의 책상 앞에 앉은 시인. 창으로 들이치는 햇빛이 눈부시다.

"또는, 고통 속으로?"

"비참 속으로랄까? 살면서 제가 갈등했던 문제들은 욕망, 그리고 비참함, 그 두 가지였던 것 같아요. 세속적인 욕망은 줄여나가면 되지만, 비참은 아직 더 가봐야겠다는 생각입니다. 비참이란 바닥을 치는 일일 텐데, 나는 몇 번이나 바닥을 쳤던가? 백척간두에서 한 발 더 디뎌본 적이 있던가? 거듭 그런 자문을 해요. 비참을 직시하고서야 시가 있고, 세상이나 사람들에게도 너그러울 수 있을 거라는 생각이 듭니다. 비참이라는 말만 들어도 눈물이 나려 해요."

"베토벤이 말하길, 자신의 음악은 참혹의 산물이라고 했어요. 예술은 지옥의 소산일까요? 그런데 말이죠, 저 근사한 자연 풍경에서 어떤 비참을 발견하시지?"

"창밖 숲속에 살구나무가 있어요. 꽃이 피고 열매가 달리죠. 사람들은 살구 열매를 매실로 잘못 알아 장대로 인정사정없이 후려쳐 따갑니다. 그런 것들이 아픈 풍경으로 다가와요. 아, 나도 누군가를 저렇게 후려쳤겠지, 상대는 아파서 울었겠지. 그런 비참한 감회에 사로잡혀요. 그럴 때 시가 나옵니다. 시로써 상대와 내가 위로받을 수 있다면, 그것이 시의 힘일 거라고 생각합니다."

제 꼬리를 스스로 잘라내는 도마뱀의 최선

피고 지고, 먹고 먹히고, 살고 죽는 자연 안의 묵시록적 풍경을 관조하는 일이 결국은 시가 되고 삶이 된다는 얘기다. 외부를 살펴 내부로 깊숙한 눈길을 돌리는 일. 고독하고 비참한 내면을 시어의 두레박으로 길어 올리는 일. 이규리의 업무는 그저 거기에 있는 것으로 보인다.

그녀는 1994년 『현대시학』을 통해 등단, 이후 세 권의 시집을 냈다. 과작寡作이다. 그러나 느린 행보 안에 변화와 모색의 궤적이 서려 미덥다. 얼마 전 펴낸 세 번째 시집 『최선이란 그런 것이에요(문학동네)』로 시 전문 계간 『미네르바』가 제정한 '질마재문학상'을 수상하기도 했다. 최선? 그게 무엇이냐고 묻자 돌아오는 답이 이렇다.

"도마뱀은 천적을 만나면 필사적으로 달아나며 제 꼬리를 스스로

이규리는 말하길,
자연 속에 거주하며
시도 생각도 변모했다고 한다.
자연 풍경에 서린 '비참'을 통해
삶을 발견하고 시를 얻는다고 한다.
자연보다 보잘것없는 게
사람이라는 사유도 깊어졌다고.

잘라내요. 잘린 꼬리는 한동안 살아 꿈틀거리고, 그것으로 포식자를 유혹한다고 하더군요. 기어이 살아남기 위해 제 몸의 일부를 잘라내는 거죠. 이러한 도마뱀의 처절한 몸부림, 그게 '최선'이라고 봐요. 나는 최선을 다한 적이 있었던가, 최선을 다했다고 함부로 말하지 말자, 외롭다는 말도 함부로 하지 말자, 진정 외롭지만 진정 최선을 다한 사람들이 있어서 어디선가 다시 세상의 아침이 오는 것이겠지. 그런 생각을 해요."

"최선을 다하지 못하고 살아가는 사람을 앞에 두고 그런 얘길 하시다니. (웃음) 최선이 어려우면 차선으로 만족해도 그만 아닐까요? 허술할 수밖에 없는 게 사람이니까요. 삶이 원래 비극적일까요?"

"그래요. 비극적일 거예요. 사람마다 비참의 농도가 다르겠지만, 인간과 인간 사이의 비참이 삶을 이루는 것이겠구나, 그런 생각을 해요."

"선생은 시로써 비참과 맞붙지만, 비참을 느낄 여지조차 없이 생활에 부대끼는 사람들은 어찌해야 하나요?"

"사람들이 좀 더 잘 보고 잘 견디고, 그랬으면 좋겠어요. 한 번쯤은 부와 명예에서 벗어나 진선미를 돌아보면 좋겠어요. 노력해서 뭔가를 이루는 것도 좋지만, 그 과정에서 남에게 상처나 피해를 주지 않을 수 있다면 좋겠어요. 저 자신도 부끄럽지만 몸을 더 낮추고, 더 춥게 해서, 그렇게 해서 시에 삶을 담으려고 해요. 비록 노숙자가 될 수는 없지만, 내 안의 노숙을 생각하곤 해요."

태도를 낮추어 헐벗은 타인과 세상 속으로 스며들겠다는 것, 그렇게 마음을 잡도리하는 일이 시의 정신이라는 것이다. 마치 상처 입은 고라니가 조용한 곳을 찾아서 제 상처를 핥듯이, 그녀의 언사는 다분히 고요하며 충분히 성찰적이다. 마음의 문고리를 안에 두고 사는 사람의 특징일 것이다.

"함부로 꽃 한 송이 꺾지 못할 것 같아요. 아파서."

"너는 뭐가 잘나서 꽃을 안 꺾어? 그런 소리를 들은 적이 있어요. 소외감을 느낄 수밖에요. 가장 힘들었던 건 늘 소외의식이었어요. 초등학생 때부터 그랬어요. 중고등학교를 다니면서 저절로 문학에 이끌렸죠. 세상을 보는 눈이 남들과 달랐고, 인간관계를 맺는 게 힘들었어요. 어느새 환갑을 넘어섰지만, 행복보다는 아픔, 외로움, 스산함 같은 게 있어요. 내가 나에게 늘 말해줘요. 너는 그냥 죽을 각오로 시를 쓰면 된다! 삶과 시가 하나라는 걸 뒤늦게 배웠지만, 여전히 시에 치우쳐 있죠. 바깥 활동이나 행사 참석도 잘 안 합니다. 일테면, 포교승이 아니라 수도승이라고 할 수 있을까요?"

"'신독愼獨'이라는 말이 생각납니다. 늘 스스로 살펴라! 혹시 이규리는 상처가 많은 분이 아닐까, 하는 생각도 드는데요."

"가난이라거나 현실적인 불행을 겪어보진 않았어요. 소외의식, 혹은 내 안의 '이기적 유전자'로 힘들었죠. 딱히 몇 끼 굶는 것만이 비참은 아닐 겁니다. 용기 없는 자신을 바라볼 때, 저는 비참하더군요. 아마도 나는 매우 비겁한 사람일 겁니다. 전혀 싸울 수 있는 코드 없이 늘 여리게, 늘 감수성의 그늘에 머물렀어요. 다시 유신체제가 온다면 과연 내가 분신으로 저항할 수 있을까 생각하기도 합니다."

"언어도 무기인 것을요."

"물론 글로 쓰기는 하겠지만, 그러나 비겁하고 졸렬한 사람이라서 행동에 나설 용기는 내지 못할 겁니다. 문학은 이런 못난 사람, 버림받은 존재들을 다 받아줘요. 언어 속에서 다 수용해줘요. 문학으로 자신을 고백하고 용서받는 일, 내가 할 일은 오직 그거구나. 그런데, 시를 쓰거나 장황하게 얘기하는 건 또 무슨 소용일까요? 나를 포장하는 건 아닐까, 말로 사기치는 건 아닐까, 그런 생각도 드네요."

"언어는 때로 유희와 위장의 도구죠."

"분명한 것은, 내가 뭔가를 한 것 같아 잘난 척했는데, 사실은 저 풀 한 포기보다 못났다는 것, 부끄럽다는 것입니다. 그런 사실을 알아 다행이고요. 인간이란 거짓이나 배신에 갇히지만, 자연은 그렇지 않죠. 산이나 나무, 안개, 모든 자연의 내면이랄까. 그런 게 노년에 접어들며 잘 보이는 것 같아요. 젊었을 땐 자아가 커서, 또는 의식이나 관념이 컸을 때는 잘 보이지 않았던 것들이요."

실내는 넓고 고요하다. 널브러지거나 흐트러진 물건 하나 없이 정갈하다. 미감과 실용이 버무려진, 고도로 세련된 꾸밈새. 외부에서 틈입하는 모든 잡음을 일거에 해치우겠다는 양, 방호벽처럼 육중하게 공간을 구획한 콘크리트 벽면들이 차갑고 무뚝뚝하다. 커다란 유리창으로 쏟아져 들어오는 산릉이며 산색들이 시원해, 그나마 숨통이 트인다.

아침이면 창가로 새소리가 물처럼 흘러들겠지. 밤이면 별들이 모여 수군대겠지. 이 다채로운 풍경의 변주 안에서, 이규리는 무겁거나 외로운 시간들을 견디며, 은자처럼 사색하며, 시의 지향과 야심을 돋운다.

해질 무렵의 스러져가는 시간이 좋아

밖으로 나가 솔밭 사이 오솔길을 거닌다. 꽃 핀 봄나무들로 길이 환하다. 저만치 맞은편 숲속으로 모텔이 보인다. 연두에서 초록으로 잎새 물들어가는 순정한 나무들의 전당에 난데없는 색정의 얼굴 하나가 암팡지게 들어앉은 꼴이다. 욕망을 남김없이 쓰는 일을 치열하게 각축하는 세상이니, '러브호텔'이 경치 좋은 산으로 기어오르지 말라는 법도 없으렷다. 시인은 모텔을 보면 무슨 생각을 하시나.

"여행자들의 숙소 같은 것도 아닌 것을, 아마도 불륜의 현장일 텐데, 저런 건 규제를 하면 안 될까? 그런 생각을 하지만, 글쎄요. 필요한 사람들이 이용하면 그만이겠죠."

"불륜도 간절하면 진실 아닐까요?"

"저는 엄격한 유교적 집안에서 비문학적 성장을 해서인지 삐딱할 수가 없었어요. 언행이 일치했던 아버지의 양육방식이 때로 억압기제로 작용했지만, 덕분에 제법 모범적으로 컸죠. 불륜? 개인의 지성과 감성을 다해 그게 간절한 진실이라 판단되면 맘대로 해라, 그러나 남에게 피해는 주지 말아라, 그렇게 말하고 싶네요."

"무인도에 단 한 사람을 데리고 가야 한다면 누구랑 동행하고 싶어요?"

"아들요."

"부군이 아니고?"

"남편과 저는 사고나 기질은 다르지만, 지향이나 이상은 비슷해요. 속되지 않은 사람, 물질적인 가치보다 정신적 가치를 존중하는 남자라서 좋아요. 그러나 부부관계라는 건 갈등과 사랑을 반복할 수밖에 없어요. 반면에 아들은 이해와 사랑으로 영원토록 평온할 수 있죠. 그럼에도 불구하고, 그 어떤 좋은 사람과 있더라도 외로움을 느낄 거예요. 상대 역시 외롭겠죠. 그런데, 죽을 만큼 외로운들 그게 뭐 어때? 그런 생각을 해요."

　시란 어쩌면 만물의 외로움을 뒤지고 벗기어 텅 빈 속살을 드러내는 누드의 전략이다. 내 안의 외로움을 직시하는 눈을 권능으로 삼아, 허영으로 가려진 삶의 고독을 진단하는 청진기의 작전이다. 그러나, 사무치게 외로운 자는 찍소리할 겨를조차 없이 그저 쓰러져 운다.

　"외로움이라는 것, 그거 그지없이 쓰라린 감정 아니에요? 두렵고 싫은 가슴의 허공 아닐까?"

　"외로움이나 갈등, 상처가 만져져야 시가 걸러져요. 정서를 다듬고, 따뜻하게 하고, 견디게 하는 일, 또는 약자들의 울분의 토로. 그게 문학의 시작이겠죠."

　"무인도에 한 권의 책을 들고 간다면요?"

　"『카프카와의 대화』. 카프카의 삶은 정말 깊었어요."

　"카프카는 매일 저녁 프라하의 거리를 산책했죠. 몽상하며."

　"저도 해질 무렵, 저녁 6시가 좋아요. 낮과 밤이 몸을 바꾸는 시간, 스러져가는 시간, 그 순간을 가만히 소중하게 지켜보며 스며들려고 해요. 영혼이 있다면, 아마 그 시간을 가장 좋아하지 않을까요? 그러나 이내 밤이 오고, 찰나에 사라지고, 고즈넉했던 마음 빛깔도 자리를 내줘요. 외로움을 만나는, 그런 저녁 무렵이 참 좋아요."

　숲의 나무들은 여린 연둣빛. 나직나직 잔잔한 시인의 음성도 연둣빛 여린 가락. 그러나 견고한 언설들. 오솔길에도, 인가에도, 저편 산마루에도 꽃빛이다. 머잖아 저물 봄. 잡아두고 싶다. 붉은 동백꽃에, 하오의 햇살 부질없이 달아오른다.

집밖으로 나서면 바로 산속이다. 소나무와 풀, 햇살과 바람을 느끼며 산책하는 일 역시 시 쓰기처럼 위안을 준다고 한다.

문경 주흘산 자락에 사는 도예가
김정옥

몸으로 실천하며 생의 덤덤한 무늬를
꽃피워가는 자의 확신

―――

예술인은 일반인과 달리, 돈보다는 작품에 치중하는 사람입니다.
난 아직 최고의 작품을 만들지 못했어.
만족이 안 돼. 만족하면 거기서 끝이잖소?

문경새재를 지척에 둔 길목이다. 날은 흐려 잿빛. 덩실하게 솟은 주흘산의 상봉은 구름에 묻혀 있다. 그러나 초록이 지천이다. 산마루에서 흐른 녹색이 물처럼 찰랑거린다. 저편 들녘에선 한창 웃자란 벼들의 초록이 합주처럼 일렁인다. 이 푸른 산과 들의 어간에 공방이 있다. 사기장沙器匠 백산白山 김정옥(76세)이 운영하는 '영남요嶺南窯'.

공방의 규모는 크넓다. 작업장, 전시실, 차실, 살림채, 창고, 그리고 장작가마가 보인다. 이 모든 구조물들은 평생 도예로 일관한 백산의 경륜을 대변하듯 옹골차고 실팍하다. 솔바람 불어오는 방향으로는 정자가 있다. 정자가 있으니 오수는 당연한 수순. 나른한 한여름의 권태를 낮잠으로 잡도리하는 이가 있으니, 바로 백산이다. 무더위에 뒤척인 풋잠이었나. 슬며시 다가가 기척을 하자, 벌떡 일어나 대나무처럼 꼿꼿하게 앉는다. 부채를 살랑거려 적삼 속으로 바람을 집어넣는다. 한가한 거동이지만, 객을 바라보는 눈길이 말끔해 칠순을 한참 넘긴 노령老齡이 믿기지 않는다.

세월은 그를 비끼거나 뒷걸음질쳤나 보다. 나는 백산 선생을 대략 15년 만에 다시 상면한다. 그런데 묘하게도 15년 전이나 지금이나 별로 다를 게 없이, 고루 짱짱한 근골이지 않은가? 반가운 정경이다. 그래서 가경佳景을 바라보듯 찬탄하며 비결을 묻자, 돌아오는 답이 싱거우나 간명하다.

"내가 많이 건강한 편이오. 왜냐? 흙을 만지기 땜에 그런 기라!"

"흙을 만지면 어째서 건강해지죠?"

"왜 그런지는 나도 몰라요. 딴사람들이 그냥 그러더라고. 그리고 내가 날마다 한 시간씩은 걷기를 합니다. 이거도 비결인 기라."

"앞산 뒷산, 이리저리 산책 코스가 많겠요. 오솔길을 주로 걸으시겠네요?"

"오솔길 산책은 못해요. 왜 그러느냐면, 아침에 오솔길을 걸으면 이슬에 바짓가랑이가 젖는 기라. 그냥 문경새재 쪽 아스팔트길을 걷곤 해요. 그럼, 내가 왜 걷느냐? 전에 방송을 보니께, 어떤 여자가 나왔는데, 이 여자가 실제 나이는 오십이 넘었어요. 근데 사십으로밖에 안 보이더라고. 비결이 뭐냐? 새벽에 한 시간씩 걷기를 한다는 기라. 그래서 나도 그날부터 걷기를 시작한 것이오. 좋더라고."

"산책을 통해 주흘산 정기를 맘껏 호흡하시는구나. 주흘산의 매력

가마에 들어가기 직전의 그릇들.
이 물건들은 '망댕이 가마'라 부르는
전통 장작가마에 들어가 불을 만난다.

은 뭔가요?"

"흠. 매력이라는 것은 별로 생각을 안 해봤고, 돌아가신 우리 아버지가 하신 얘기를 기억하는 건 있어요. 일찍이 천지개벽을 하던 시점에, 말하자면 하늘이 산과 들을 마구재비로 만들어나가던 태초에, 저 주흘산이 서울 삼각산 자리에 앉으려고 냅다 달려갔는데, 가서 보이 이미 삼각산이 거기에 있더라 이거여. 그래서 그냥 여기 주저앉았다는 그런 얘기……"

"원래 산을 좋아하세요?"

"소싯적부터 산을 무진장 올라댕겼지. 하지만 고상한 취미로 다닌 적은 없어요. 거의 맨날 지게를 지고 가서 땔나무를 해왔거든. 하루에 서너 짐씩, 1년이면 도합 200짐은 했을 거요. 그 시절엔 산에 가서 창공을 바라보며 많은 생각을 했어요. 다리도 아프고, 힘들고, 배고프고, 고달팠던 기라. 불만도 많았제. 아이구야, 불만을 품어봤자 우짜노. 누구 하나 알아주는 사람이 있어야 말이제. 끙."

"그 시절엔 모두들 어려웠죠. 보릿고개가 태산보다 높았던 시절. 그때 그 춘궁기를 요즘 젊은 사람들은 무슨 전설처럼 여기지만요."

"내가 가을을 좋아합니다. 왜냐믄, 옛날에는 묵고살기가 어려워 여름에는 맨날 보리밥을 먹었어요. 가을이 돼서야 쌀밥도 먹고, 과일도 먹을 수가 있었거든. 우리집만 그런 게 아이고, 백 집 가운데 한두 집만 빼곤 다 그랬제. 아이구야, 가을이 오기 직전까지 모두들 비쩍 말라비틀어져 돌아댕겼어. 우리 아버지 대엔 더 어려웠제. 벨 짓을 다했어. 그래도 그 어른이 도자를 안 버렸어. 나도 중3 때 중퇴했어. 뭐 달리 할 끼 있나? 아버지 밑에서 도자를 하다본께 이리 배우게 된 깁니다."

조선 백자의 정통을 상속한 인물

그 옛날, 시절은 공평을 구현하겠다는 양 모두에게 가난을 선사했다. 백산에게도 가난은 길고 모질게 이어졌던 것 같다. 그 와중에 안간힘을 다해 껴안은 게 많았으리라. 간난艱難의 그 시절을 겨울이라 한다면, 지금은 꽃봄. 백산은 이제 생의 화사한 황혼을 누리고 있다.

밀반죽처럼 어둡고 모호하게 끈적이는 궁핍의 시절을 시종일관 도자기 만드는 일 하나로 살아온 결과, 전통 도예의 정통성에 가장 근접한 장인匠人이라는 평을 듣는다. 1991년 도예 명장名匠에 선정되었고, 1996년 중요무형재 105호 사기장沙器匠으로 지정받았다. 우리는 모두 이 세상을 바람처럼 잠시 스쳐지나가는 과객. 그런데 백산이 지난 자리엔 족적이 오붓하다.

백산의 장인적 삶이 한결 절묘한 건 가업으로 이은 도예 인생이라는 점이다. 그는 조상의 피를 이어 7대째 전통 자기를 만들고 있다. 이건 예사롭지 않은 아우라. 업業이라 부를 만한 원천적 인과에 따른 긍지, 또는 순명順命의 긍정까지를 끌어왔다고 할까? 물론, 마지 못해 어렵사리 이어진 가내 산업이었을 수도 있지만 말이다.

"7대째의 가업. 그건 누구에게서도 찾아볼 수 없는 이색이라 들었습니다."

"맞소. 이런 가문의 역사, 우리나라에서는 유일해요. 지금 우리 아들놈은 물론 손자까지 도자기를 만들고 있어. 9대째 이어지고 있는 기라. 약삭빠른 일부 사람들이 거짓말을 해갖고 8대니 9대니 떠들어대지만, 캐고 들어가면 다 안 맞는 기라. 거짓말이라는 것이 한 번 하고 나면 자꾸 하게 돼. 거짓을 감추기 위해 줄줄이 거짓말을 해. 안 하고는 못 배겨. 결국은 들통이 나는 기라. 나는 사실 그대로를 얘기해요. 누구도 나는 부인을 못해. 문헌으로도 다 맞아떨어지고,

누구도 내 말을 뻥이라고 할 수가 없거든. 9대째 도자일을 한다는 거, 억지로 되는 것이 아니요. 가문의 운명이제."

운명에 도전하는 자는 일쑤 영웅시 된다. 진득이 운명이 이끄는 대로 흐르는 인생에도 장중한 구석이 있다. 살아남기 위해 닥쳐오는 파랑을 곧이곧대로 끌어안을 수밖에 없는 운명, 그것은 생명이다. 선택의 갈림길이라는 걸 만날 겨를도 없이 흙을 주무르는 일에 자동 투신한 백산의 생애엔 신산辛酸이 필연이었겠으나, 주변의 입들은 그를 일러 '도예로 일관한 외길인생'이라 운운한다. 이에 백산이 쾌재로 화답하지만, 광고 문구 같은 그 칭호에 환호해서라기보다는,

김정옥은 한평생 도공 노릇으로 살아왔다. 세상이 그의 기량을 알아 '인간문화재'라는 관을 부여했다. 이 시대에 생존하는 가장 전통적이고 정통적인 장인 중 한 명이다.

기어이 풍파를 넘어선 감개무량이 스스로 뻐근해서일 것이다. 그는 눈길을 허공에 던져 옛날을 상기하더니 선대의 기억을 걸터듬는다.

"우리 할아버지가 원래 관요官窯에 차출돼 자기를 만들었어요. 기록에도 다 나온다카이. 이 할아버지를 따라댕기며 아버지께서 일곱 살부터 기능을 배우셨제. 그런데 일제 하에서 도자기 굽는 사람들이 일본으로 가 광산일이나 노가다를 하고 그랬어요. 우리 아버지는 못 갔어. 왜 못 가셨냐면 어머니가 제동을 건 기라. 이게 결과적으로 잘 된 일이었어. 당시에 일본을 갔으면 돈은 좀 벌어왔겠지만, 도자기 일은 놔버렸을 것이거든. 아버지는 일제 말까지 줄곧 가마터에서 품을 팔았던 기라. 그러다가 해방이 됐네. 그런데 집집마다 쓸 만한 그릇이라는 게 없어. 탄피를 만든다고 왜놈들이 놋그릇을 모조리 공출해 갔으니까. 덕분에 아버지가 재미를 많이 봤제. 그때 내가 다섯 살이었는데, 아버지가 구운 그릇을 사려고 사람들이 구름처럼 몰려들더라고. 그러다가 육이오가 터지면서 전부 스톱되었지."

"플라스틱 그릇이 사기 그릇을 대신하면서부터는 형편이 더 심각했겠죠? 그래도 선친께서 가마일을 작파하지 않은 건 그나마 호구지책이라서요?"

"맞아요. 우야등가 입에 풀칠을 해야 하니께. 벨벨 오만가지 일을 다 하셨지만, 가마를 영 떠나진 않았어요. 고향집이 있는 저기 관음리에 조선식 망댕이 가마가 지금도 남아 있어. 국내에서 유일한 것인데, 평생 장인으로 사셨던 아버지의 흔적이 그렇게 남은 것이오."

"그런 선친에게 도예를 배우고 익혀, 마침내 중요무형재가 되셨어요. 도예 장인으로선 최고의 명예 아니겠어요?"

"무형재 지정 증서를 받아들고는, 아들을 대동하고 조상님 산소에 가서 잔을 극진하게 올렸어요. 조상님들! 제가 잘해서 이리 된 기 아닙니다. 할아버님들이 잘하신 덕분입니다. 저 혼자만의 보람도 아이고, 도예역사 수천 년의 숙원을 푼 깁니다! 그리 말씀드렸다니까. 사실 종전엔 도자기 분야에 인간문화재라는 게 없었거든. 하도 말썽이 많은 동네라, 정부에서도 쉽게 지정을 못했어. 그러나 내가 되고 나서는 그 누구도 하자를 잡는 놈이 없었어요."

성기되 질기게 바라보고, 투박하되 담박한 입담

무릇 야합과 꿍꿍이가 판치는 세태. 도예 분야 초유의 인간문화재 선정을 둘러싼 분위기가 팽팽했을 것임을 짐작할 수 있다. 선정 기준은 정밀하다. 첫째는 기능, 둘째는 계보, 즉 뿌리, 셋째는 활동 내역, 넷째는 인터뷰. 넘어야 할 관문이 겹겹이다.

"인터뷰가 50퍼센트는 좌우했어요. 아이구야, 내가 억수로 애 많이 먹었소. 당시 '이순신 장군 가짜 총포 사건'이 터졌는데, 그래서인지 심사과정이 이루 말할 수 없이 까다로웠어요. 문화재 위원들이 총 출동해 엄정하게 평가했거든."

"기능 분야는 일일이 기량을 테스트했나요?"

"물론이지. 원래 지방 도요에선 분업이라는 게 없어요. 1인 10역을 해야 해. 흙 찾기부터 문양을 그려 넣고, 가마에 불을 때는 일까지 손수 다 하거든. 그걸 하나하나 말캉 다 시헌했제. 난 지금도 1인 10역을 하는 기라!"

"인간문화재가 되고 달라진 게 많나요? 사회적 대접이나 생활면에서."

"전시회일로 일본을 자주 드나들었어요. 그런데 일본 사람들이 못된 짓도 많이 하지만, 사석에서 예의범절 하나는 아주 밝더라고. 요것들이 요즘처럼 독도를 문제 삼으면 귀퉁뱅이를 후려치고 싶지만, 그래도 어쩌나, 바른 것은 바르다 해야제. 내가 일본에 가면 '한국국보래일韓國國寶來日'이라는 현수막을 턱 걸더라고. 나를 한국의 국보로 대접하는 기라. 우리 할마씨는 인간국보의 영부인이라 불러. 그리고 동경시장이나 시의장보다 상석에 모시더라고. 최고의 예우지. 일본 사람들에게도 배울 것이 참 많아."

'인간국보'로 대접을 받았으니, 헛기침을 걸게 토해 슬쩍 뻐기는 일을 굳이 참을 것도 없었으렷다. 그는 일본에 갈 때마다 매번 융숭한 접대를 받았다. 해서, 소감의 수효가 많을 터. 이 나라 사람치고 일본을 통째 긍정할 이가 뉘랴마는, 일본인들에게도 눈여겨 배울 건더기가 없지 않더라는 품평 역시 난무하는 게 현실. 백산이 호평 몇 가지를 보탠다.

"첫째는 예의가 똑바르다는 점이오. 둘째는 식당에서 쓰레기통에 버릴 음식이 나오지 않는다는 것, 셋째는 지폐를 꾸기지 않고 정결하게 간수한다는 점이지. 배울 건 배워야 하는 기라."

백산의 실사구시를 엿볼 수 있는 논평이다. 엄청 큰 언설로, 무척

손인가, 흙인가? 흙과 손이 하나가 되었다. 김정옥이 늘 하는 말이 있다.
"작가 이전에 인간이 돼라, 재능이 부족하면 더 노력하라!"

폼나는 이론으로 세상을 훑는 일은 그의 적성이나 구미에 맞지 않는다. 성기되 질기게 바라보며, 투박하되 담박하게 입을 쓴다. 해서, 은근슬쩍 간이 맞다.

먹구름이 요동을 치더니 드디어 장대비가 쏟아진다. 세찬 바람에 흩날린 빗물이 정자 안으로 들이쳐 옷이 젖는다.

"우산 쓰소!"

백산이 우산을 펼쳐 비를 가려준다. 생전 처음으로 나는 우산을 쓰고 정자 마루에 가부좌로 앉아 있다. 우줄우줄 내리는 가랑비는 춤처럼 노래처럼 저 홀로 흥겹다. 그러는 중에 어둠이 밀려들고, 잠시 비가 주춤, 비로소 자리를 옮겨 차실로 들어간다.

배 꺼지라고 오르는 산

차실엔 백산의 작품들이 진열돼 있다. 벽에는 부시 전 미국 대통령, 혹은 반기문 유엔 사무총장과 나란히 찍은 백산의 사진이 걸려 그의 활보를 선전한다. 한 우물을 판 몰입의 성과렷다. 미국 스미스소니언박물관을 비롯해 캐나다 왕립박물관, 독일 베를린의 동아시아박물관 등이 그의 작품을 소장하고 있다.

뭐니 뭐니 해도 그는 일본인들에게 각광을 받는다. 일본 문화 중 최고봉이라는 다도茶道. 그들의 차 문화에서 최고의 예우를 받는 한국의 문화재가 있으니, 그 유명한 조선의 정호다완井戶茶碗이 바로 그것! 일본인들은 일찍이 이 소박하고 툽상한 사기 그릇에 환장하여 눈이 뒤집혔다. 이걸 탈취하기 위해 광분한 사실에 의거, 임진왜란을 '다완전쟁'이라 부르기도 한다. 백산은 정호다완의 명인이다. 정호다완의 매력은 무엇일까?

"조선 때 만들어진 오래 묵은 사발이라서 좋다는 게 아니오. 편안한 느낌을 주는 밸런스, 고도의 기교, 자연스러운 유약, 이런 것들이 어우러져 맹글어진 찻사발이거든. 한국에 도공들이 수천 명 있지만, 조선의 찻사발을 재현한다는 건 아무나 할 수 있는 일이 아니에요. 선, 색상, 정교한 밑굽 등 모든 게 고도의 숙련을 요구하니까. 굽도리 부분에 유약이 뭉쳐지며 우둘투둘하게 형성되는 '가이라기'라는 기교는 특히나 절묘해. 매화나무의 갈라진 껍질 같다고 해서 '매화피梅花皮'라고 부르는 사람이 많지만, 난 '가이라기'라는 단어가 더 좋아요. '개구리알'이라는 뜻의 조선말이라는 게 내 판단이거든. 내 판단이 맞을 수도 있고 틀릴 수도 있겠지만……. 정호다완이니 이도다완이니, 굳이 그런 표현을 안 해도 좋다고 생각해요. 난 그냥 '찻사발'이라고 불러."

"선생에게서 우직한 뚝심이 느껴집니다. 얼핏 유하지만, 속에는 난공불락의 틀이 박힌 분이라는 인상입니다. 장인으로서 발군이 되려면 어떤 재주가 필요할까요?"

"흠! 훌륭한 작가가 되기 전에 사람이 먼저 돼야 해요. 사람이 올바르고 정직하고 근면해야 된다, 그런 뜻인 기라. 그라고, 내가 제자들에게 늘 하는 말이 있소. 타고난 재능이 부족하면 노력을 더 해라! 더 땀 흘려라!"

"그건 아마도 백산 본인의 인생을 요약한 이야기겠죠?"

"내가 노력을 많이 했지. 아버지의 영향과 재능도 조금은 받았겠지만, 억수로 노력한 기라. 남자에게 때로 허풍과 거짓말도 필요하다는 얘기가 있지만, 나는 안 그랬어요. 내 자랑 같지만 가급적 거짓말 안 하고 노력하며 살았소. 그럼 왜 노력을 했냐? 우선은 생활이 급했거든. 내가 맏딸은 공부를 제대로 못 시키고 공장으로 보냈어요. 할마씨 고생도 많이 시켰어. 노력하지 않을 수 없었던 기라. 지금도 마찬가지요. 그렇다고 돈에 너무 전전긍긍하면 좋은 작품을 만들 수가 없어. 예술인은 일반인과 달리, 돈보다는 작품에 치중하는 사람입니다. 난 아직 최고의 작품을 만들지 못했어. 만족이 안 돼. 만족하면 거기서 끝이잖소? 더 이상 노력하지 않게 되거든."

불철주야 좋은 자기를 만들기 위해 온몸으로 노력한 장인. 세상에서 잠이 제일 많은 가수는 이미자 씨라는 난센스 퀴즈도 있지만, 밤에도 가능한 한 낮처럼 깨어 공방에서 진력한 인물이 바로 백산이다. 하지만 사람이 늘 일만 하면 무슨 재미?

"추사 김정희는 남자가 해야 할 세 가지로 독서, 술, 여색을 꼽았어요. 여가엔 뭘 즐기시나요?"

"벨거 없고, 10여 년 전부터 친구들과 등산계를 조직해 전국의 유명한 산을 오르고 있어요. 지팡이 짚고 산꼭대기에 올라가면 일단 경계가 탁 트여 쾌감이 느껴지더라고. 풀이 우거져 있으면 말짱 헛일이지만 말이요. 산 정상에서 식사하고 술 한잔하고, 참 좋더라고. 우리가 좋은 세상을 만나갖고, 이제는 배 꺼지라고 산에 올라 다니는 것이오."

"(웃음) 배 꺼지라고 하는 등산? 재밌다. 산에서 들리는 새소리는 어떤가요?"

"다 좋은데, 아이구야, 까마귀소리는 기분 나빠. 요놈은 심보도 안 좋아서 까치집을 다 뺏는 기라."

"평소에 약주는 즐기시고요?"

"시시때때로 막걸리를 묵지. 촌에 사는 늙은이에겐 농주가 최고인 기라. 내가 꽤 마시지. 가까운 사람이 세상을 떠날 때는 과하게 마시기도 하고."

"자연을 망치고 생태를 해치는 개발이 난무하는 세상이라고 걱정들이 많습니다. 이런 현실, 어떻게 생각하세요?"

"뱅기를 타고 하늘에서 내려다보면 나무들 파재끼더라고. 산이 무슨 죄를 졌냐고? 우리나라 자연은 젊은 후세들이 관리만 잘하면 세계에서 제일 좋은 금수강산이 된다는 걸 명심해야 합니다."

"관리를 어떻게 해야 하나요?"

"간단해. 공중도덕을 잘 지키면 되는 기라. 모두가 쓰레기 안 버리고, 댐배꽁초 안 버리고, 산에 가서 자기 쓰레기는 자기가 처리해야 해요. 남의 쓰레기까지 짊어지고 내려오기는 어렵더라고. 아무튼 내 쓰레기는 내가 알아서 처리하면, 산천이 오염될 일이 없을 게 아닌가?"

"남들이 쓰레기 함부로 버리는 걸 보면 못 참으세요?"

"내가 옛날부터 바른 소리를 잘하는 편이에요. 그게 사리사욕을 채우자는 게 아니거든. 며칠 전에도 부여 백마강에 놀러갔다가 쓰레기 넘치는 걸 보고 군수에게 전화를 했어. 우리가 신고정신 하나는 기맥히게 좋거든. 나 같은 사람이 많을수록 시정이 잘 돼요. 그걸 한다고 밥이 나와, 술이 나와? 좋은 세상 만들어보자는 취지인 기라."

백산의 얘기를 듣는 중에 번번이 홍소가 터진다. 삶의 간결하고 깨끗한 지평 한 기슭을 가리키는 그의 언사가 단출하고 상쾌해서다. 위대한 지혜를 권장하는 하염없이 드높은 정신은 자주 우리를 주눅 들게 한다. 지상에 발붙이지 못한 채 그저 심오하게 난립하는 지식은 자주 우리를 허공에 뜨게 만든다. 반면, 굳이 어려운 수행이나 지식을 빌리지 않고 몸으로, 실천으로, 생의 덤덤한 무늬를 꽃피워가는 자의 확신엔 온기와 위트가 있다. 위안과 힌트를 얻게 한다. 백산의 언어가 지닌 여운이 그와 같다.

한평생, 한 길을 걸어온 장인의 저력인가? 자신을 낮추는 일에 능하되, 묘한 기세가 창창하다.

원덕식 부부

보은 산골 폐교에 사는 화가

산중의 별을 바라보면
찰나에 사라지는 고민들

둘이서 초롱초롱 빛나는 별을 바라보면, 순식간에 고민이 사라져요. 고민과 다툼이 있었더라도 자연을 바라보면서 안정을 얻어요. 작은 것들에 왜 집착할까, 그런 반성도 하고요.

보은군 마로면 소여분교. 한때는 수백 명의 아이들이 배우고, 노래하고, 뛰놀던 학교였다. 그러나 오래전 문을 닫았다. 폐교라는 이름으로 잔존할 뿐이다. 병아리 같은 어린 것들이 종종대며 내달렸을 운동장은 풀밭으로 변했고, 퇴락한 교사校舍 역시 스산하다. 겉보기엔 그렇지만, 속사정은 다르다. 사람이 산다. 작가 부부가 오순도순 살아간다. 동화작가 노정옥(47세)과 그의 아내이자 서양화가인 원덕식(44세) 내외다.

서울에서 살았던 이 젊은 부부가 산골의 황량한 폐교로 이주한 건 자연 속에 묻혀 살고 싶어서가 아니다. 은거나 풍류를 즐기기 위해서도 아니다. 야박한 세상에 귀뺨을 얻어맞은 나머지의 탈출극도 아니다. 단순한 까닭이 있을 뿐이다. 서울의 옹색한 작업실에서 벗어

글을 쓰는 노정옥, 그림을 그리는 원덕식 부부는 산골 폐교에서 살아간다. 낙후한 시설들을 보수하느라 온몸으로 고생했지만, 자연과 작업 속에서 즐겁다. 이상과 지향이 같아 흔쾌히 산골살이를 시작했다.

나 너른 공간을 확보하려 궁리하다, 옳다, 폐교다, 가자! 그렇게 되었던 거다. 이후 여러 곳의 폐교를 물색하기 시작했고, 쉽지 않은 경로를 거쳐 현재의 폐교를 임대받기에 이르렀다. 그게 6년 전의 일.

  6년간 폐교에 둥지를 틀고 살았으니, 가꾸고 고치고 다듬은 게 많았겠지. 바야흐로 이젠 풍광에 자못 광이 날 법한 세월이 흘렀다. 하지만 여전히 엉성한 외관이다. 부부가 나무늘보처럼 게을러서가 아니다. 알 만한 사람은 이미 알아보겠으나, 수천 평 부지에 들어앉은 폐교를 윤택하게 닦는다는 게 현실적으로 버겁다. 운동장을 뒤덮고

강철 같은 기세로 올라오는 풀들을 샅샅이 뽑아내는 일은 혁명처럼 어렵다. 폐가나 다름없는 교사며 사택을 단장하는 일도 이하 동문. 부부는 안간힘을 다했으며, 자비로운 뒷산 산신령이 그 노고를 치하할 터이지만, 아무려나 여전히 할 일이 많고 갈 길도 멀다. 부부의 얘길 들어볼까?

노정옥 "아내에게 한시라도 빨리 널찍한 작업실을 만들어주고 싶었는데, 여의치 않았어요. 뒷바라지를 제대로 못해주는 미안함이 컸죠. 그러다 폐교에 착안했어요. 폐교로 가자, 그런 뜻을 밝히자 아내가 흔쾌히 동의해줬죠. 이곳으로 이사 온 초기엔 그야말로 온몸을 던져 안팎을 보수했습니다. 그래도 티가 나질 않네요."

원덕식 "저는 시골생활을 거의 해본 적이 없어서 처음엔 매우 낯설었어요. 과연 잘 살 수 있을까, 견딜 수 있을까, 내심 염려가 많았죠. 그러나 그런 생각을 길게 할 겨를도 없이, 시설을 고치고 꾸미는 일에 전념해야 했어요. 이렇다 하게 모아둔 밑천이라는 것도 없어서 둘이 몸으로 부닥쳤죠. 직접 뜯어내거나 채워 넣거나, 부수거나 만들거나, 모든 일을 다 했어요."

"가장 힘든 점은 무엇이었죠?"

원덕식 "음, 온갖 벌레나 뱀에게 부대끼는 일이 가장 불편했어요. 풀을 처리하는 일도 힘들었고요. 또 있어요. 여름엔 너무나 덥고, 겨울엔 너무나 춥다는 거."

"애초에 각오하지 않았어요? (웃음)"

원덕식 "예상보다 더 덥고 더 추웠어요. 첫해 겨울엔 사택 수리를 못해 텐트를 치고 잤어요. 사택을 보수한 뒤에도 여전히 겨울엔 얼어죽을 것처럼 추워요. (웃음) 여름엔 온장고, 겨울엔 냉장고. 그렇게 보시면 돼요."

"시골로 이주하려는 사람들이 가장 걱정하는 게 이른바 텃세라는 것이죠. 이웃 주민들과 어울리는 일이 힘들지 않았나요?"

노정옥 "사람들이 가장 많이 묻는 게 바로 그 텃세더군요. 힘들지 않느냐고, 시골 사람들이 더 독하다더라고, 정말 그러냐, 뭐 그런 걸 묻는 거죠. 하지만 저희 부부는 처음부터 단 한 번도 텃세라는 걸 느껴보지 못했어요. 시골이 말이죠, 인정이 대단합니다. 어제도 동네에 생강을 얻으러 갔다가 술까지 얻어먹고 벌건 얼굴로 돌아왔어요. 이 마을에선 일단 남의 집엘 들어갔다 하면 뭐가 됐든 얻어먹고서야 나올 수 있어요. 마을 할머님들을 저희는 '어머니'라고 부르는데요. 혹시라도 어머니가 분교에 방문하시면, 아내는 반드시 악수를 하고 안아드려요. 소녀처럼 순진한 면이 많은 아내라서, 어머니들이 무척 좋아하시죠."

원덕식 "불편한 점이 없진 않았어요. 어머니들이 불쑥불쑥 아무 때나 찾아오신다는 거요. 어머니들은 걸음소리도 안 나거든요. 고양이처럼, 문득 소리 없이 등장하시는 거예요. 다음부턴 기척 좀 하고 오세요, 그렇게 살짝 당부를 드렸어요. 음, 그 점 빼고는 불편한 게 전혀 없었어요."

교사(校舍) 내부를 단장해
작업실과 전시장, 서재를 꾸렸다.
지금은 자못 어엿한 모습인데,
여러 해 동안 안간힘을 다한 결과물이다.

봄이 오면 새싹처럼 다시 생기를 찾는 시골 어머니들

전통적으로 유목사회와 달리 농경사회 구성원들은 본능적으로 내 땅, 내 영토에 관한 질긴 집념을 갖고 살아왔다. 공동체 의식도 발달했다. 외지인이 끼어드는 게 달가울 리 없다. 여기에서 '텃세' 문제가 야기되지만, 토박이들의 자존심을 심히 건드리는 전원 생활자들의 무신경하고 비사교적인 위세가 갈등을 일으키는 경우가 다반사다. 믿을 만한 소식통들에 따르면, 무례를 범하지만 않으면 텃세에 걸려들 일이 없다는 게 아닌가?

화가 부부도 같은 얘기를 하고 있다. 산골에 들어와 비로소 미더운 인정과 도타운 풍속을 누린다는 것. 예술을 한답시고 외돌아 앉아 오불관언으로 처세했다면 미운 털이 박혀도 야무지게 박혔을 것이다.

요즘 미美의 트렌드는 동안童顔이라 한다. 그렇다면 주목하시라, 화가 부부를. 가진 것 없이 폐교에 들어와 죽자 사자 몸을 써 미화작업을 거듭하였으니 별안간 팍 늙었을 게 정한 이치겠으나 웬걸, 두 사람 다 오월의 연둣빛 나무처럼 청순하다. 중년의 얼룩을 찾아보기 어려운 낯빛이다. 특히 홍조가 감도는 아내 원덕식이 보유한 동안은 가히 작품이라 할 수 있다. 어떤 조물주의 협찬에 의한 것인지는 알 수 없으나, 세월의 농간에 거뜬히 대적할 만한 뭔가 특별한 피부를 선사받은 것으로 보인다. 만면 가득 살갗처럼 정착한 낙천적이고 순한 그녀의 미소로 보자면, 태연하거나 태평한 마음이 결국 동안으로 귀결한 것 같다는 생각도 든다.

한마디로 인상적으로 인상이 좋은 동안 부부다. 어떻게 보면 허술하고 만만한 분위기라서, 그게 오히려 이웃들과 단박에 물꼬를 트게 한 힘이 되었을 수도 있겠다. 이 부부는 폐교에 들어와 오로지 작품에 진력할 작정이었다. 그러나 약간 길이 달라졌다. 주민들과 동아리를 이루어 마을의 문화와 예술을 싹 틔우는 공동체 운동을 펼치고 있는 것. 이들은 '지역특성화 문화예술 교육', '생활문화공동체사업'이라는 프로그램으로 관의 지원을 받아 자신들의 지향을 실천하고 있다. 교사 안에 공동 작업장과 전시장을 꾸며 개방했다.

노정옥 "가령 '소여리 역사창고 만들기'라는 타이틀로 지명이나 구전, 전설에 스민 마을의 역사를 작품으로 형상화하는 식의 작업을 하고 있습니다. 마을에 이정표나 조형물도 설치할 거예요. 모든 활동을 주민과 함께 해나가고 있죠. 아직 소수에 불과하지만, 마을 어르신들이 직접 그림을 그리고, 글을 쓰고, 전시회를 엽니다."

"부부의 눈에 비친 마을 어르신들의 삶은 어떤가요? 평안들 하십니까?"

노정옥 "어머니들은 다들 건강이 좋지 않으십니다. 그러나 여전히 들일에 매여 살죠. 전동 휠체어를 타고 밭에 나갑니다. 아휴, 너무 힘들게 사시는구나, 무모한 삶이구나. 그런 생각도 들지만, 봄이 오면 새싹처럼 다시 생기를 되찾는 모습에 뭉클합니다."

원덕식 "새벽에 들에 나갔다가 밤늦게 귀가하는 일상, 저렇게 힘든

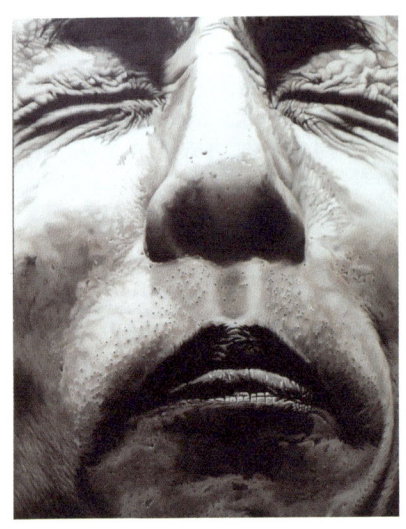

원덕식은 주로 인체와 초상을 그린다.
사실적인 기법으로 캔버스에 가득 차게
그린 인물상이 인상적이다.
다른 사람의 초상화지만,
자신의 자화상과 다르지 않다고 한다.

원덕식의 작업실. 그녀는 개인전과 다수의 단체전을 치른 바 있다.

일을 어떻게 하시지? 얼굴은 쪼글쪼글하고, 온몸엔 벌레 물린 자국이고, 굳이 저렇게 사시지 않아도 될 것 같은데……. 절절한 마음이 들어요. 안쓰럽죠."

"비록 고달픈 삶일지라도, 농사일로 평생을 살아온 분들이야말로 이미 자연 생태에 동화된 존재들 아닐까요? 육화된 나름의 지혜도 믿음직하고……."

원덕식 "어머니들의 외형마저 아름답다는 생각이 들어요. 이분들은 외모를 전혀 가꾸지 않는데도 아름다워요. 어머니들의 모습을 작품 소재로 많이 끌어들이고 있죠. 어머니들의 삶을 개성 있게 승화시킨 작품을 하고 싶어요."

사소한 것에 감동하는 특별한 시간들

타고르에 따르면, 예술가는 자연의 주인이자, 연인이며, 노예다. 사람 또한 자연의 일부라는 점에서 작가는 사람을 바라보는 일에 집착하게 마련이다. 또한 천체망원경으로 달의 분화구를 뚫어져라 들여다보는 천문가처럼 유심한 눈으로 오목조목 섬세하게 관찰한다. 폐교에서 살아가는 나날들 속에서 부부는 산골 어버이들의 동향과 정서에 애틋한 감정을 느낀 것 같다. 그런 감정이 무르익어 창작의 질료가 되는 걸까? 작품은 많이 했을까?

원덕식 "처음엔 학교를 다지는 데 많은 시간을 썼지만, 이후 작품에 몰두했어요. 그림을 그리다 보면 잡념이 없어져 좋아요. 자연과 함께하기에 차분해져요. 사색이 깊어져요. 삶을 돌아보게 돼요. 예전 서울에선 뭔가에 수동적으로 끌려가며 작업했지만, 여기선 달라졌어요. 새로운 생각들이 자주 떠올라요. 작품하기에 아주 좋은 환경이죠. 그러나 경제적으로는 힘들었어요."

"적게 벌어 적게 쓰는 것, 소박한 생활이라는 것, 그게 어느 정도 가능하다는 게 시골살이의 장점일 수 있겠죠?"

원덕식 "산골에서 돈도 없이 뭘로 먹고살아? 팔리지도 않는 그림을 뭐하러 그려? 그런 눈총들이 많죠. 지나치게 현실적인 잣대를 들이대면 흔들리고 위축되기도 하지만, 현실에 끌려가지 않으려 노력해요. 지치지 않고, 포기하지 않고 끝까지 가겠다는 신념, 그게 견고하다면 그림 작업은 물론 뭐든 잘할 수 있을 것 같아요."

노정옥 "현실적인 문제들을 무시할 순 없겠지만, 최소화시키는 게 중요할 것 같습니다. 거품을 빼고 사는 삶, 그게 필요하다고 생각해요."

"현실적 욕망이 강한 작가들이 먼저 되고 빨리 가는 건 아닐까요?"

원덕식 "저희에게 돈욕심은 없어요. 하고 싶은 일을 평생 함께할 수 있다는 것, 서로 응원하고 기댈 수 있다는 게 만족스러워요. 그런데 여기 산골로 오면서 치열함이 없어졌어요. 경쟁할 수밖에 없는 도시에선 치열했지만, 눈으로 보고 느낄 게 많지 않은 이곳에서는 안일해진 면이 있어요. 이게 산골에 사는 단점이겠죠. 박 선생님은 어떻게 생각하세요?"

"그게 다 핑계라는 생각이 듭니다. (웃음) 도시에 있건 산골에 있건 무슨 상관이겠어요?"

노정옥 "저희 부부가 여립니다. 서울에서 학원을 운영하기도 했는데, 아이들과 정이 많이 들었어요. 아이들을 생각하면 지금도 미안해져요. 정든 기억에 사로잡히는 것이죠. 사실 이 마을에 들어와서 어른들과 깊은 정이 들었어요. 여길 떠나볼까, 하는 생각도 잠시 해봤지만, 정 때문에 그럴 수 없을 것 같아요."

"여기서 작업이 잘 안 되면 다시 도시로 돌아가면 되지 않아요?"

원덕식 "여기에 정착할 생각이에요. 어머니들과 듬뿍 정이 들어서도 그렇지만, 사람을 보듬어주는 자연을 느끼며 사는 게 만족스러워요. 도시에선 좀체 만나기 힘든 새소리, 물소리, 달과 별, 숲과 적막, 이런 것들이 고민들을 순간에 잊게 해줍니다. 작업이나 일로 힘들었던 하루가 저물고 깜깜해져 운동장에 나가면 뭔가 반짝이는 게 있는데, 바로 별들이에요. 둘이서 초롱초롱 빛나는 별을 바라보면, 순식간에 고민이 사라져요. 고민과 다툼이 있었더라도 자연을 바라보면서 안정을 얻어요. 작은 것들에 왜 집착할까, 그런 반성도 하고요. 이게 치유라는 걸까요?"

자연과 귓속말로 속삭이다 보면 고민도 찰나에 사라지고, 소소한 것들에 대한 집착도 가볍게 놔버릴 수 있다는 소식을 전하는 화가의 낯빛에 자족감이 서린다. 삶이란 때로 허깨비의 춤을 닮아 도로徒勞의 연속일 수 있다. 그러나 자연의 동향에 민감하게 반응하는 사람의 내부에선 따뜻한 생각들과 대범한 태도가 움직인다. 풀꽃 하나

초원처럼 너른 운동장을 손잡고 걷는 부부. 동화 속 정경을 닮았다.
산과 나무들의 초록과 하늘의 푸름이 싱그럽다.

저만치 쓸쓸하게 나앉은, 그저 낮은 자리에서 스멀거린 생각들을 급기야 높은 곳까지 밀어올릴 수 있다.

노정옥 "산색도 계절도 민감하게 변한다는 걸 산골에서 경험하곤 하죠. 사소한 것들에 감동할 수 있다는 게 얼마나 특별한 경험인지요. 풀 한 포기가 소중해지고, 봄꽃을 기다리게 되고……. 자연 풍경들과 가만히 대화하며 여유를 찾습니다."

"두 분은 언제 어디서고 항상 손을 잡고 다닌다죠? 신혼도 아닌데, 왜 그러시나? (웃음) 사랑이 넘쳐 순수한 부부라는 느낌에 사실 마음이 찡합니다. 각자 배우자의 매력이나 흠을 고백해 보실래요?"

노정옥 "아내는 우선 매우 예쁩니다. (웃음) 그리고 차분해요. 저는 좀 산만한 편인데, 아내의 차분함에 빠져들어 자극을 받습니다. 차분함이라는 게 내면의 힘을 건져 올리는 능력이라 보는데, 아내의 그런 면이 좋아요. 그림도 대작 중심이고, 유행에 휘둘리지도 않고요."

원덕식 "남편은 섬세하고 다정해요. 상상력도 풍부하고, 얘길 재미있게 해서 심심하지가 않아요. 욱하는 성질은 좀 있지만, 독한 게 없어요. 요리도 잘하고, 무엇보다 늘 내 편이라는 게 고맙고 좋아요. 음, 동적인 면이 약하고, 너무 정적이라는 게 단점이라면 단점일까? (웃음) 아무튼, 자연이 주는 안정감 같은 걸 남편에게서도 느낍니다."

화원에서 자란 꽃이 초원에 핀 꽃보다 아름다울 수는 없다. 허영과 강박이 없는 자연 속의 삶은 야생의 향기를 뿜게 마련이다. 소중한 사람 어디로 사라질세라, 항상 손을 꼭 잡고 살아가는 화가 부부의 배경에 순수한 향훈이 서린다.

콩 볶듯 요란한 새들의 노래가 창밖에서 자지러진다. 새들의 질투인가, 갈채인가.

홍천 백구산 자락에 사는 목수
이정섭

나무에 대한 고정관념을 거부하는
무뚝뚝한 일벌레

시가 안 되는 사람이 시를 쓰려면 얼마나 힘들겠어요.
시적 함축에 곤란을 느끼는 사람이라면 산문을 써야겠죠.
시가 되지 않는다면 수필이라도 쓰겠다는 생각으로 가구를 만듭니다.

목수 이정섭(45세)은 강원도 홍천 백구산 기슭의 후미진 산골에서 12년째 살고 있다. 서울대 미대를 졸업한 그는 젊었던 한때 서울에서 화가로 살았다. 지하철에 실려 일터와 집을 오가며 밥을 버는 군상들을 소재로 한 '지하철 2호선'이라는 타이틀로 개인전을 펼치기도 했다. 그러다가 돌연 그림도 서울도 팽개치고 산골로 이주, 목수로 변신했다.

청춘이란 대체로 쫓기는 운세를 달고 산다. 불안한 미래에, 소동과 불화로 점철되는 사회에, 억압된 꿈에 짓눌리기 십상이다. 그렇다고 범이 무섭다고만 할 수 있나? 범이 쫓아오지 않는 삶이 무슨 재미가 있겠는가? 이정섭은 산골짝에 들어앉아 나무를 자르고 다듬고 붙여 가구 만드는 일에 전념했다. 되는 것도, 이루어지는 것도, 얼어지는 것도 별무했던 그림과 싹 작별하고서였다. 애당초 집 짓기에 관심이 쏠렸으나, 가구를 만드는 쪽이 돈도 되고 삶을 돋울 가망성이 높을 거라 판단했다.

이정섭의 판단은 빗나가지 않았다. 목수로서의 존재를 부각하는 데 오랜 시간이 걸리지 않았던 것. 알아주는 호감들, 알아보는 눈들, 알려주는 입들이 그를 추켜세웠다. 그가 운영하는 공방 '내촌목공소'는 호사가들 사이에 입소문이 나 명품 브랜드로 발돋움했다. 불철주야 가구 만들기에 쏟은 공과 품, 집중된 근로, 날렵한 머리와 학벌이 성과를 끌어냈을 것이다. 작업장에도, 전시장에도, 나무향이 자욱해 그윽하다 못해 아찔하다. 해서, "정갈한 여인의 향기가 아니고서야 무엇으로 이 은근한 나무향에 필적할 것인가" 하고 슬쩍 농을 던져보는데, 정작 이정섭은 무표정하다. 아직 시동이 걸리지 않은 엔진처럼. 조용한 나무토막처럼.

나무 안에는 도도한 자연의 순환이 있다. 우리가 겨울나무를 바라보며 봄을 예감하고 희망을 노래하는 이유가 여기 있으며, 그런 점에서 나무를 좋아하지 않는 사람은 흔치 않다. 목수는 여느 사람들보다 나무에 대한 애호가 깊을 것이며, 나무를 남으로 여기기는커녕 나의 동행으로 간주하기 십상이다. 이정섭 역시 예외가 아니겠지 했으나, 나무에 함빡 매료돼 나무라는 소재를 붙안고 사는 건 아닌 모양이다.

"나무라는 재료에 특별히 관심이 많아 착안한 건 아니었어요. 나무나 자연에 익숙한 건, 목수인 저보다 아마도 산을 좋아하는 사람

이정섭의 거처이자 작업장인 '내촌목공소'는 해발 300미터의 외진 산속에 있다. 이곳에 터를 잡은 건, 풍광이 썩 괜찮고 비교적 땅값이 쌌기 때문이었다고 한다.

들이겠죠. 그렇다면 난 왜 나무를 좋아할까? 그걸 생각해봤는데, 김형경이라는 작가가 이런 말을 했더군요. '유전자 속에 각인된 그 무엇 때문에 인간들은 나무를 좋아한다.' 그 얘길 듣고 그럴싸하다고 공감했습니다."

"유독 나무를 좋아하는 취향 같은 게 있진 않다는 이야기?"

"사람들이 일반적으로 나무를 좋아하는 정도에서 더도 덜도 아닙니다. 나무라는 소재의 장점은 다루기 쉽다는 점에 있어요. 금속이나 콘크리트를 다루자면 훨씬 어려운 공정과 기계설비가 필요하죠. 물론 나무라고 쉽지만은 않아요. 목재도 숨을 쉬고, 따라서 까다로운 과정이 필요하고, 디자인 작업이 만만치 않으니까. 그 어려운 요

목공실 곳곳에 나무며 연장들이 가지런히 정돈돼 있다. 이정섭 특유의 성향이 엿보이는 구석이다.

소들이 목수에겐 작업하는 맛과 재미로 다가오지만요. 아무튼, 저는 지나친 나무 예찬을 경계합니다. 쉽게 가공할 수 있는 재료일 뿐이에요. 오직 나무를, 제가 가장 좋아하는 소재라고 할 수 없다는 거죠."

"선생이 만든 가구는 매우 비싸요. 왜일까요? 호두나무 식탁 하나가 천만 원을 호가하더군요."

"제가 생각하기에 비싼 건 아닙니다. 훨씬 더 비싸야 해요. 비싼 활엽수 원목 가격, 아이디어, 스태프들과 목공소의 존재 비용까지 따지자면 결코 비싼 게 아니에요."

장식적 형태가 싫어 반미학적 가구 추구

식탁 하나가 만들어지기까지는 수많은 공정이 필연이다. 나무를 잘라 밑그림을 그리고, 세우거나 엎거나 눕혀서 톱으로 썰고, 자귀로 깎거나 맞추거나 다듬어야 하고, 대패로 밀어야 하고, 막판엔 칠을 입혀야 한다. 애당초 나무를 구해 건사하는 일부터, 갖가지 연장을 벼리는 일까지 고스란히 근로다. 게다가 작업장에 공기처럼 촘촘히 떠도는 먼지를 종일 뒤집어써야 한다. 성가신 게 한둘이 아니다. 그래서 남들이 비싸다 타박하는 건, 목수에겐 뭘 모르는 허언이기 쉽다. 천만 원짜리는 잘 팔릴까?

"별로요. 한 달에 한 개 정도 나갑니다. 우리 사회는 질質에 대한 비용을 다른 데 써요. 재산을 증식하거나 자녀 교육에……. 강남 부유충이 제 가구를 선호한다고 알려졌지만, 사실과 다릅니다. 디자이너나 대학교수 같은 전문가 집단이 주요 고객이죠."

"고 김수근 선생의 작품으로, 국내 현대건축 중 베스트로 꼽히는 공간 사옥에 이정섭 가구가 들어가 있어요. 스위스의 세계적인 목제 침대 브랜드 '휘슬러 네스트'와 손을 잡기도 했고요. 목수 이정섭의 기술력이 거둔 성취인가요?"

"가구는 반도체가 아닙니다. 기술력은 그다지 중요한 변수가 아니라는 거. 누구나 목숨을 걸고 하면 못할 게 없어요. 중요한 건 태도의 문제죠. 책임감을 강하게 가져야 해요. 그리고 좋은 원목을 써야한다는 점도 관건이죠."

"목수 김진송에 따르면 좋은 나무, 나쁜 나무가 따로 있는 게 아니라고 합디다. 나무의 개성과 쓰임에 맞추면 모든 나무가 좋은 원목이라던데."

"그럴 리가요. 10년 넘게 목수 경험을 하면서 좋지 않은 목재도 많다는 걸 알게 됐어요. 쉽게 썩거나 휘어지거나 불에 약한 나무, 구조물의 하중을 견디지 못하는 나무를 좋다고 할 순 없지 않겠어요? 일테면 국내산 소나무는 가장 좋지 않은 목재죠."

저런! 소나무가 불량목재? 흔히 사람들은 소나무의 우수성을 예찬한다. 특히 금강송의 경우, 살아서 천 년, 죽어서 천 년을 간다 하지 않던가. 단단해서 좀체 썩지 않고, 갈라지거나 휘지 않으며, 묵을수록 질기고, 해충에도 강하다고들 한다. 이정섭의 관점에, 그건 다 오해 아니면 편견이다.

"소나무밖에 없었으니 소나무를 썼을 뿐이죠. 전통 한옥의 누樓를 보세요. 썩어내린 경우가 많습니다. 금강송은 종種이 아닙니다. 수백 년을 자라며 나무의 세포가 죽어 송진이 내부를 채운 나무예요. 한마디로 관솔 덩어리죠. 소나무 자체가 값싼 나무에 속해요. 침엽수 특유의 한계를 자명하게 드러내죠. 최고의 목재는 북미산 활엽수, 즉 호두나무·참나무·물푸레나무 등등인데, 저는 그것들을 수입해 씁니다. 불행하게도 한국의 기후풍토 속에서 활엽수는 거목으로 자라질 못해요."

살림채로 자리를 옮겨 탁자에 마주 앉아 커피를 마신다. 창밖엔 성성한 초록숲, 실내엔 역시나 나무향이 진동한다. 탁자는 바윗덩이처럼 듬직하다. 의자 또한 쇠로 만든 물건처럼 무거워 의젓하다.

"이정섭의 가구는 '미니멀의 극치'를 구현한다는 평이 있어요. 과연 단순한 디자인이 인상적이네요."

"저는 장식적 형태가 싫습니다. 오히려 반미학적 가구를 추구하죠. 가령, 멋 부리지 않은 글이 더 좋지 않던가요?"

"'바탕質이 허울文보다 앞서면 거칠어진다.' 공자의 말이에요. 기교를 배격하는 건 옳지 않다는 말씀이죠."

"물론 비례나 균형, 그에 따른 미감. 이건 가구의 본질적 조건입니다. 간과할 수는 없어요. 실용성보다 우월한 요소라서……. 다만 지나치게 꾸밀 건 없다고 생각해요. 가구를 만들어 사람의 마음을 움직인다는 건 쉬운 일이 아닙니다."

"가구도 예술인가요?"

이정섭의 가구는 '미니멀의 극치'를 구현한다는 평판이다.
간결하면서도 야무진 의자의 모양새에서 그의 지향을 짐작할 만하다.

"세상의 가구는 누구나 만들 수 있어요. 저는 목수일 뿐입니다. 시가 안 되는 사람이 시를 쓰려면 얼마나 힘들겠어요. 시적 함축에 곤란을 느끼는 사람이라면 산문을 써야겠죠. 저 역시 마찬가지예요. 어떤 경계에서 시가 되지 않는다면 수필이라도 쓰겠다는 생각으로 가구를 만듭니다."

"목수 이정섭, 많이 알려진 이름이 되었어요. 이름난다는 거, 드러난다는 거, 불편하진 않은가요? 고요한 성격의 소유자로 느껴져서 묻는 얘깁니다."

248

"다 먹고살자고 하는 짓 아니겠어요? (웃음) 저는 그저 제 페이스대로 갑니다. 이왕 시골에 들어왔으니 뭔가 주민들에게 도움을 주는 모범사례가 되고 싶어, 공동사업을 열심히 기획하고 실천하고 그랬어요. 그러나 사실은 적절히 한발 빼고 지냅니다. 그들과 나는 어차피 가치관이 다르니까요."

단순하고 즉자적인 성격, 나이 들수록 혼란 커져

내촌은 오랫동안 깜깜한 오지에 속했다. 하지만 둔갑이라 할 정도로 확실히 변하고 있다. 새가 건너고 바람이 고즈넉이 수면을 흔들며 지나던 강물 양안에 알록달록한 전원주택과 별장, 펜션, 야영장이 들어섰고, 도로공사까지 연달아 벌어져 난장판에 가깝다. 허공을 당실당실 떠가는 구름만 유유하다. 세상일은 좌판을 깐 당신네들끼리 알아서 해결하라는 투로.

언젠가부터 자연을 삶의 원형, 혹은 자연에 순응하는 삶을 웰빙으로 여기는 도시민들이 늘면서 산골로 유입되는 인구가 불었다. 그러나 토박이들의 습속과 질서를 제대로 인식하지 못한 채 이주한 사람들의 삶은 흔히 고립에 빠지며, 마을에 잔존한 미풍美風까지 덩달아 파손한다. 이른바 전원주택이 창궐한 지역일수록 모순과 갈등이 중층적으로 심화되기도 한다. 이 판국에 으스러지는 건 인정이나 인심. 이정섭의 얘길 들어볼까?

"산골에 그나마 남아 있는 풋풋한 인정에 기대를 거는 사람들이 있지만, 정교한 판단은 아니죠. 세상 사람 거의 전부가 냉혹하고 부도덕한 자본 논리에 덜미를 잡혀 살아가는데, 일각에 남아 있는 인정이 무슨 의미가 있겠어요. 잔존하는 인정을 통해 위선적 위안을 얻으려는 생각 자체를 버리는 게 나을지도 몰라요. 우리 사회는 이미 너무 기울어 있습니다. 소외된 자들에게 그냥 그대로 살아라, 그렇게 노골적으로 밀어붙이는 세상이라고 해야 하나?"

"극소수지만, 귀촌으로 자발적 가난을 추구하는 사람들이 있죠. 대안일 수 있을까요?"

"뭔가 가능성을 타진하는 움직임은 충분히 의미 있겠죠. 그렇다고 자본의 논리를 부정할 것도 없다고 봅니다. 어쨌든 세상은 나선형의 바퀴처럼 돌고 돌겠죠. 매사 한결 진지한 성찰을 해야 하는데, 저는 단순하고 즉자적이에요. 나이 들수록 혼란이 커지네요."

"사는 게 별 재미없다는 표정이에요. 오늘만 그런가? (웃음)"

"타고나기를 그런데 어쩌겠어요. (웃음) 개인적으로 전 재미라는 걸 부정합니다. 크게 재미있을 일이 뭐란 말인가요. 그렇다고 재미를 추구하며 사는 사람을 욕할 것도 없겠죠. 다만 그게 대안은 아닐 거라고 생각해요. 과연 어떻게 사는 게 잘 사는 걸까요? 인간이 과연 잘 살 수 있는 존재이기나 할까요?"

"나무에게, 자연에게 물어보면 답이 돌아오려나요? 무위자연無爲自然은 애호하지 않을 테지만요."

"뒷산을 한 번도 제대로 오른 일이 없습니다. 가만히 있는 게 좋아서. 그러나 자연이 좋다는 걸, 시골이 괜찮다는 걸 새소리·물소리·

살림채 앞마당에
풀들이 웃자란 채 방치된 건
손볼 시간이 없어서다.
차라리 자연스럽게
싱싱한 경관이다.

바람소리에서 느끼며 삽니다. 분업 시스템이 인간을 파편화하는데, 그게 비교적 적은 사회가 시골이기도 하죠."

시골에서 귀를 열게 하는 새소리, 물소리만이 자연의 진품은 아니다. 적막을 견디며 혼자 자라는 나무의 동향을 통해, 고독으로써 차라리 난관을 능히 타넘는 단서를 발견할 수도 있다. 또한 사람과 마찬가지로 식물들이 비와 햇살의 협찬을 받고서야 존재할 수 있다는 사실에서, 모든 생명의 값이 두루두루 하늘 아래 동등하다는 걸 자각할 수도 있다.

이정섭은 일벌레다. 뒷산에 올라 보들레르처럼 숲의 스멀거리는 동정을 관찰하는 여가를 누릴 겨를이 없다. 시골생활의 별미는 한가하게 빈둥거리는 데도 있지만, 그는 일 외의 여타 활동을 나태의 징조로 보는 것 같다. 말하자면 그는 공복空腹을 느낀다. 고픈 배는 나중에 채울 수 없는 법. 가구 만드는 일이 양에 차지 않아 요즘은 집을 짓는다. 소목小木에서 대목大木으로 전환했다. 대목은 집 짓는 목수이니 물어보자. 좋은 집이란 무엇을 말하는 걸까?

"집이란 안전한 피신처입니다. 골치를 썩이지 않는 집, 인간에게 해로운 화학성분을 뿜지 않는 집, 춥지 않은 집이 좋은 집이죠. 그런 기본을 충족시키기 위해, 저는 방한을 위한 수입창호 등 일단 최고 수준의 자재를 써요."

"과거의 집들은 대충 다 추웠죠. 그러나 끄떡없이 잘 살았어요. 크고 좋은 집을 바라는 사람들의 허영과 허세가 극에 달한 건 아닌가요?"

"문화가 달라졌지 않나요? 게다가 집이 단순한 주거수단이 아니라 재산가치로 기능하는 세상이잖아요."

"크고 폼나는 집인들 영영 집일 수 있을까요? 작으나 크나 결국은 사라질 거푸집인 것을. 당신처럼 똑똑한 목수가 왜 작고 소박하고 야무진 집을 추구하지 않죠? 소박을 추구하는 사람들이 환영할 텐데."

"그건 국가의 몫이지 개인이 할 수는 없는 일이에요. 그런 쪽에 관심을 갖다 보면 거지되기 십상이고. (웃음) 제게는 삶의 무게랄까, 그런 것에 애써 둔감하려 하고 외면하려는 성향이 농후합니다. 제가 왜 이렇게 됐는지 모르겠어요. 목수세계엔 명장 명색으로 활개를 치는 사기꾼도 있습니다. 공정한 잣대를 들이대자면, 이 판은 아예 없어져야 옳아요. 하지만 현실은 다르죠."

진즉에 청춘을 경유하고 도발과 충동의 소용돌이를 단숨에 통과해 어떤 노련한 종점에 도착한 사람처럼, 이정섭은 시니컬한 언설로 기민하게 세상을 읽는다.

"얘기를 듣고 보자니, 당신이 소신에 찬 목수로서 집 짓기에 집중하는 것인지, 비즈니스를 즐기는 것인지 분간이 안 되네요? (웃음)"

"온통 집중하는 건 아닙니다. 다만 제게 주어진 일을 제대로 하자는 생각을 갖고 있어요. 저를 세상에서 가장 바쁜 사람으로 여기는 눈들이 있지만, 바쁠 건 없습니다. 시간을 보내는 저의 방식일 뿐이죠. 그런데 사람이 어떤 일에 집중한다는 게 가능한가? 목숨을 걸다시피 할 일이 있겠는가? 그럴 필요가 있느냐, 그 말입니다."

"왜 없겠어요. 연애에 한 번쯤 목숨걸지 않는다면 그게 사람일까? 당신은 미혼이에요."

"아직도 청춘이시군요. (웃음) 저는 연애 생각만 해도 머리가 지끈거려요. 인간의 요구와 욕망, 그걸 교류해야 하는 상황에 놓이는 게 용납되지 않아요. 결혼은 왜 하죠? 겨우 그 정도의 사회적 장치로 돌아가는 게 세상인가요? 내가 정신적으로 문제가 있나? (웃음) 전요, 인간의 간섭이 싫습니다."

밖에서 기다리던 사람들이 간섭받기 싫어하는 남자를 데려간다. 사람의 간섭에서 놓여날 장사가 있을까? 생활이란 진부하되 멈출 길이 없다. 밀려드는 파도에게 멈추라 명령할 수 없듯이.

진천 산골에 사는 판화가
김준권

자연과 생명은
죽을 때까지 작업의 화두

―――

*산다는 게 하루하루의 반성과 총정리의 연속 같아요.
그래봤자 뭐가 뭔지 여전히 모를 일이어서, 스스로 낮아지긴 해요.
이제 팔짝팔짝 뛸 나이는 아닌 걸 알 순 있어요.*

산골짝으로 가는 길이 환하다. 희거나 노란 봄꽃들이 초롱처럼 밝아서. 어느 시인은 꽃 핀 나무들의 괴로움을 노래했지만, 무릇 피어남이란 완전한 절정이라서 눈부시다. 겨우 흙 한줌 움켜쥐고, 하늘 아래에 저 홀로 생겨나 저 홀로 저를 키워 드디어 꽃망울을 터뜨리는 봄나무를 다시 여겨보지 아니할 도리가 없다. 꽃향은 오솔길 내내 물살처럼 남실거린다. 길의 끝, 헌칠한 산 둔덕에 들어앉은 목판화가 김준권(60세)의 거처도 꽃대궐이다. 충북 진천군 백곡면 사송리다.

김준권은 투쟁적인 판화를 그리며 지난 한 시대를 통과했다. 민중미술운동의 전위에 섰던 것. 미술교사였던 그는 전교조 활동을 하다 해직되기도 했다. 시대의 질곡과 맞붙었던 당시, 그의 그림은 일테면 무기였다. 과도한 정치권력과 비루한 뺑튀기 체제에 대한 저항의 칼이었다. 그는 민중미술협의회 사무국장과 상임집행위원을 맡기도 했다. 이후 군사정권이 쫓겨날 즈음 서울을 떠나 진천으로 내려왔다. 그게 22년 전의 일. 그의 얘길 들어볼까?

"속된 말로 종대를 멘 시절이 꽤 길었어요. 사회운동이나 문화운동 차원의 그림을 그리며 이른바 상근활동을 했는데, 한마디로 봉사활동이었다고 할까. 열심히, 할 만큼은 했어요. 시골로 내려온 데엔 자연에 관한, 뭔가 원초적인 충동이 없지 않았을 겁니다. 1980년대에 민중운동을 했던 사람들에겐 자연이나 생명에 대한 존중 같은 게 있을 거예요. 근원적인 질서의 세계니까. 그런데 제 경우엔 한결 절박한 현실적 필요로 시골에 내려왔는데요. 뭐냐면, 작업공간이 필요했어요. 판화작업이라는 게 의외로 공간을 많이 잡아먹어요. 도시에서는 공간을 확보하기 어렵더라고요. 산골이 아니고 도시에서라면, 무슨 수로 널따란 작업공간을 마련할 수 있겠어요."

"많고 많은 촌 가운데 여기 진천의 산골을 점찍은 이유라도 있나요?"

"제가 그림을 위해 사생을 많이 하는데, 그 바람에 전국을 돌아다녔어요. 그러다가 이곳 백곡과 인연이 됐죠. 첫눈에 그냥 좋습디다. 정이 가더라고요. 이곳이 말이죠, 참 허름한 동네입니다. 전국 어디건 면 소재지엔 다방이 있게 마련인데, 여기엔 그런 게 하나도 없어요. 낙후되었죠. 그게 좋더라고요. 아하, 뭔가 있는 동네겠구나, 그런 생각으로……"

"구미에 맞았다?"

"그렇죠. 허름하면서도 태연한 모양새가 맘에 들었어요. 혼자 들어앉아 작업만 해도 되겠구나, 굳이 주변과 어울리지 않아도 좋을 만한 촌이구나, 그런 판단이 섰어요. 사실 이곳에서는 주변에 휘둘려 생활을 낭비한 적이 거의 없습니다. 20년 이상을 살았지만, 구체적인 스토리가 별로 없어요. 그냥 묵상하는 수준으로 삽니다."

"혼자 자연을 노니는 거예요?"

"글쎄요. 자연이나 생명은 죽을 때까지 작업의 화두가 되겠지만, 그렇다고 여기에 앉아 완상이나 관상觀想을 즐기는 건 아니고요. 뭐랄까, 전 말이죠, 혼자 작업에 몰두하는 스타일이에요. 작업실에 틀

김준권은 판화작업에 전념하기 위해 일찌감치 산골로 이주했다.
그는 술도 사교도 자제한다. 작업에 방해가 되기에 그렇다.

어박히는 게 만족스러워요."

작가란 작품이라는 은하계에 망원경을 들이대고 탐색하는 존재다. 가급적 방해받거나 간섭받을 일을 만들지 않으려 한다. 작업실 지붕을 뚫고 쏟아진 별똥별이 발등에 떨어진다면야 모를까, 어지간한 잡사엔 염을 두시 않는다. 소풍도 풍류도, 뒤로 미룬다. 오직 작업으로써 자신의 심장을 뛰게 하고, 살아 있음을 깨닫는다. 제 작업에 광적으로 몰입하는 버릇이 있는 부류의 경우를 두고 하는 말이다.

"작업에 방해될 일들은 아예 외면하고 지냅니다. 그린다는 일, 이건 은퇴가 없는 직업이에요. 만날 현역이라 죽겠슈! 우아한 시골생활을 할 겨를이 없어요. 어떤 화가는 산골에 살며 농사도 열심히 짓고, 동네 미술 프로젝트도 하고 그러는 것 같은데, 저는 그런 '꽈'가 아니에요. 그런 일에 큰 의미를 부여하지도 않고요. 텃밭농사도 보통 힘든 게 아닙니다. 농작물과 세세하게 호흡을 같이해야 하는데, 그게 꽤나 힘들어요. 주민과 어우러지는 공동체운동 같은 건 더더구나 제겐 어려워요. 그런 운동을 경원시하는 건 아니지만……."

"미술시장은 주로 서울을 중심으로 돌아가는데, 시골에서 외톨이로 살자면 그 점에서 불안이 클 것 같아요. 제가 알기로 판화가의 경우는 형편이 더 불리하고요."

"지금 살고 있는 이 집은 진천에 와서 세 번째 이사로 마련했어요. 처음 한동안은 상당히 어려웠죠. 셋집에 살며 막노동으로 돈을 벌었어요. 농번기엔 들에 나가 품팔이를 했습니다. 그러다가 그림이 좀 팔리기 시작하면서 막일을 그만두었죠. 그게 불과 10년 저쪽의 일이에

거처 1층에 있는 작업실이다. 매우 널따란 공간이다. 이 어엿한 작업실을 마련하기 전에는 생계를 위해 농막에 살며 날품을 팔기도 했다.

요. 농사일이라는 거, 노동이라는 거, 두말할 것 없이 신성하지만, 저의 판화작업 역시 고도의 노동입니다. 손에 굳은살이 팍팍 박여요."

밥을 벌어 날마다 목에 넣어야 명을 부지할 수 있다는 점에서, 인생이란 하루살이의 연속극이다. 생존을 위한 분발. 누구도 면제받을 길 없는 그 행로를 김준권은 몸을 다해 섭렵한 모양이다.

조선의 간서치看書痴, 즉 '책만 보는 바보'로 통한 이덕무는 가난하여 늘 배가 고팠으나 밥으로 채우기는커녕 내내 독서로 채웠다. 배가 고플 때 책을 읽으면 소리가 두 배는 낭랑해지고, 글에 담긴 뜻을 음미하느라 배고픈 줄도 모르게 되노라, 하였으니 책이 밥이었구나.

하지만 요즘 세상은 조선과 다르다. 아비가 시원찮아 궁핍에 몰리면 새끼들부터 반기를 들고 일어서며, 마누라가 덩달아 난리 블루스. 막노동으로 한 시절의 고난을 넘어섰다는 김준권의 양상을 미루어 짐작할 만하다.

농막에 살며 날품도 팔아

그의 거처는 어엿하다. 수려하다. 터는 넓고 조경은 방정하며, 이층집은 방대해서 청소할 일이 갑갑할 지경이렷다. 바람이 창가에 다가와 톡톡 무시로 노크하지만, 오직 판화를 새기고 파고 찍는 일에 매진한다는 그의 귀엔 별반 감흥이 없다. 날이면 날마다 홀로 고요하게 도사려 작품을 만든다.

수염이 허옇게 자라 나이보다 늙어 보이는가 하면, 들짐승처럼 기민하게 움직이는 동태로 보자면 여전히 들썩이는 청춘 한 자락을 내장하고 있을 것 같은 이 사람은, 큼지막한 집에서 혼자 지낸다. 아내는 서울에 있다. 외롭진 않을까? 포근한 품이 그리울 텐데.

"원래부터 집에 들어가는 일이 드물었어요. 민중운동을 하던 그 시절엔 늘 모의를 하느라 밖에서 지내는 일이 많았죠. 여느 부부들처럼 오순도순 살질 못했어요. 좋은 가장은 아닙니다. 그래도 아직 이혼 얘긴 안 나왔슈. (웃음)"

"화가에게 결혼이란 거추장스러운 짐일 수 있겠다, 무책임한 만행일 수 있겠다, 그런 생각이 방금 반짝 들었어요. (웃음)"

목판에 밑그림을 그리고 칼로 새긴 뒤, 판 위에 화선지를 올려놓고 물감이 스미게 인(印)을 한다.
혹독한 노동과 인내를 요구하는 작업공정이다.

"결혼생활이란 진부하고도 힘겨운 것이라서……. 맞아요, 동감입니다. 제 식구 하나 제대로 간수하지 못하면서, 경제적으로 공간적으로 책임도 지지 못하면서 뭐하고 있는지……. 제가 반성을 많이 합니다."

"평소에 매사 돌아보며 반성을 많이 하는 편인가요?"

"산다는 게 하루하루의 반성과 총정리의 연속 같아요. 그래봤자 뭐가 뭔지 여전히 모를 일이어서, 스스로 낮아지긴 해요. 이제 팔짝팔짝 뛸 나이는 아닌 걸 알 순 있어요. 혼자 관조할 나이가 됐으니까. 여전히 팔짝팔짝 뛴다면 철이 없는 거겠죠."

반성이란 뒤를 돌아보는 눈길의 움직임일 텐데, 우리의 눈은 뒤통수에 달려 있지 않은 탓에 아예 뒤가 없는 것처럼 착각하며 한사코 앞만 전망한다. 그러나 인간사에 남겨진 모든 고귀한 정신은 반성의 산물이다. 지성도 지혜도 반성의 산물이며, 예술의 모색과 도발도 반성의 토대 위에서 이루어진다. 자아를 관리하고 부양하는 기법 역시, 대체로 반성이라는 자기검증 시스템을 가동함으로써 얻어진다. 날마다 그림을 그리는 김준권이 날마다 반성을 한다면, 그의 그림은 반성일지인가?

그는 전교조 운동에 가담한 죄목으로 해직되는 불운을 겪었다. 이후 복권이 되었고, 그 길로 복직할 수 있었지만 안중에 두지 않았다. 당시 그는 기묘한 반성을 강요받았는데, 그게 비위에도 생리에도 맞질 않았던 것.

"그때가 김영삼 정부 시절이었어요. 반성문을 쓰고 들어오라더군요. 반성할 쪽이 누군데 이러지? 웃기지 말아라, 그런 반성은 죽어도 못해, 난 안 들어갈래, 그랬어요. 당시에 대충 복직했다면 시골 농막에서 날품을 파는 식의 고생 없이, 그냥 화가흉내를 내며 살았겠죠."

"전교조에 관한 요즘 생각은 어때요?"

"잊어버린 지 오래됐어요. 일방적인 서구 지향의 교육에서 벗어나자는 것, 인간화 민주화 내지 민족교육을 하자는 초기의 출발은 참 좋았죠. 화두는 잘 던졌으나, 마무리가 잘못됐다는 정도의 생각을 합니다."

"요즘 관여하는 단체는 없나요?"

"단체 활동에 흥미가 없어요. 그렇다고 아예 등질 일도 아니라서, 돌아가는 분위기 파악은 해요. 그런데 잘 모르겠더라고요. 가령 왜 민예총인지, 뭐하자는 건지를. 작가는 작품으로 말하고 행동하면 그만입니다. 작품상의 궤적이 중요할 뿐이에요. 제가요, 후배들에게 매우 엄한 선배로 알려져 있어요. 작업량 없는 후배들을 만나면 막 내지르니까. 너 치약 쓰는 것만큼도 물감을 안 썼지? 넌 입으로 그림 그리지? 빈둥거리는 꼴을 못 봐요. 손에 굳은살이 박이지 않았으면, 그것 역시 비난합니다. 죽기 살기로 몰두하는 게 화가의 본분이라고 생각하죠. 교수나 교사로 일하며 화가흉내를 내는 사람들, 전 한심하게 바라봐요. 그렇게 겸업을 해서 그림이 될 리 없으니까요."

"그림은 오직 노력의 산물인가요? 고시공부처럼?"

"지극한 수련이 필요하죠. 끝까지 가봐야 뭐가 나올 겁니다. 그래서 작업량이 중요해요. 물론 인문학적 소양은 필수고요. 작업량으로 따질 때, 한국에서 저만큼 많이 그린 화가도 드물걸요."

줏대에 찬 호언이다. 열렬한 몰두가 결국은 길이라는 얘기. 미쳐야狂 미친다及는 소신. 다작多作만이 첩경이라는 것.

그가 손바닥을 좌악 벌려서 보라, 내민다. 옹이 진 등걸처럼 굳은 살 박인 손이 그는 스스로 떳떳하다. 중등 미술교과서에 실린 자신의 판화그림을 펼쳐 보이며 거듭 기세를 올린다. 그러더니, 갤러리를 보실래요? 하며 앞장서 이끈다.

원시인으로, 아날로그적으로 살고 싶어

잘 꾸려진 갤러리 안에 수많은 판화작품들이 걸려 있다. 그는 채색목판화로 저력을 과시하는 화가이다. 일본 아타치판화연구소, 중국의 노신미술학원 등지에서 수인水印 판화를 공부한 그의 작품은, 마치 수묵산수화처럼 담백하고 은은하다. 고도로 세련된 기교가 한눈에 느껴진다.

"제가 작업하는 판화의 특징이 뭐냐면, 일반 회화와 달리 화畵 30, 각刻 30, 인印 30으로 이루어진다는 점이에요. 영감이나 직감으로 밑그림을 아무리 잘 그려도, 이후의 각과 인, 그 고통스러운 과정은 독毒 그 자체예요. 지겹도록 힘들어요. 고행이랄까? 그 빤한 작업과정을 끊임없이 반복해야 하니까. 그래서 어디 가서 퍼질러 앉을 시간 여유가 없슈. 술도 안 마셔요. 시간 깨지는 거 아까워서."

"그 힘든 걸 그토록 부지런히 하는 이유는 뭐람?"

김준권은 거의 전적으로 자연을 주제로 다룬다.
고도의 기교가 요구되는 다색판화의 달인이라는 소리를 듣기도 한다.

"(한참 생각하다가) 업이겠죠. 그 외에 달리 잘할 수 있는 것도 없고."

"판화라는 장르의 매력이 뭔가요?"

"지겨워 죽겠는데 매력은 무슨……"

"(웃음) 그럼에도 열심히?"

"업이라니까요. (웃음)"

"매우 결례되는 얘기시만, 이 멍청이가 보기에 선생의 판화는 묘하게 건조해요. 온갖 성찬이 차려진 밥상을 받았지만, 정작 손맛은 느껴지지 않는 것처럼. 탁월한 기교 내지는 형식이 내용을 압도해서일까요?"

"그게 요즘 고민입니다. 관심사예요. 그러나 난 그냥 원시인으로, 아날로그적으로 살래요. (웃음) 더 늙기 전에 작품을 많이 해야겠는데, 점차 힘이 빠지고 있어요. 그 역시 고민이죠."

눈뜨면 일변 보이는 게 나무며 숲일 수밖에 없는 산중이다. 김준권의 작품에 들어앉은 소재 역시 주로 숲이거나 나무거나, 물이거나 산이거나, 두루두루 자연 풍경이다.

일찍이 사람들은 숲을 일러 하늘이 만든 책이라 했다. 자연을 일컬어 신이 갈아입는 옷이라 했다. 무한한 상징과 은유를 내포하고 있는 자연을, 김준권은 자신의 언어로, 판화로 새겨 다시금 상징과 은유의 숲으로 환치한다. 산림을 애호하는 취향의 그는 일찌감치 많은 산들을 돌아다녔다.

"아마 안 가본 산이 없을 거예요. 그렇다고 산악인처럼 산을 오르는 건 아니라서, 가령 예전엔 지리산을 가더라도 빨치산 역사를 염두에 두고 올랐어요. 그런데 요즘은 다릅니다. 조선인의 감성 7할쯤은 산에 의해 길러진 게 아닌가 생각해요. 산이라는 대자연 안에서 인간이 만들어진다는 걸 알 것 같아요. 산에 안겨 살아가는 필부들의 에피소드도 빨치산 못지않게 의미심장하다고 느끼죠. 산 굽이굽이 서린 사람들의 애환과 스토리에 관심이 많습니다. 그런 점에서 고산자 김정호를 좋아해요. 그가 그토록 우리 산야를 누빈 것도, 결국은 삶의 '애환'을 보듬기 위해서 아니겠는가 싶더군요. 고산자의 대동여지도에 나타나는 회화적 성취도 놀랍고……"

"자연에 묻혀 오래 살다 보면 뭔가 내면적인 변화가 온다는데, 정말 그런가요?"

"글쎄요. 젊을 적 도시에 살면서는, 달리는 말을 더욱 빨리 달리도록 눈을 가리듯 나 자신을 채찍질했어요. 그렇게 매사 내가 나를 기획하고 세상을 기획하고 살았는데, 지금은 그게 건방진 태도였다는 생각이 듭니다. 어떤 면에서는 지금 더 이기적인 인간이 됐어요. 매사 나를 중심에 놓고 생각하니까. 그런데, 그렇게 살다 보면 오히려 실수가 줄어들던데요. 내게 쓸모 있는 것이라면 남에게도 쓸모 있을 것이고……. 저는 뭐 그 정도예요. 내공이 대단한 인간이 아닙니다. 위대한 작가도 아니고, 그저 생활작가에 가까워요."

"그림 외에 심취하는 일이 있다면요?"

"골프요! 태국으로 골프여행을 가기도 해요. 자연을 망가뜨리는 골프장을 왜 드나드느냐, 그런 욕을 먹기 십상이지만, 골프가 지닌 마초적 문화가 취향에 맞아요. 제게도 마초성이 있어서. 골프를 통해 합법적으로 마초짓을 할 수 있죠."

꽃샘바람인가. 변덕스런 초봄이 바람에 취해 휘청거린다. 꽃 떨어지겠다. 피기도 전에 꺾이는 꽃은 언제 사랑을 하나. 창밖엔 마초 바람, 실내엔 마초남男.

경주 남산 기슭에 사는 한국화가
박대성

불편 속으로 들어가라!
그게 자연의 순리이니

한쪽 팔이 없는 불편으로 전전긍긍한 시절이 길었지만, 불편을 감내하며 길러진 자생력으로 어느덧 자유로울 수 있었어요. 불편은 외팔이 아니라 미성숙한 정신과 태도에서 온다는 것을 깨달았죠.

낙락장송 휘늘어진 숲 사이 오솔길. 길 저편 산의 상부로는 얼핏 가을 단풍이 흥건하지만, 솔가지에 가려 눈여겨볼 게 없다. 그저 초록이 싱그러운 송림 안통이다. 수묵으로 화폭을 채우는 화가는 솔의 푸름을 무엇으로 은유하나. 푸름 너머 어떤 비밀을 보나.

오솔길 모롱이에 화가의 집이 있다. 숲에 둘러싸여 있으니 낮이나 밤이나 소나무를 스친 맑은 바람소리 찰랑거릴 게다. 산이 보이고, 나무가 주렴처럼 늘어지고, 인적이 드문 처소다. 한국화가 소산小山 박대성(71세)의 산방.

소산을 만나기 전 귀로 얻어들은 게 있다. 중졸 학력을 끝으로 세상에 나온 그는, 세상 자체를 교실로 삼았다. 그리고 독공으로 수묵화의 외길을 걸었다. 국전에서 여덟 차례 상을 받았고, 1979년 중앙

미술대전에서 대상을 수상했다. 호암미술관의 첫 전시작가로 초대되기도 했다. 화려한 이력이다. 그의 작품은 현재 수묵 미술시장에서 최고가로 거래된다.

화가의 집치고 소산의 거처는 외관상 밋밋하다. 겉치레 없이 담박하다. 살림채와 작업실을 겸하는 이층집 한 동이 있고, 그 옆댕이에 작품 수장고가 붙어 있다. 작업실 안으로 들어서니, 소산이 다탁 앞에 돌부처처럼 좌정해 있다. 탁자 위엔 추사의 화첩 한 권. 제자가 커피를 내오자 소산이 걸쭉한 목청을 돋워 주문한다.

"막걸리도 한 통 가져오소!"

소동파가 말했다지? 술이란 시를 건지는 낚싯바늘이며, 시름을 쓸어내는 빗자루라고. 난데없는 낮술을 얻어 마시게 된 나는 은근히 들뜨는데, 소산이 술병을 가리키며 병뚜껑을 열라고 청해온다.

"내가 팔이 하나 없소!"

소산의 왼팔은 의수義手다. 네 살 때, 한국전쟁 와중에 팔 하나를 잃었다. 아버지 등에 업혀 피난을 가다가, 어디선가 날아온 총탄에 왼팔을 상실했다. 그가 어려서부터 밥 먹듯이 겪었을 캄캄한 고독을 짐작할 만하다. 집안 형편도 옹색했다. 그럼에도 일찍이 붓을 잡았다. 외팔로 삶에 가담하여 밥을 벌기엔, 그나마 붓이 방책이라는 집안 어른들의 유도 덕분이었다.

그는 일찍이 일곱 살 때부터 그림을 그리기 시작했다. 어른들의 독려가 아니더라도 마치 노리개에 빠진 아이처럼, 용케도 스스로 지필묵紙筆墨을 즐기며 소년기를 통과했다. 그게 외골수 그림 인생의

넓은 작업실에 박대성이 돌부처처럼 좌정해 있다. 그러나 그의 호는 겸허하게도 작은 산, '소산(小山)'이다. 그러나 작품에 관한 한 하늘을 찌를 것처럼 기세를 돋운다. 남은 세월동안 기어이 "추사를 때려잡겠다!"고 기염을 토한다.

시발이었다.

"세상에 화가라는 직업이 존재한다는 사실조차 몰랐어요. 집안 제사 때면 펼쳐지는 사군자 병풍, 그걸 보고 그림이라는 걸 그려 재끼기 시작했지. 그러나 그림만 그릴 형편은 아니었어요. 들에 나가 농사일을 해야 했고, 산에 올라 나무를 해야 했고, 똥장군을 짊어져야 했으니까. 그리고도 남는 시간을 틈타 그림을 그렸어요. 몸에 핸디캡이 있으니, 어느 한 가지 쉬운 게 없었지. 그런데 말이오, 이 난감하게 불편한 조건들이 결과적으로 내겐 복이었어. 부족함이 오히려 행운이었던 거요. 불편이라는 것처럼 경이로운 게 다시없지."

'불편'이 지름길이라는 얘기다. 불편한 외팔로 세상의 모든 삼각

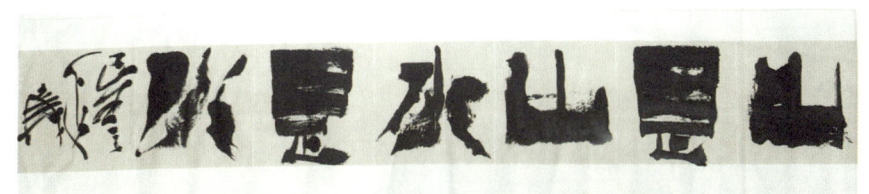

소산은 신라의 명필로 '해동서성(海東書聖)'이라 불린 김생을 추사 못지않게 존앙한다. 김생이 남긴 글씨를 수도 없이 모사해 몸 안에 들였다. 전통적이면서도 현대적인 그의 빼어난 서예는 그런 과정을 통해 구현되었다.

파도와 맞닥뜨렸을, 한 사람의 생애를 감도는 절절한 애환이 맘에 집히건만, 그럼에도 존재를 번쩍 들어올린 늠름한 활보가 놀랍건만, 정작 그는 담담하게 불편을 예찬한다. 지금의 거처를 짓기 이전, 그의 집엔 '불편당'이라는 당호가 붙어 있었다. 불편이란 차라리 은전이니, 불편으로써 정신의 집을 삼아 사노라는 통기였을 테지.

"불편을 직시하면 참다운 정신세계가 보입니다. 편리와 불편, 이게 극과 극이지만, 우리가 지나치게 편리를 추구한 나머지 감당 못할 지경까지 가버린 게 아닐까? 회복불능 상태에 이른 게 아닐까? 선지식들의 삶을 보면, 하나같이 불편 속에서 길을 찾았어요. 평범한 우리네도, 그렇게 살면 평화롭고 안정된 정신상태를 유지할 수 있을 겁니다."

"사람들은 흔히 불편에서 한시라도 빨리 벗어나려 합니다. 그렇다면 그건 어리석은 짓이라는 말인가요?"

"쇠를 예로 들어볼까요? 좋은 쇠가 나오려면, 수없이 많은 담금질 과정을 거쳐야 합니다. 사람도 마찬가지예요. 고뇌를 거쳐야 하죠. 육체적 편리함을 줄여야 해요."

"불편한 상황 속으로 일부러 들어가는 게 좋다?"

"내가 나를 유배 보낼 수 있어야 합니다. 쇠의 담금질처럼, 감옥에 들어가는 것처럼, 내가 나를 불편 속에 몰아넣어야 해요. 물질에 길들여진 편리가 궁극적인 안정을 가져다줄 수 있을까요? 오직 물질을 얻기 위해 모두가 광분하는 이 지독한 경쟁사회가 정상일까요? 불편하더라도, 덜 낭비하고 덜 각축하는 게 현명하지 않을까요? 기꺼이 불편 속으로 들어가는 일은 왜 사느냐, 어떻게 살아야 하느냐, 이런 문제와 맥락이 닿아 있습니다."

"현재 극한의 고통에 처한 사람의 귀엔 사치스런 관념으로 들릴 수 있겠어요. 일테면 위중한 환자라거나, 차가운 거리로 내몰린 파산자요."

"세상의 아름다운 것들은 고통 속에서 태어나지 않나요? 모과를 예로 들어보죠. 된서리를 맞아야 비로소 향기를 내뿜잖아요. 자연이 편리를 추구하던가요? 불편 속으로 간다는 건 결국 자연에 순응하는 일입니다. 그게 되면 극렬한 고통 속에서도 길이 열릴 거예요. 무엇인가 마침내 방편을 찾을 수 있겠죠. 내 경우는 지필묵으로 길을 찾았어요. 대자연이 주는 삶의 이치를 알아차리고, 그것으로 불편을 넘어 최대의 환희를 맛보게 한 매개체죠. 세상에는 공짜가 없습니다. 온갖 외로움, 고독, 절망으로 만신창이가 되고 나서야, 그리고 그걸 제압하고 나서야 뭔가 비로소 깨달음이 오는 거겠죠."

불편 혹은 고통이 삶을 건너게 한 디딤돌

이쯤에서 소산이 달마와 혜가의 예화를 말한다. 진눈깨비가 내리는 날, 혜가가 제자 되기를 청하고자 달마의 토굴을 찾아들었다. 야야! 도란 무엇이더냐? 달마가 물었고, 그걸 몰라 찾아왔습니다, 혜가가 답했다. 달마가 다시 물었다. 내게 붉은 눈을 보여줄 수 있겠는가? 그러자 혜가가 즉각 칼을 꺼내 자신의 팔뚝을 찰나에 내려찍었다. 눈 내리는 허공으로 후드득 붉은 피가 솟구쳤다.

두 선사의 괴이한 행장에 깨달음을 얻을 수 있는 노하우, 동양정신의 정수가 서려 있다는 게 소산의 생각이다. 팔 하나 없는 지체 부자유가 차라리 삶을 건널 수 있게 하는 디딤돌이라는 것, 팔뚝을 스스로 찍어내는 고통으로 정신을 일깨운 선객의 기행이 암시하는 바가 심장하다는 것이다. 백척간두진일보百尺竿頭進一步라, 벼랑 끝에서 한 걸음 더 내딛는 기세로 두려움 없이 투신하라는 독촉이다.

"나의 유년은 굉장히 불행했어요. 엄청난 가난 또한 길게 이어졌죠. 처절했지. 한쪽 팔이 없는 불편으로 전전긍긍한 시절이 길었지만, 불편을 감내하며 길러진 자생력으로 어느덧 자유로울 수 있었어요. 불편은 외팔이 아니라 사실은 미성숙한 정신과 태도에서 온다는 것을, 고통이라는 가시밭길을 통하지 않고는 내가 나를 발견할 길이 없다는 걸 깨달았죠. 그러한 깨우침이 인생의 초석이 됐습니다."

조금 전 작품 하나를 마쳤다. 지필묵의 그윽한 향이 코끝으로 풍겨온다.

"불편, 혹은 고통이 오히려 비결이라는 말씀이군요. 그렇다면, 경제가 어렵다고 아우성치는 요즘 상황은 절호의 기회일까요?"

"절호의 기회가 아니라 처참한 기회겠지. 요즘은 모든 것이 지나치게 넘쳐납니다. 먹고 입을 게 부족했던 과거를 생각하면 답이 나와요. 요즘 사찰음식이라는 게 유행하는데, 본시 절에 무슨 음식이 있겠어요. 굶는 게 사찰음식이지. 지나치게 많이 먹고 몸을 움직이지 않기 때문에, 정신에도 육체에도 병이 찾아오는 겁니다. 그 덕분에 늘어나는 건 병원이고……."

"밥을 먹더라도 실컷 먹어야 직성이 풀리고, 운전대를 잡으면 순식간에 야수로 변하고, 욕망을 남김없이 쓰는 일이 이미 추세가 되었죠."

"제도권 교육부터 달라져야겠지만, 초점은 자연의 섭리를 거스르지 않는 삶에 있을 겁니다. 일테면, 작은 땅 한 평에라도 채소를 심어 타성에 젖은 식생활과 관습에 매몰된 의식으로부터 탈피해야죠. 사과나무의 사과만 볼 게 아니라 사과를 생성한 실뿌리부터 살피는 삶, 본질과 기본을 관하는 눈, 불편을 감내하고 자연의 순리로 돌아가는 일상, 이런 게 대안이라면 대안이겠지. 다행히 사계절이 뚜렷하고 산이 많은 이 나라, 얼마나 좋아요. 이 좋은 토대에서 나만이 아니라 남과 이웃, 또 남의 나라까지 살피며 살아갈 수 있다면, 그게 바로 유토피아가 아니고 뭐란 말이오."

비가 오면 오는 대로 묵묵히 비에 젖는 소나무, 바람 불면 부는 대로 휘며 견디는 대나무, 옷 한 벌 껴입지 않은 채 겨울 설한을 버티는 산새……. 자연을 이루는 모든 생명은 시련과 장애에 굴하지 않고 어엿한 생태를 이룬다. 불편도 이치라서 이미 동화했거나 조화한 종들이 모여 사는 숲, 그 바깥에서 지지고 볶는 인간만이 오직 불편으로 보챈다.

소산은 허기진 욕망을 불편으로 채우는 게 상책이라는 신념으로 살아왔다. 불편을 으스러지게 껴안아 신체장애라는 불편을 넘고, 삶이라는 불편한 곡예를 딛고 선 이 노련한 불편의 사제는, 이제 무엇으로 자신을 불편 속에 몰아넣을까?

"지금은 불편도, 편리도, 그 어느 쪽도 아닙니다. 일테면, 물질이라는 거, 돈이라는 거, 참으로 어려운 문제예요. 나도 해답이 없어요. 가족이 있으니까. 다만 물욕에 휩쓸리다 보면 낭패를 보게 마련이라는 것. 자연에 순응해 사는 게 처음엔 불편하지만, 어느덧 길들여

지면 그게 진정 편리하다는 것. 그게 조화로운 삶이라는 것. 그런 걸 또렷이 알 뿐이죠."

편리를 추구하는 욕망, 그 헛된 고삐를 자연으로 돌리라고 재차 권한다. 아마 부처나 노자도 일찍이 자연에서 배웠을 것이다. 예수 역시 말했다. '들의 백합화를 보라.'

추사를 때려잡기 위해 죽는 날까지 붓 쥐고파

막걸리병 하나가 다시 탁자에 오른다. 소산은 애주가다. 천천히 오래 마신다. 작업실은 넓고 간소하다. 벽면엔 대작들이 걸려 기운을 뿜고, 실내 가득 묵향이 스멀거린다. 절간처럼 정적만 내려앉은 이곳에서 그는 불철주야 그릴 테지. 물인 양 구름인 양 한가하게 노닥거리는 일을, 그의 성정은 허하지 않는다.

소산은 그림과 더불어 서예도 한다. 화畵와 서書, 모두 경지에 올랐다. 수묵의 달인이자 명필이다. 그러나 서예는 도약의 방편일 뿐. 서예를 통해 그림의 격을 높이겠다는 작정이다. 두루두루 섭렵하면 넓이가 보이고, 새로운 눈을 얻으면 깊이가 보인다. 그는 대만에서 공부할 때 송·원·명 대의 중국 산수화의 원류를 보고 개안했다고 한다.

미국에 머물 때도 비슷한 계기가 있었다. 그가 붓을 휘저어 일순간 시원하게 그려대는 걸 본 미국인 교수가 "엑설런트!"를 연발했다는 것. 이때 소산은 또 개안했단다. 이후 그는 현대미술의 난리법석에서 초연하게 벗어나 전통으로 더욱 몰입했다. 평자들이 흔히 말하듯, 그의 수묵화는 전통의 바탕에 현대적 풍색을 가미, 매우 탁발한 화풍을 구현한다.

"그림은 나의 언어입니다. 나를 표현하고 남들과 소통하는 데에는 그 무엇보다 그림이 빨라요."

"그리는 일은, 흔히 하수에겐 고역이지만 고수에겐 신명이라죠?"

"과거의 초기엔 지극히 고통스러웠어요. 하지만 그 터널을 통과한 지금은 환희 쪽으로 흘러가고 있습니다. 보통 여자들의 산통産痛에 예술을 견주지만, 화업이란 구멍조차 없는 산고産苦예요! (웃음) 그러나 내겐 그 구멍이라는 게 만들어졌어요. 이젠 하고자 하는 언어가 내 손끝에서 나와요. 이는 테크닉이 아니고 정신이라. 작품을 하다 보면 삼신할매나 샤먼이 내 안에 들어온 게 아닌가 싶을 때가 있습니다. 신명이 고도로 발달한 순간이라고 할까. 접신상태 같은 거, 황홀경, 그런 경지에 빠져요. 붓을 잡은 건 나지만, 정작 그림은 신명이 그린다는 실감 말이오."

일찌감치 소산은 중국 회화사에서 가장 신비로운 인물로 통하는 팔대산인八大山人에게 심취했다. 팔대산인은 고난과 가난, 광기어린 파행을 평생 몸에 달고 살았던 기재奇才. 멸망한 명나라 왕실의 후손다운 절망감을 붙안고 처절하게 천하를 떠돌았다. 그리고 그림을 팔아 얻은 푼돈으로 간신히 끼니를 해결했다. 유래를 찾기 힘든 간결함의 극치에 도달한 그의 충격적인 수묵화는, 일테면 다리가 하나밖에 없는 새의 그림에서 알 수 있듯이, 자신의 통절한 초상이자

서예와 그림은
본래 하나라는 게
동양화의 전통이다.
서예 속에 그림이 있다는,
또는 서예로써
그림의 격을 높인다는 게
소산의 생각이다.

절규였다. 소산이 팔대산인에게 매료된 까닭을 헤아리기란 어렵지 않다. 또한 고통으로 삶을 개화開花하고 고난으로 예술을 반석 위에 올린 추사 김정희를 사무치게 애호하는 내력을 충분히 이해할 수 있다.

"중국에 팔대산인이 있다면 우리에겐 누가 있나? 바로 추사요. 추사가 늘 그립습니다. 추사는 단순히 천재에 그친 게 아니라 성인이었어요. 하늘이 점지한 인물 아니었을까? 세계를 통틀어, 추사의 광활한 정신세계와 예술적 높이를 능가하는 사람을 찾기 어려워요.

치열하게 쓰고 열렬하게 그린다. 소산이 붓을 처음으로 손에 쥔 건 일곱 살 때였다.
이후 붓으로 삶과 꿈을 그리며 한평생을 달려왔다. 이제 붓이란 그의 몸과 거의 다를 바 없다.

「세한도」나 「부작란」 같은 작품을 보세요. 전무후무하지 않나요?"

"추사를 생각하면, 제주도에서 귀양살이를 하던 그가 다 쓰러져가는 움막에서 홀로 엄동설한을 견디던 모습이 떠오릅니다. 병든 몸으로 사시나무처럼 삭풍에 떨면서도, 지팡이를 짚고 허리를 곧추세운 자세로 방바닥에 앉아 밤을 지새웠다는 겁니다. 그런데 추사의 「세한도」가 독창적인가요? 당시 중국 화가들 그림에 비슷한 작품이 많던데요."

"중국 묵객들이 「세한도」를 많이 그린 건 사실이에요. 그러나 그들은 추사의 그림에 놀라자빠졌습니다. 추사의 「세한도」는 아무도 따라갈 수 없는 걸작이오. 추사가 스물셋 나이에 중국 연경을 갔는데, 당시 청나라의 대석학이었던 옹방강과 사제의 연을 맺었어요. 그걸 보더라도 그의 실력을 능히 짐작할 수 있죠."

"소산과 추사는 무엇이 다르지?"

"감히 추사의 정신세계를 따를 수 있을까? 기예로는 그에게 다가갈 수 있겠지. 그러나 시적 상상력, 다시 말해 문기文氣는 미치기 어려워요. 그렇다면 이를 어쩌나. 내가 말이오. 죽는 그날까지 붓을 손에 쥐겠다는 이유가 뭐냐면, 추사를 때려잡겠다는 것, 그 때문이오. 하하핫!"

"앗!"

"아직은 갈 길이 멀지만, 언젠가는 기어이 이루고 가야 하지 않을까? 그게 후손된 자의 덕목일 겁니다. 부처를 이루려면 부처의 목을 베야 하는 법. 그게 그렇게 어려운 일도 아닐 거요. 물론 쉬운 일도 아니지만……. 누군가는 했는데, 나는 못한다? 그럴 리가. 이게 망발 같지만, 때로는 오만한 태도도 필요하리."

추사를 때려잡겠다! 탕탕 기세를 돋우는 소산의 눈빛이 숫제 들짐승이다. 사냥감을 노려 깃털을 곤두세운 송골매처럼, 도무지 견딜 수 없는 허기를 '추사'라는 철벽을 통째 삼켜 채우겠노라, 세찬 의지를 토로한다. 추사의 도도한 서권기書卷氣와 방대한 문사철文史哲, 그리고 절망을 넘는 웅장한 항해술은 차라리 전설이지만, 소산의 우렁찬 포부에는 신명이 서려 있다.

벌써 밤인가. 소산이 밥 먹으러 시내에 나가자며 앞장선다. 달빛 어렸나? 어둠 속에서 솔잎이 반짝이며 수상쩍게 술렁거린다.

4

몰입

자연이라는 춤

....

포항 비학산 자락에 사는 선화가 허허당 스님 놀자! 노는 일 외에 무엇을 더 하랴
장수 신무산 자락에 사는 시인 유용주 밤새워 마시거나 밤새워 쓰거나, 그게 산중의 일
나주 죽설헌에 사는 화가 박태후 한평생 나무에 미쳐 살아, 나머지는 몰라!
괴산 피거산 자락에 사는 금속공예가 고승관 에고의 사막을 홀로 건너는 고독한 예술가의 분투
청도 비슬산 자락에 사는 화가 권기철 자연에 대한 애호는 취향이 아닌 본능
양평 용문산 자락에 사는 소설가 김성동 꿈에서도 써, 관 뚜껑에 못질할 때 따져다오

포항 비학산 자락에 사는 선화가
허허당 스님

놀자!
노는 일 외에 무엇을 더 하랴

―――

깨달음이란 아무것도 특별한 게 없음을 깨닫는 것입니다.
일상 속의 특별함을 보지 못하고,
깨달음을 뭔가 특별하게 여기는 건 망상이죠.

그는 깊은 산골 개울가에 홀로 산다. 포항 죽장면 비학산 자락 산방山房에 은거했다. 승려 신분이기에 눌러앉은 그 자리가 바로 법당이겠으나, 절집의 치레가 전혀 없다. 몰려다니는 걸 좋아하지 않으니 어디에 소속된 바가 없고, 바람이나 물소리, 새소리의 방문을 환영할망정 오겠다는 사람을 반색하는 일이 없다. 내동 독거獨居를 추구하는 취향이라서 찾아드는 신도가 있을 리 만무하다. 말하자면, 없는 듯 있다. 쥐죽은 듯 고요하게 산다. 이런 삶에, 그는 설렌다.

비고 또 빈 집, 허허당虛虛堂(60세)이라는 법명은 그래서 아귀가 맞다. 고스란히 비었으니 허허 너털웃음이 적격이겠으나, 이 스님의 낯빛엔 적막이 감돈다. 저만치 허심으로 홀로 벗은 채 스산한 겨울나무를 닮았다. 그렇다고 주야간에 넋을 놓고 우두커니 앞산을 관람

하는 걸로 시간을 죽이는 식의 도락은 그의 방식이 아니다. 그의 손
엔 늘 붓이 들려 있다. 선화禪畵, 또는 불화佛畵를 무시로 그려댄다.
작업시간이 축날 걸 저어해 밥은 하루 한 끼만 먹는다. 그저 피카소
처럼 죽어라고 그려대는 것인데, 그린다는 표현은 그의 구미에 맞지
않다. 논다! 이렇게 되는 거다. 허허당의 진정한 스승은 부처도 공자
도 장자도 아니고, '놀자'다. 팔자 좋은 사람의 허풍 같지만, 그럴싸
한 가락이 있고 방식이 있다.

  그가 중이 된 건 열아홉 나이였다지. 인생이란 대체 어떻게 생긴
물건이란 말이냐, 일찍이 이런 당돌한 궁구가 있었단다. 해서, 속연
俗緣을 거두고 해인사에서 머리를 밀었다. 불가의 통신에 따르면,
한 사람의 출가는 누대에 걸쳐 집안에 복을 안기는 일이다. 그러나
뒤에 남은 피붙이들의 허탈을 무엇으로 보상하나. 게다가 그는 뜬금
없는 가출로 출가를 도모했다. 삭발한 뒤에야 양친을 뵙고 산문에
든 경위를 자백했다. 충격을 받은 어머니가 오열했고, 아버지는 묵
묵히 귀기울였다 한다.

  "제가 집안의 막내였어요. 그러니 얼마나 예뻤을까? 상심이 컸겠
지만, 아버지는 그대로 받아들이셨어요. 시장에 데리고 가 팬티 두
장, 양말 두 켤레를 사주시며 너의 뜻이 정 그러하다면 그렇게 해라,
하십디다. 그렇게 작별하고 돌아섰는데, 제가 슬쩍 뒤돌아봤더니 아
버지께선 돌아보지도 않더라고. 아비가 돌아보면 저 녀석 마음이 오
죽하랴, 그런 배려였겠죠. 이제 와서 생각하면 아버지가 큰 스승이
었소."

19세 젊은 나이에 출가해 어언 예순을 넘었으니 큰 절에 떠억 들어앉아 대접을 받을 만도 하지만, 허허당은 외진 산방에 홀로 머문다. 수행자란 써늘한 독거(獨居)를 본분으로 삼아야 한다는 생각에서다.

"그 뒤로 부모님을 다시는 만나지 않았나요?"

"어머니가 어느 날 해인사로 찾아오셨어요. 그러나 어머니를 보살님이라 부르며 내쫓다시피 박대했습니다. 깨달음 공부를 치열하게 하던 때라서, 오직 그 하나에 매달린 때라서, 펑펑 울며 산을 내려가는 어머니에게 별다른 감정이 없었어요. 지금 같으면 꼭 안아드렸겠지만, 당시엔 칼같이 법도를 지켜야 하는 수행승의 본분이 우선이라 배웠어요. 그 시절 해인사 방장이었던 성철 스님을 수발했으니 규율도 삼엄했고……."

성철이라는 맹수. 성철의 생활은 오두막처럼 소탈했으나, 수행엔 굶주린 사자처럼 치열했다. 제자를 가르치는 일에도 괴팍하고 화끈

했다. 게으름을 피우는 제자를 보면, "밥값 내놔라, 이놈아!" 꽝꽝 고함을 쳤다. 성철이 홧김에 내던진 놋쇠 향로를 머리에 뒤집어쓴 화상도 있었다지. 성철에 이르러선 불뚝성도 법음이라서, 그를 일컬어 '수행의 본'이라 한다. 허허당의 눈에 비친 성철은 어떤 사람이었을까?

"칼 같은 분, 서릿발 같은 어른이었죠. 수행사는 선인장과 닮았습니다. 끝없는 사막에 선인장 하나가 붉은 꽃을 피워 사막 전체를 붉게 물들여요. 수행자는 그렇게 혼자 싸늘하고 고독하게 머뭅니다. 성철 스님에겐 그런 면모가 있었어요."

"이성을 쫓아다닌다거나, 객기나 허영에 날뛸 열아홉 나이에 출가를 하셨네. 조숙했나요? 발심發心의 계기가 궁금해요."

허허당이 펴낸 그림 잠언집 『바람에게 길을 물으니 네 멋대로 가라 한다』이다.

"열아홉 나이가 절대 어리진 않습니다. 저에겐 어려서부터 묘하게도 존재 자체에 대한 의문이 많았어요. 나름대로 아주 절박했죠. 니체의 책에서도 영향을 받았어요. 가령 이런 문장, '벗들이여! 그대가 나를 배반한다면 나는 비로소 그대의 벗이 되겠노라!' 이게 무슨 뜻일까, 화두처럼 가슴에 꽉 박히더라고. 그러다가 불경과 부처의 일대기를 읽었는데, 부처라는 사람, 참 멋지다. 부처가 확철대오廓徹大悟 뒤 바라본 인생은 어떤 것일까. 부처처럼 살고 싶다. 그것으로 존재의 의문을 풀어보자, 그랬어요."

"젊은 수행자를 덮치는 난적은 애욕이라 들었어요. 선방에서 정진했으나, 하산 뒤 저잣거리에서 한 방에 깨지는 수가 있다고요."

"마음의 문제예요. 끊임없이 생각을 거기에 두면 마음이 일어날 수 있어요. 저도 여자와 자봤지만, 깨달음의 맛을 보고 나면 그 맛을 더 즐기게 되죠. 사람은 더 좋은 걸 하게 돼 있으니까. 누구나 애욕에 빠질 수 있지만, 저에겐 큰 문제가 아니었어요."

"깨달음이란 대체 어떤 묘한 경지이기에?"

"어려운 질문이에요. 그러나 굉장히 쉬운 얘깁니다. 깨달은 자는 더 이상 무엇에 이끌려 사는 게 아니라, 내 맘대로 자연스럽게 살아갑니다. 스승이나 제도에 걸리지 않고, 자신을 맘대로 가지고 놀아요. 내게는 그림의 세계가 바로 그 노는 세계입니다."

아무것도 특별한 게 없음을 깨닫는 게 진짜 깨달음

가진 게 없는 것이 무소유가 아니라 집착하지 않는 게 무소유라 들었다. 집착이 없다면 삶의 모든 것에 회의가 없어질 테고, 그게 바로 깨달음이라서, 바로 그쯤에선 내가 나를 공깃돌 놀리듯 맘대로 놀 수 있나? 하지만 불가에 전해지는 올드 뉴스에 따르면, 깨달음마저 쉬어야 깨달음이라고 한다. 이건 무슨 이치인가? 허허당의 얘긴

10평 남짓한 허허당의 산방에 꾸려진 차실 겸 작업실. 벽면에 걸린 대형 그림은 「화엄법계도」다.

이렇다.

"깨달음이란 아무것도 특별한 게 없음을 깨닫는 것입니다. 일상 속의 특별함을 보지 못하고, 깨달음을 뭔가 특별하게 여기는 건 망상이죠. '스님은 깨달았소?' 그리 묻는 사람들에게 이런 답을 합니다. 이미 다섯 살에 깨달았다고. 하하. 이게 무슨 말인가 하면, 다섯 살 땐 내가 울면 하늘이 울고, 내가 웃으면 하늘도 삼라만상도 따라 웃더라고. 언어도 시비도 선악도 몰랐던 그 나이엔 온전히 우주와 하나였던 겁니다. 이후 언어를 알게 된 여섯 살부턴 인생의 방랑자가 됐어요. 시비와 분별과 선악이 생기고, 생과 사가 분리돼 벌어지더라고. 쉰 나이를 넘기고서야 다섯 살 때의 모습을 되찾았습니다. 자연의 세계, 삼라만상의 숨소리에 내 존재 자체가 반응하면서 즐겁게 놀게 됐어요. 이것이 도道의 즐거움이죠."

이룬 바가 있으니 굳이 감출 바도 없으렷다. 허허당의 우람한 평설이 옴팡지게 늘어지는데, 스님 앞에 앉은 멍청이는 종작없이 사라진 다섯 살 무렵의 동심이며 천진을 무엇으로 복구하나, 아득하여 불현듯 끙끙거릴 수밖에. 들려오는 소식인즉 마음을 싹 비우란다. 뭘 비우란 말이냐, 마음 자체가 애초에 없는 물건이라는데…….

"마음을 비운다는 것, 가장 힘든 일이에요. 참선만이 가장 좋은 방법도 아니고. 오히려 끊임없이 자신을 지켜보기, 성찰, 양심의 소리 듣기. 이런 것을 통해 급기야 종교도 철학도 넘어 언어 이전의 세계에 도달하면, 그렇게 세계와 놀 수 있다면, 훨씬 아름다운 삶을 살 수 있을 겁니다."

"시중에도 산중에도 사이비 도사가 활보합니다. 스님들을 만나보면 저마다 홀연히 깨달았다고 해요. 깨달은 자와 깨닫지 못한 자는 어떻게 다를까요?"

"여기에 예화가 하나 있어요. 어떤 스님이 암자에서 공부를 하는데, 아침이면 물 긷고, 낮엔 나무 하고, 저녁이면 군불 지펴 밥을 짓고, 그렇게 3년을 살았어요. 그러던 어느 날, 나무를 하다 문득 깨달았네. 소문을 듣고 동네 사람들이 몰려왔는데, 그 스님은 여전히 물을 긷고, 나무 하고, 밥 짓고, 똑같은 생활을 하고 있더랍니다. 사람들이 물었죠. 도대체 뭘 깨달았느냐고? 스님의 답이 이랬어요. 전엔 하지 않으면 안 되는 일을 억지로 했고, 지금은 즐거워서 한다."

"그 스님의 행장을 보면 깨달음이란 그저 지혜, 또는 긍정의 경지 아니에요? 어차피 피할 수 없다면 즐겨라! 이게 더 쉽지 않나? 깨달음을 가르치는 불가의 전언은 때로 낡거나 어렵고, 모호한 정신주의로 들려요."

"맞아요. 누구나 할 수 있어요. 누구나 경지에 오를 수 있어요. 그러나, 욕심 없이 꾸준히 할 수 있다는 건 깨달음이 있고서야 가능합니다. 또, 깨달음이란 생사마저 초월합니다. 깨달아 생사윤회에서 벗어나지 못한다면, 죽어도 죽은 게 아니에요. 업식業識에 걸려 또다시 윤회에 떨어지니까."

윤회를 벗어나야 비로소 죽음다운 죽음을 맞이할 수 있다는 얘기다. 수행이란 죽는 공부이며, 이 난해한 공부를 시원하게 졸업한 승려에게 죽음은 하등 슬플 게 없다. 승려들의 다비식 때 낭송하는 염

배워서 그린 그림이 아니다.
피땀을 쏟아가며
혼자 익혔다.
이젠 내면에서 무르익어
저절로 그림이 톡, 꽈리처럼
터져 나온다고 한다.

불책의 끝 구절은 쾌활, 쾌활! 모든 근심 걱정에서 벗어났으니 얼마나 기쁘냐는 거다. 그래서 절에서는 죽는다는 소리 대신 '입적 入寂', 즉 '적막으로 들어간다'고 말한다.

"산 채로 죽어라! 저는 늘 그런 말을 합니다. 죽어서 죽는 것은 제대로 죽은 것이 아니고, 산 채로 죽는 게 온전한 죽음이라는 거. 이는 몸의 생사를 말하는 게 아닙니다. 몽상 망상 미망, 이런 걸 온전히 죽인 뒤에야 온전히 사는 것이고, 그런 후에 오는 죽음이야말로 제대로 된 죽음입니다. 그런 죽음이 곧 윤회에서 벗어나 우주와 합일하는 길이죠. 그걸 입적이라 하고요."

"그런데 말이죠, 혼자만 깨달으면 무슨 쓸모? 어떤 스님 한 분이 깨달음을 얻었다면, 그 스님은 이루어지는 바 없는 이 사회에 무엇을 보태게 되나요?"

"누군가 진실을 봤다, 깨달았다 했을 때는 이미 그 혼자만의 삶이 아닙니다. 반조返照라, 빛이 흘러나가게 마련이에요. 솔향이 번지듯이……. 세상 사람들이 덩달아 밝아지고 깨달음에 한 발 더 다가갈 수 있도록 길을 열어주며, 각성의 계기를 주게 돼 있어요. 한편, 인생이란 잘 노는 재미에 진수가 있어요. 깨달은 자에겐 일체 놀지 못할 게 없어요. 노는 재미 중 그림 그리기가 난 가장 좋아. 나 혼자 노는 게 아니라, 사람들과 함께 그림으로 놀아보고 싶어요!"

안에서 무르익어 톡 하고 터져 나오는 그림이 진짜

실내엔 그림이 빼곡하다. 벽 한 면에 수천수만의 동자상童子像을 그려 넣은 「화엄법계도」가 걸려 있다. 그는 30년 전부터 그림을 그려왔다. 깨달음의 경계를 느낄 즈음, 옳다구나, 그림으로 소식을 풀어보자, 그림으로 내 인생을 즐기고 놀자, 하고 덤벼들었다지. 처음엔 어떻게 그려야 할지 몰라 애를 많이 먹었단다. 그런데 서서히 눈이 떠지더란다. 배워서 그리는 건 당치 않다는 게 허허당의 생각이다. 내 안에서 절로 무르익어 톡, 하고 꽈리 터지듯 터져 나오는 그림이 진짜라는 것. 시인 미당은 마음에 쏙 드는 시를 쓰고 나면 당나귀가 풀밭에 뒹굴듯이 안방을 뒹굴었다는데, 허허당은 본인의 그림에 스스로 흡족해 내심 쾌재를 부른 모양이다.

허허당의 그림에 눈들이 쏠리기 시작했다. 독특한 선화라는 평판도 들었다. 바람에 실린 그의 이름이 멀리까지 날아가 유럽 전시회도 잦게 치렀다. 어느 유명 사찰에선 허허당의 작품 한 점을 1억 원에 사들였다. 그야말로 억! 소리 나게 큰돈이었지만, 목소리 나직한

수천수만의 동자상을 그려 넣어 「화엄법계도」를 완성한다.
동자상 하나를 그릴 때마다 염주알 하나를 굴린다. 말하자면, 그리는 일도 곧 수행이다.

이 스님은 그걸 한 달 안짝에 해치웠다. 살면서 알게 모르게 신세를 진 주변을 찾아다니며 몽땅 나눠줬단다.

수행자가 일부러 가난할 필요는 없지만 모름지기 담담하고 소박하게 살아야 한다는 것, 중이 노후를 걱정하는 건 깨닫지 못한 증명일 뿐이라는 것, 어디서든 공부하다 죽으면 그만이라는 것, 이게 허허당의 생각이다. 그의 통장 잔액은 늘 바닥이란다. 호텔 회장으로 있는 그의 형이 절을 지어주겠다고 했지만 고사했다.

"절이 너무 많아요. 그런데도 중들이 절을 짓느라 여전히 바쁘네. 종교인들은 정말 세상 사람들의 고마움을 알아야 합니다. 사람들이 세상을 지키지 않는다면, 내가 어떻게 이곳에서 편하게 그림을 그리겠어요. 그림은 그나마 내가 좋아서 하는 일이에요. 그러나 세상 사

걸음을 걷는 풍경은 무뚝하고 두툼하게 차려입은 청청당이 해보는 그저 무심해 보인다

람들은 하기 싫은 일을 하며 어렵게 모은 돈을 교회나 절에 갖다 주잖아요. 그걸 종교인들이 함부로 쓰면 되겠어요?"

허허당의 선화엔 동자상이 자주 등장하지만, 꽃과 나무, 새와 같은 자연계의 생명들도 무시로 다룬다. 한눈에 승려의 창작임을 짐작할 수 있는 구색과 풍색이 완연하다.

그런데 이 돌대가리의 눈에는 그다지 시원해지는 게 없는 그림이다. 해서 "답답하오, 스님 그림!", 이렇게 딴죽을 걸어보는데, 그런데 묘하구나, 그는 얼굴 붉히는 일 없이 싹싹하게, 얼마 전 노르웨이를 다녀와 그렸다는 근작을 주르륵 설명하는 것으로 화풍의 변모를 귀띔한다. 혹자는 스님 그림이 제대로 나오려면 장바닥을 굴러야 하오, 했더란다. 하지만 허허당은 산을 뜰 생각이 없는 모양.

"저자를 구른다고 뭐가 되는 건 아닐 겁니다. 원효 같은 사람이 있는가 하면, 의상 같은 사람도 있는 것이고……. 제가 큰 기쁨을 얻는 것은 온전히 혼자 있을 때예요. 대상을 통해 얻는 기쁨보다 내 안에서 우러나오는 기쁨 때문에 홀로 있는 것이지, 오직 산이 좋아 이렇게 사는 건 아닙니다."

세한歲寒의 창밖에 어둠이 짙어 철벽이다. 세상의 악다구니가 침범 못할 산방에 앉은 허허당은 그림자처럼 적막하다. 수많은 말들이 그의 입에서 튀어나와 나의 귓속을 통과했으나, 어쩐지 시종을 일관해 고요했던 사람. 이 느낌 아시겠는가?

장수 신무산 자락에 사는 시인
유용주

밤새워 마시거나 밤새워 쓰거나,
그게 산중의 일

*이곳 생활은 매우 단조롭습니다. 쓰고 읽고, 쓰고 읽고,
그런 일과의 연속이죠. 온종일 술을 마시는 경우가 많지만,
새벽 네 시면 일어나 책상 앞에 앉아요.*

3월 중순. 봄꽃들 다투어 피어날 시절이다. 먼 길을 달려 내려오며 산천에 자욱한 봄기운으로 감미로웠다. 이윽고 마을의 고샅, 언덕배기에 들어앉은 유용주 시인(56세)의 집에 들어서는데, 하늘에서 쏟아지는 게 있다. 느닷없는 눈이 내리는 게 아닌가. 춘설春雪이다. 갓 튀겨낸 팝콘처럼 탐스러운 함박눈. 수승한 산중의 물소리가 이미 오묘하건만, 눈까지 내려 점입가경이다. 호사스런 은전이다. 살면서 이렇다 할 선행을 베푼 일이 없는 자에게도, 하늘은 이따금 선심을 쓰시는 모양이다.

"아니, 이게 웬 일이요? 눈을 몰고 오시다니! 하하핫!"

유용주가 바윗덩어리처럼 푸진 몸을 흔들어대며 홍소를 터뜨린다. 그러더니 각설하고, 주방에서 과일주 술병 네댓 개와 안주를 들

고 온다. 나는 일찍이 이토록 순식간에 펼쳐지는 술상을 받아본 경험이 없다. 유용주는 만고에 못 말릴 술통으로 알려져 있다.

눈은 내리고, 술잔은 채워진다. 유용주의 목으로 술이 넘어간다. 춘설이 분분히 내리는 이 포실한 날에, 잔을 높이 들어 들입다 마시는 일 외에 달리 무슨 낙을 보랴. 그는 아마도 그리 생각하겠지.

그리고 그건 얼마나 타당한 발상인가. 풍진 세상, 덧없는 세월은 날강도를 닮아 우리네 새파랗던 청춘을 강의 하구에 처박았다. 식어가는 정신, 저무는 육신이 문득 쓸쓸하지 아니한가. 그렇기에 가끔은 한잔 걸치고 붉은 눈을 껌벅이며 허허로운 인생을 돌아보는 일이 사리에 맞다. 더구나 유용주의 과거사는 한바탕의 난투극을 닮아 굽이굽이 통절하다.

그의 아버지는 고향땅에서 알아주는 식자識者였단다. 반면 생활엔 속수무책이었다. 따개비처럼 들러붙는 궁핍을 면할 길이 없었더란다. 타의 추종을 불허하는 술꾼이었던 아버지 대신, 식솔의 입을 책임지던 어머니마저 병환으로 쓰러지면서 옴쭉 못할 벼랑 끝까지 밀렸다. 두 형도 누나도 살 길을 찾아 대처로 떠나갔고, 초등학교를 마친 열네 살짜리 유용주는 전남 보성의 어느 중국집 배달부로 팔려갔다. 밑바닥 잡초 인생의 서막이 그렇게 열렸다.

"당시는 제 키가 아주 작았어요. 자전거 페달에 발이 닿질 않았죠. 그래서 배달통을 들고 걸어서 짜장면을 날랐어요. 배달을 마치면 양파를 까고, 설거지를 하고, 밤 11시에도 주문이 오면 배달을 갔죠. 잠은 늘 부족하고, 무엇보다 배가 고파 힘들더라고요. 식당에서 일

유용주가 사는 곳은 금강 발원지 뜬봉샘 인근의 해발 500미터 산간 고지다.
사방으로 펼쳐지는 산천경개가 수려하다.

쓰거나, 읽거나, 혹은 마시거나, 이게 시인의 일상이다. 그러고도 남는 시간엔 산책을 즐긴다.

을 했지만, 어찌 그리 배가 고프던지. 손님들이 남긴 탕수육으로 허겁지겁 배를 채우기도 했는데, 먹어도 먹어도 배가 고프던데요. 맨날 울고 지냈어요. 너무 힘들어 하루는 도망을 쳤는데, 십 리도 못 가서 잡혀왔네."

"열네 살 어린 나이에, 가혹했군요."

"대전에서 식모살이를 하던 누나가 와서 빼내줬어요. 이후 대전에서 한 시절을 보냈죠. 식당 보이도 했고, 나무젓가락이나 휴지를 공급하는 가게에서 배달도 했고, 빵공장에서도 일했고, 술 배달도 했고……. 좌우간 어디서나 무지하게 얻어터지며 살았어요. 그러다 서울로 올라가 돈암동 금은방에서 8년을 일했는데, 거기선 안 때립디

302

다. (웃음)"

"서울이야말로 맹수들의 정글인데……."

"서울에 올라간 건, 어떻게든 공부를 하고 싶어서였어요. 야학에 다닐 수 있었죠. 정동제일교회가 운영한 야학에서 공부했어요. 그때가 열아홉 살. 중고 과정을 1년 반쯤 만에 검정고시로 마치고 입대했습니다만, 폭행사건으로 1년을 복역하면서 삶이 한껏 휘어지기 시작했어요. 육군교도소에 있을 때 아버지 부음을 들었죠. 모든 게 암담하고 괴로웠어요. 다시 사회생활을 시작했는데, 절망과 울분으로 날뛰었어요. 만취해서 종각 앞 8차선 대로에 큰대자로 눕기도 하고, 사람도 패고, 누구든 닥치는 대로 눈알을 부라리며 위협했어요. 활극이 많았습니다."

"자학?"

"위악僞惡이자 반기反旗였죠. 다만 죽고 싶었어요. 죽음을 생각하고 나니, 무서울 게 없더라고요."

두주불사하는 음주벽은 가문의 내력

뿔 달린 악마가 그를 옥죈 건 아닐 터였다. 입에 풀칠해 명을 잇는 일의 수고스러움, 등 뒤로 따라붙는 세상의 조롱과 폭력적 구조, 머리와 몸을 남김없이 쓰고도 계산이 서지 않고 희망이 보이지 않는 암울함 자체가 넘어서기 버거운 늪이었을 게다.

청춘 시절의 유용주는 그렇게 변경이나 사막에서 껍데기만 남은 인간처럼 휘청거렸다. 그러하니 종횡무진한 음주 역사는 차라리 합당한 변론의 장인가? 두주불사하는 그의 음주벽은 어쩌면 선친에게 받은 비장한 유산일지도 모른다. 가문의 내력이라는 것 말이다. 딸내미 역시 술 앞에선 사족을 못 쓰는 귀재란다.

"딸아이 별명이 '신나'예요. 휘발유보다 더 화끈해서요. 술을 엄청 잘 마십니다. 한 달을 내리 퍼마시기도 하는 아이예요. 성격이나 생긴 게 저랑 똑같아요. 저나 딸이나 이성이라는 게 없어요. 격렬하다 못해 아예 짐승 같아요. (웃음) 둘 다 매우 충동적이죠. 다른 게 있다면, 저는 채식을 좋아하는 반면, 녀석은 삼겹살이나 막창을 좋아한다는 정도."

"청춘의 허영과 도취엔 술이 필연이지만, 딸자식이 한 달씩 퍼마시고 돌아다니면 남몰래 괴로워 밤잠 설칠 아비가 많을 텐데. (웃음)"

"저는요, 더 마셔라, 괜찮다, 너를 극한으로 몰아가라, 그렇게 말해 줘요. 취업이 안 돼도 무방하다, 나중에 글을 쓰면 되지 않겠냐, 그런 얘기도 하고요. 그런데 말이죠, 진정한 술꾼은 우리 집사람입니다. 대단히 술을 즐겨요. 부부가 마주 앉았다 하면 글라스나 대접에 소주를 따라 마셔요. 저는 아주 뜨겁지만, 아내는 아주 냉정해요. 저보다 기가 센 여자예요. 제가 납작 엎드리는 경우가 많죠. (웃음)"

"햐! 두 분, 어떻게 만났어요? 혹시 술이 중신을 섰나?"

"제가 지배인으로 근무하던 술집에 드나들던 여대생 손님이었어요. 죽이 척척 맞아 깊어졌죠. 하지만 감히 결혼할 생각은 못했어요. 오히려 죄책감이 생기더군요. 당시 저는 여전히 밑바닥이었어요. 신

유용주의 저서들이다.
산문집 『그러나 나는 살아가리라』는 자그마치 50만 부가 팔렸다.

춘문예에 연거푸 떨어졌고, 자살 기도도 여러 번 했죠. 그 사람에게 이런 말을 했어요. 나는 희망이라는 게 하나도 없는 인간이다, 학력도 초졸이다, 나는 머잖아 죽을 것이다, 술 먹다 죽을 것이다, 당신을 만난 건 아름다운 추억이다, 그 하나만으로도 충분히 행복하다, 나를 떠나라, 나를 계속 만난다면 당신은 불행해질 것이다……. 하지만 사태는 정반대로 진행됐어요. 장인장모님의 맹렬한 반대가 있었지만, 그 사람이 끝내 굽히지 않았죠."

천하에 못 믿을 게 사랑이라지만, 종단엔 실패하게 마련인 게 사랑이라지만, 알아주고 앓아주는 내공이라면 장애를 넘어 꽃길을 간다. 네가 아프니? 나도 아프다. 그렇게 아프게 유통되는 애정엔 혐의가 있을 수 없다. 비록 징글징글한 술통이었을망정, 유용주는 앓아주는 순애純愛를 끌어냈던 모양이다.

아내는 멀리 서산에서 초등학교 교감으로 재직 중이다. 유용주는 5년 전에 여기 전북 장수군 번암면 신무산 기슭 산골로 귀향했다. 그 전엔 서산에서 24년을 살았다. 목수일로 밥벌이하기도 했지만, 아내 덕을 톡톡히 보고 지냈다. 때로 울화가 고질처럼 솟으면, 안에 괸 게 폭발하곤 했다. 서산에서 엮은 달콤한 판타지와 난삽한 랩소디가 첩첩 태산이었던 것 같다.

시는 지구별에 왔다간 흔적 남기기, 또는 숨쉬기

유용주가 귀향을 결심한 건 지쳤거나 거칠어진 정신에 휴식을 부

산골 고향집으로 이주하면서
단순한 생활을 누릴 수 있게 되었다.
이곳에서는 굳이 애쓰지 않아도
혼자만의 시간을 즐길 수 있다.

여하고, 정색을 하고 착실히 눌러앉아 시를 쓰기 위해서였다. 그는 1991년 『창작과 비평』 가을호에 「목수」라는 시를 발표하면서 문단에 이름을 등기했다. '목수 시인' 혹은 '노동자 시인'으로 불리며, 여러 권의 저서를 냈다. 1997년엔 신동엽창작기금을 받았다. 음주와 신산辛酸과 엽기로 점철된 청년의 나날들, 대체 그 어느 굽이에서 시를 꿈꾸기 시작했을까?

"정동제일교회의 야학에 나갈 때, 윤동주의 「서시」를 접한 게 계기였어요. 숨이 멎을 것 같더군요. 「서시」의 고귀함에요. 어떻게 저런 경지가 있단 말인가? 나는 날마다 바닥을 기고, 날마다 얻어터지며 사는데……. 아, 내가 윤동주를 능가하는 시를 써야겠어, 그런 생

머잖아 시인의 집 일대에 봄꽃들이 만개할 것이다.
묵은 고목만큼이나 고색창연한 산촌이지만, 개발의 삽날이 침범하지 못한 덕분에
자연과 생태가 퍼렇게 살아 있다.

각을 했던 거예요. 군대에서 문학도 졸병을 만난 것도 행운이었죠. 야, 시를 어떻게 쓰면 되냐? 하고 물었더니, 살아온 얘길 그대로 쓰면 된다는 겁니다. 그 쉬운 답변에 용기를 냈어요. 덕분에 군대에서 엄청난 양의 습작시를 썼습니다."

"시를 일컬어, 어떤 시인은 고독의 배설물이라 하고, 어떤 시인은 자유정신의 산물이라 하고, 또 어떤 시인은 양심의 소리를 냈지만 알고 보니 혹세무민의 연극이었다고도 해요. 당신에게 시란 무엇일까?"

"으흠. 이 지구별에 왔다간 흔적 남기기, 또는 숨쉬기."

시가 숨이라면, 시인은 두 목숨을 가진 존재다. 또는, 삶이 진부해 시가 써지지 않으면 절반은 이미 죽은 목숨이다.

"헤밍웨이의 말인데요, 글쓰기란 권투와 같다고 합니다. 시쳇말로 치열한 맞장뜨기라는 건데, 이 깊고 고즈넉한 산골짝에서 무엇으로 자극을 받죠?"

"제겐요, 무모한 낙관이 있어요. 저는 이미 오래전에 죽었어요. 지금은 덤으로 삽니다. 그런데 행복해요. 왜냐면 문학이라는 걸 하고 있어서. 이곳 생활은 매우 단조롭습니다. 쓰고 읽고, 쓰고 읽고, 그런 일과의 연속이죠. 온종일 술을 마시는 경우가 많지만, 새벽 네 시면 일어나 책상 앞에 앉아요. 여기 내려오고 4년 사이에 그 전보다 더 많은 시들을 썼어요."

"무모한 낙관이 있다고 했지만, 한 자락 짙은 허虛가 비치는 건 왜일까요?"

"제가 만약 도에 지나치면 때려주실래요? 하하하. 예전엔 경찰만 보면 패고 싶었어요. 원래 성정에 조르바 같은 게 있어요. 폼생폼사도 있고, 오늘 당장 죽어도 좋다는 긍정이 있어요. 다만 학력 콤플렉스를 떨치진 못했어요. 문인들은 일단 다들 지식인입니다. 대부분의 문인들이 교수거나 교사예요. 제가 그들을 어떻게 따라잡을 것인가. 이건 도저히 할 수 없는 일이에요. 접어둘 수밖에. 너는 천것이다, 바닥을 기어왔다, 예수도 범법자가 아니었던가, 문학은 가장 낮은 자리에 임하는 거다, 너는 너의 목소리를 내면 된다, 이렇게 다지며 공부할 뿐입니다."

'천것'이며 '바닥'이며가 따로 있을까? 예수 한 치 바깥에 사탄이 있고, 마구니 한 치 바깥에 부처가 있다. 유용주가 말하는 '낮은 자리'란 실은 높은 지향을 말할 테지. 그는 여러 해 전 『그러나 나는 살아가리라』라는 산문집으로 이름을 날린 바 있다. '바닥'을 기던 날들의 처절과 희망을 기록한 이 책이 MBC TV의 '느낌표'라는 프로를 통해 소개되었던 것.

"상전벽해라 해야 하나. '느낌표' 선정 작가가 되자마자 난리가 났었습니다. 매스컴의 위력이라는 걸 실감했어요. 책이 50만 부나 팔렸고, 대중들에게 널리 알려지게 됐으니까."

"이후의 신간은 몇 부나 나갔어요?"

"2천 부 남짓 간신히 나가던데요. (웃음) 방송의 소동은, 일테면 비누거품 같은 것이었어요. 안분지족安分知足이라, 분수를 알고 만족하면 그게 최고라는 말을 마음에 두고 살아갑니다."

310

"좋아하는 문인은 누가 있나요?"

"여기 장수 태생인 소설가 박상륭 선생과 작고한 이문구 선생을 좋아합니다. 한국 문단의 진정한 거목들이죠. 두 분 모두 제가 가까이서 모셨어요. 참을 수 없는 존경심으로. 아아, 언제쯤 선생들의 문장을 흉내라도 낼 수 있을까? 고목에도 꽃이 피는 수가 있다지만, 아득합니다. 그러니 안 마실 수가 없어요."

"만약에 문학을 하지 않았다면, 유용주는 지금 어디서 무엇을 하고 있을까요?"

"벌써 죽어 사라졌겠죠. 서른 살 이전에요. 정제를 모른 채, 삶을 객관화하지 못한 채, 뜨거운 열정만으로 꺼져갔겠죠. 문 하나가 닫히면 다른 문 하나가 열린다던데, 제겐 문학이 문을 열어줬어요. 이런 복이라니……. 그러니 또 안 마실 수가 없죠. 하하핫!"

봄의 몸에 실린 눈은 쉼 없이 내린다. 천지가 마주 붙어 함박눈에 뒤덮인다. 자정이 넘었으나, 창밖은 이마에 밝힌 불처럼 환하다. 마시지 않아도 취할 설야雪夜지만, 마시고 취하면서도 깬다. 방바닥엔 허무처럼 쓰러져 뒹구는 술병 여남은 개.

나주 죽설헌에 사는 화가
박태후

한평생 나무에 미쳐 살아,
나머지는 몰라!

새들이 부르는 노래보다 좋은 게 어디 있을까요?
한겨울 눈 내린 감나무에 살포시 앉아 감을 쪼며
노래하는 새를 바라보는 즐거움은, 행복 그 자체입니다.

그는 전생에 나무였을까? 내생에 나무로 몸 받기 위해, 지금 간이역에 머무는 것일까? 거의 한평생 나무를 심으며 살아온 삶이란 범상치 않다. 하기야 그 누구의 삶인들 범상하랴. 내 삶은 한편의 영화이며, 나는 이 영화의 감독이다. 저마다의 욕망과 꿈으로 저마다의 드라마를 만들어가는 것이니, 산다는 일은 널리 알려진 대로 신나는 사업이다.

나무를 심는 사람 박태후(61세). 나무에 홀린 그의 신명은 길길이 뻗쳐 내내 숲을 떠돌았다. 그렇게 40여 년 심은 나무들이 숲을, 정원을, 둥지를 이루는 사이에 한 편의 어엿한 영화가 태어났.

박태후의 거처는 전남 나주시 금천면 고샅에 있다. 국도를 벗어나 배 과수원이 빼곡 들어찬 농로를 거듭 휘고 꺾어 어렵사리 찾아드는 그의 집은 대낮에도 저물녘처럼 어슴푸레하다. 나무들의 무성한 우듬지가 하늘을 가려서다.

'집'이라 했지만, 차라리 '소공화국'이다. '죽설헌竹雪軒'이라는 당호를 달고 있다. 전체면적 8천 평. 이 널따란 영토에 200여 종의 각종 수목과 헤아릴 수 없이 많은 화초들이 가득 들어차 있다. 숲의 외곽 가장자리로는 널찍한 연못 네 개. 규모로나 내용으로나 가히 압도적이다.

차에서 내려 악수를 하며 바라본 박태후의 눈빛에 피로감이 서려 있다. 날마다 몸을 부려 정원을 돌보는 일은 낙이자 만만찮은 노동일 게다. 군살 없이 날씬한 몸피는 갓 구운 바게트처럼 갈색으로 탔다. 40년간 공들여 가꾼 정원을 보여주겠다며, 그가 앞장서 걷는다. 길게 길러 동여맨 꽁지머리가 찰랑거린다.

울창한 숲 사이로 뻗은 오솔길은 깊고 으슥하다. 여름꽃들이 다투어 피고, 이미 진 낙화는 땅바닥에 누워 애절한 마지막 빛을 발한다. 우거진 잎새 사이로 간신히 스며든 햇살이 일렁이며 길 위로 떨어져 물무늬처럼 아롱진다. 걷는 자체로 음악이 되고 가벼운 춤이 되는 오솔길이구나. 이 웅장한 정원의 중앙부에 집 한 채가 자리했다. 납작하고 허름한 양옥. 그의 살림채이자 작업실. 박태후는 문인화를 그리는 화가다.

"본의 아니게 두 개의 직업을 갖고 있습니다. 하나는 화가이고, 다른 하나는 조경가죠. 제가 말이죠, 고3 때부터 죽설헌을 만들기 시작했어요. 거의 평생 동안 매달린 일이죠. 그러다 보니 조경이라거나

박태후는 평생 동안 '죽설헌'을 꾸미는 일에 공을 들였다.
원래는 약간의 소나무와 대나무가 야생했던 황무지에, 한국식 정원의 전범(典範)을 만든다는
일념으로 온갖 나무와 화초를 심으며 땀을 쏟았다.

환경, 도시경관 조성 분야에 조금 눈이 뜨이더라고요. 스스로 조경가라 자처하며 삽니다."

원래는 버려진 땅이었다고 한다. 나고 자란 고향땅이었단다. 고향이라지만 찢어지게 가난했기에, 딱히 내 것이라 움켜쥘 땅이 별무했다. 고3 소년 때부터 그는 일단 나무를 심기 시작했다. 조숙인가? 부동不動의 묵상으로 생의生意를 전하는 나무에 관한 조속한 매료가 있었나? 왜 그리 일찌감치 나무에 빠졌지?

"자연이잖아요. 그냥 나무가 좋았어요. 더 구체적인 계기는 제가 원예고등학교를 다닌 덕분이었죠. 원예고라는 게 과수, 화훼, 채소에 관한 재배기술을 가르치는데요. 나무 종자를 뿌리고 접붙이고 하

는 기본적 실기를 익힌 거죠."

"사회로 나가 직장에 매인 후에도 나무를 줄기차게 심으셨더군요."

"그랬죠. 나주에서 원예고를 졸업한 뒤 광주고등법원 정원사로 취직했어요. 정원이라는 게 뭐냐, 나무는 어떻게 조경을 하는 거냐, 이런 걸 배우는 기회였던 셈이죠. 당시 사군자에 입문했는데, 덕분에 나무 공부를 한결 많이 했어요. 군 제대 뒤인 1979년엔 농촌지도소 지도직 근무를 시작했습니다. 농촌지도직이라는 게 승진은 더디지만 꽤나 여유가 있더라고요. 낮에는 근무하고, 오후 6시면 퇴근해 그림을 죽어라 그렸어요. 직장에선 상당히 희한한 인물로 알려졌죠. 장발에 고무신을 신고 다녔으니까. (웃음)"

"여기에 집을 지은 건 언제였나요?"

"1981년에 결혼했는데, 이곳에 자그마한 집을 짓고 어머니를 모시며 살았어요. 그러다가 1985년 현재의 집을 지었죠. 애당초엔 25평짜리였는데, 살면서 달아매고 늘리고 해서 지금은 50평입니다. 아무튼 나무를 계속 심었습니다. 그림도 죽자 사자 열심히 그렸고요. 1996년엔 아예 직장을 접었어요. 항시 생각하기를, 직장을 그만두고서 정원을 가꾸고 그림을 그리고, 그 둘에 매달려 살아야 했는데, 드디어 20년 근무를 채운 겁니다. 20년을 채우면 연금이 나오거든요. 그렇게 퇴직한 뒤에는 연금으로 생활하며, 이곳에 눌러 살았습니다."

죽설헌답고 박태후다운 자연스러운 정원

　죽설헌은 흔히 보기 어려운 야생적 풍치를 뽐내고 있다. 사실은 인위의 산물이겠으나 인위가 느껴지지 않는다. 꾸몄으나 꾸밈이 보이질 않으니 자연정원이다. 다양한 수종들이 흩어진 듯 얽혀 있고, 나뉜 듯 이어져 있다. 계산 깊은 공간미학이 완연하다. 날렵한 머리가 아니고선 꾀하기 어려운 실력이다.

　정원 사이 소로들은 리듬을 타고 도란거린다. 고요한 산길을 닮았다. 뒤엉킨 마음을 풀어헤치는 오솔길이다. 하늘을 찌를 기세로 자란 일부 거목들은 좌선처럼 묵연하고, 그 아래에서 병아리처럼 종종거리는 온갖 꽃들이 주황·노랑·빨강·보라 등등 형형색색의 물감을 짜낸다. 초목들의 향연을 관람하는 나의 눈은 행복한 눈이다. 하늘거리는 꽃들과 함께 덩달아 마음도 들썩인다.

　"애초 이곳은 황량한 언덕배기였어요. 대나무와 소나무 몇 그루가 있었는데, 대대적으로 나무 심기에 나선 것이죠. 우리나라에는 담양 소쇄원, 강진 다산초당, 보길도의 세연정 같은 유명한 조선시대 정원들이 있습니다. 모두 별서정원(자연에 귀의하여 전원이나 산속 깊숙한 곳에 따로 집을 지어 유유자적한 생활을 즐기려고 만든 정원)입니다. 하이클래스들의 정원이죠. 저는 그 유명한 조선정원들과 마찬가지로 재미있는 공간을 만들 수 있겠구나 하는 생각을 했어요. 뭔가 조금 다른, 무에서 유를 창조하는, 죽설헌답고 박태후다운 자연스런 정원을 지향했어요. 그런 꿈이 이런 공간으로 드러난 겁니다."

"죽설헌답고 박태후다운 정원, 구체적으로 어떤 거죠?"

"제가 종종 배낭여행을 즐기는데요. 외국을 돌아보며 느낀 건 이겁니다. 가장 한국적인 게 가장 세계적이다, 가장 한국적인 건 바로 박태후다운 것이다. 바로 그거! 그림이건 정원이건, 비록 완성도가 떨어지더라도 철저히 내 스타일로 만든다. 이게 목표였어요."

"한국적 전통을 콘셉트로 삼았다는 이야기죠?"

"맞습니다. 국내에는 대중들에게 관광지로 널리 알려진 수목원들이 많습니다. 그러나 일정한 공로에도 불구하고, 제가 보기엔 문제가 많아요. 어설픈 서구식 정원이거나, 결국은 자연에 반하는 인공적 치장에 불과할 수 있으니까요."

"우리 주변의 정원들이 일본식에 쏠려 있다는 얘기도 있더군요."

"바로 그거예요. 일제의 유산이죠. 현재 모든 정원의 99퍼센트가 일본식 내지는 서양식이라는 게 제 판단이에요. 일단 초등학교 정원부터 싹 바꿔야 합니다. 우리는 어려서부터 교장선생님이 가위를 들고 다니며 나무를 자르고 다듬는 걸 흔히 보고 자랐어요. 지금도 그럽니다. 이 전지剪枝(가지치기)라는 게 순 일본문화거든요. 현재 대학 조경학과 교수들 역시 상당수가 외국에서 공부한 사람들입니다. 이거 문제 아니겠어요? 일본정원은 나무를 자르는 전쟁을 통해 우주의 축소, 뭐 그런 걸 추구합니다. 서양은 인공적·기하학적 정원과 잔디 조성을 좋아하죠. 이것들은 한마디로 자연을 정복의 대상으로 봅니다. 그러나 우리의 전통정원은 자연과의 동화를 구현해요."

"그렇다면 죽설헌이 한국정원의 표본인가요?"

박태후는 기와 담장을 죽설헌의
제일가는 명물로 친다.
버려진 폐기와로 절묘한 담장을 쌓았다.
세월이 흘러 이젠 기왓장과
수목이 동화했다.

"보잘것없으나 꿈은 그렇게 가지고 있어요. 저는 원예고를 다니며 우리 자생나무나 초화류보다 백합·장미·가시향나무 등 외래종이 귀하다고 배웠어요. 그러나 그게 아니더라고요. 오랜 세월 나무를 가꾸며 느낀 건 우리 자생종이 더 좋다는 거예요. 그래서 나름의 치밀한 계산 속에서 나무를 심고 가꿨어요. 인공정원이 아닌 자연공간처럼 보이도록 전지행위 같은 걸 극도로 자제했습니다."

자부심이 실팍하다. 누구나 쉽게 할 수 없는 일을, 그러나 누군가는 해야 할 일을 해왔다는 긍지. 밋밋한 황무지를 멋들어진 정원으로 바꾸는 과정에서 수시로 내리는 비처럼 고난도 많았을 게다. 고난이 많았으니, 얻은 노하우도 눈썰미도 그 수효가 많을 게다. 박태후는 '대한민국을 통째 디자인하고 싶다'는 야심까지 통기한다.

최고의 정원수는 유실수

그가 한국의 전통정원에서 가장 좋아하는 것은 담장, 또는 장독대다. 죽설헌엔 이런 그의 기호가 여실히 배어 있다. 가령, 버려진 폐기와를 모아 돌담 대용의 담장을 쌓았다. 기왓장을 첩첩이 켜켜이 쌓아올린 기와담장은 죽설헌의 으뜸가는 명물이다.

네 곳의 연못도 유심히 눈여겨볼 만하다. 원래 논이었던 곳에 구덩이를 파 물을 채우고 연蓮을 심었다. 지금 이 연못엔 백련에 홍련이 벙그러져 숲이 훤하다. 인공의 티를 찾아볼 수 없으니, 이를 일러 걸작이라 해야 하나? 뚝심만으로는 이루기 어려운 자연스런 하모니가 여실하다. 그의 미감과 자제력을 다시 엿볼 수 있다.

연못 가장자리에는, 요즘은 보기 힘든 노랑꽃창포와 왕버들을 심었다. 왕버들이라면 꽃가루로 눈병을 일으킨다는 죄목으로 이미 오래전 전국 도처에서 댕강댕강 잘려나간 비운의 나무 아닌가? 노랑꽃창포와 왕버들에 관해 박태후는 할 말이 많다.

"버드나무 꽃가루가 알레르기를 야기한다고 발표되면서 남원 광한루 왕버들부터 모조리 베어버렸는데요. 이게 순 침소봉대예요. 모든 꽃들이 알레르기를 일으킬 수 있거니와, 알레르기라는 게 사람에 따라 반응이 다르거든요. 설령 알레르기를 일으킨다 해도 보름 정도만 참으면 되는 겁니다. 노랑꽃창포도 그렇지만 왕버들의 수질 정화 능력이 매우 뛰어납니다. 병충해에도 강하고, 흙을 움켜쥔 잔뿌리의 힘은 콘크리트보다 강합니다. 이제라도 하천변이나 습지에 대대적으로 심으면 좋겠어요."

"정원을 만들고자 하는 이들에게 권하고 싶은 나무는요?"

"최고의 정원수는 유실수예요. 감나무·은행나무·사과나무·앵두나무·살구·자두·매화 등등 모든 유실수가 최곱니다. 왜냐? 꽃이 피고 열매를 맺기 때문이죠. 열매가 맺히니, 그걸 쪼아 먹으려고 새들이 몰려옵니다. 저희 집의 특색은 새들이 굉장히 많다는 건데요. 왜 그런가 하면 유실수 많지, 농약 안 치지, 고스란히 자연숲이기 때문이죠. 새들이 부르는 노래보다 좋은 게 어디 있을까요? 한겨울 눈 내린 감나무에 살포시 앉아 감을 쪼며 노래하는 새를 바라보는 즐거움은, 행복 그 자체입니다."

"새만 한 명가수가 드물죠. 숲이 무성해 뱀도 많겠어요."

"뱀이 없는 건 생태환경이 깨졌다는 의미입니다. 쥐가 늘어나는 식으로요. 집사람이 처음엔 뱀을 보고 질겁하더니 요샌 야야, 저리 가거라, 하고 친절하게 대합니다. (웃음) 다행히 독사는 없어요."

"가장 좋아하는 나무는 뭔가요?"

"대나무입니다. 그림 소재로 대를 즐깁니다. 화단 데뷔 때부터 줄기차게 대를 그려왔거든요. 창작의 모티브이자 삶을 회상하게 하는 나무라고 할까? 떡눈이 내린 한겨울에 소복하게 눈을 뒤집어쓴 소나무도 참 좋아하고요."

나는 과문한 나머지 박태후라는 이름의 화가가 나라 안에 있음을 미처 알지 못했다. 하지만 그의 화력은 어언 40여 년. 호는 시원. 근동에서 알 만한 사람들은 죄 알아준다고 한다. 나무 심기 외에 그림 그리기에 깡으로 열중한 세월들. 작업실에 널린 그의 수묵 작품은 소박하고 간결하다. 기교보다는 느낌을, 메시지보다는 관조를 지향하는 작풍이다.

사람도 자연의 아주 작은 일부분일 뿐

박태후는 어려서부터 그림을 그렸다. 의재 허백련의 조카 허의득 선생에게 사군자를 배웠다. 늦깎이로 학업에 매진해 광주대 산업디자인학과를 졸업, 이후 조선대 순수미술학과에서 석사학위를 받았다. 그는 끔찍한 노력파다. 매일 아무 일도 하지 않고 빈둥거리는 게으름뱅이도 비범하지만, 하고 싶은 일을 기어이 해내고 마는 '독종'도 비범하긴 마찬가지. 나무 가꾸기와 그림 그리기. 박태후가 살아온 삶의 진상은 그 둘 속에서 드러날 뿐이다.

그림쟁이기에 달빛 출렁거리는 밤에 한 잔, 또 한 잔, 거침없는 음주가 일상적일지도 모르는 일. 그러나 박태후의 사전에 술을 마시는 일이란 없다. 한가하게 술 퍼마실 시간이 있으면 그림을 그리리라! 그는 매서운 종족이다.

참고하시오, 하며 그가 건네준 소책자에 이런 글귀가 나온다. 그

그림 작업은 정원 가꾸기와 더불어 박태후기 깊이 심취한 장르. 작업실 통유리 창으로 들어오는 정원의 풍치가 빼어나다.

림으로 살아가는 박태후의 본색을 들여다볼 수 있는 문장이다. 새 아파트로 이사 간 친구가 그림 한 점 달라는 청을 했는데, 그 기억을 떠올리며 그는 이렇게 썼다.

'머, 머시라고? 니기미럴. 아 그래, 집 사 들어갈 때 벽 대벽(도배)해 줄라고 니놈 기집 끼고 술 처묵고 노래방 가고 재미볼 때, 나는 미쳤다고 얼음장 같은 냉방에서 코피 쏟아가며 붓대 움켜쥐고 화선지와 씨름하며 날밤샜더란 말이냐? 그래, 기집 꼴마니에 몇십만 원씩 팁은 쑤셔박으면서 몇 푼 주고 사는 그림값은 아까워 공짜로 달라고? 거그다가 크게 선심이라도 쓰는 양 뭐, 표구는 지가 해? 배통아리에 똥이나 꽉 들어찬 놈!'

작가의 창작을 여기餘技쯤으로 아는 난잡한 시속時俗에 관한 푸념, 그림 그려 밥 먹고 사는 일의 고군분투가 묻어나는 글이다. 오랫동안 그는 연금에 의존해 어렵사리 생활을 이어왔단다. 딸 둘을 미대를 졸업시킨 지금은 자못 오붓하다. 동갑내기 아내 김춘란 씨와 단둘이 살며 한적하다. 찾아오는 벗들이 많아 고독할 여가는 없다. 그림도 제법 팔린다. 예전엔 그야말로 코피 터지게 열심히 그렸지만, 이젠 유유자적을 꿈꾸는 낌새다.

정원에, 숲에, 자연 속에서 살아온 내공으로 그는 삶의 어떤 정수를 바라보고 있는가? 몸을 부지런히 움직여 할 일을 열성으로 하는 박태후는 아마도 단순 우직하여 걸릴 게 없는 인물이다. 내 갈 길 내가 간다, 그 나머지는 몰라! 그런 배짱과 뚝심이 그를 부지시켰으리라. 당나귀는 몸집이 작지만, 고집이 세고 힘도 세서 척박한 곳에서도 잘 산다. 비유하자면 그는 당나귀다. 이 짱짱한 당나귀는 자연에서 무엇을 보고 들었나?

"자연 속에 살다 보니, 자연에 대해 뭘 안다함은 극히 일부분에 불과함을 알겠더라고요. 자연은 사람이 쓸데없이 간여하지 않아도 잘 알아서 조절합니다. 이런 자연을 어쩌자고 훼손하는 걸까요? 다른 것은 다 참을 수 있지만, 새만금만큼은 정말 참을 수가 없었어요. 육지의 훼손은 10년 내지 20년이면 복원되지만, 개펄은 아니거든. 끙."

"자연을 바라보는 사람들의 생각, 그 무엇이 가장 잘못됐다고 보십니까?"

"인간이 자연보다 우월하다고 생각하는 게 문제 아니겠어요? 큰 틀에서 보면 인간도 동물이에요. 가장 못된 동물인 거라. 맹수들은 제 배가 부르면 그걸로 만족하지만, 인간은 아니잖아요. 사람도 자연의 아주 작은 일부분이라는 생각을 잊지 말아야죠."

자연에 관한 한 우리는 대체로 천박한 약탈자다. 잔머리를 굴려 자연에게 농간 부리는 일을 멈추지 않는다. 박태후의 논평에 따르면, '인간의 작은 머리로는 자연의 극히 일부만 알 수 있을 뿐'이다. 자리를 털고 일어서려는데, 앗, 그가 뉴스를 전한다.

"죽어 짊어지고 갈 도리가 있는 것도 아니고, 자식들에게 남겨줄 일도 아니고 해서 죽설헌을 사회에 환원할 겁니다. 이미 나주시에 기부체납을 했어요."

툭툭 털고 가겠다는 얘기. 과연 나무와 숲, 자연과 내통한 사람다운 활보다.

괴산 피거산 자락에 사는 금속공예가
고승관

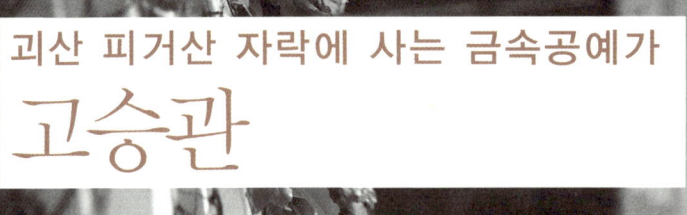

에고의 사막을 홀로 건너는
고독한 예술가의 분투

한 번은 화초를 화병에 꽂아뒀는데 일부가 시들더라고.
쓰레기통에 내다버렸지. 그런데 일주일 만에 꽃이 피었더라고.
시든 화초도 생명이더라고. 기어이 막판까지 꽃피우고 죽더라고.

그는 '괴짜'로 통했다. 홍익대 조치원 캠퍼스 조형대학 교수로 근무할 때 '티코'를 타고 출퇴근했다. 사람들은 신분에 걸맞지 않게 헌털뱅이 경차를 몰고 돌아다니는 그를, 특이한 취향을 즐기는 괴짜로 간주했다. 하지만 그건 오해였다. 그가 중고 경차를 털레털레 끌고 다닌 유일한 이유는 기름값을 줄여보자는 데 있었다. 나는 애초부터 가난했으며, 지금도 궁핍에 쫓기고 있다! 그는 그리 토로한다.

'산신령'이라는 별명도 붙이고 산다. 허연 수염을 바람에 흩날리며 산중에 눌러 살아서만은 아니다. 그는 돌탑을 30년 이상 쌓아왔다. 틈만 나면 산에 올라 돌을 줍거나 캐어 장대한 규모의 탑을 산자락 곳곳에 쌓아올렸다. 무려 300여 점에 달한다. 허리가 휘어지고 뼈가 빠질 고생을 자청해 거듭했던 거다. 돌덩이를 쌓아올려 뭐하시게? 눈을 끔벅거리며 의아하게 묻는 이들에게 돌아오는 답은 한결 같다. 나도 몰라! 그 이유를 알 때까지 그냥 쌓는 것이여! 영락없는 선문답이다.

뉘신가. 충북 괴산군 청천면, 속리산의 자식인 피거산 자락에 사는 금속공예가 고승관(73세)이다. 그의 거처는 산그림자 드리워진 강가에 있다. 5월의 무성한 숲에서 번진 초록을 실은 바람과 강물이 거처를 무시로 싱그럽게 스친다. 그렇기에 '초록집'이라 부를 만한데, 오직 그 홀로 겨울처럼 고독해 보인다. 일찌감치 이혼을 하고 혼자 살아온 지 40여 년, 서울을 박차고 이 산으로 들어온 지 30여 년이 흘렀다. 방금 담배를 재떨이에 눌러 끈 그의 한 손엔 이제 캔맥주가 들려 있다. 일쑤 밥 대신 맥주를 즐겨 마시는 건 오래된 습성이라지. 인생이란 무상無常이요, 허무의 게임. 아니 마실 방도가 없으렷다. 술 한 말에 시 백 편이 나온다는 건 이태백이 전한 뉴스고.

"작품을 하루라도 안 하면 견딜 수가 없어. 잔뜩 숙제가 밀린 아이의 심리가 되는 거요. 구상이라도 안 하면 잠조차 이루기 힘들어. 그래서 술을 마셔. 한땐 무한정 많이 마셨지만, 요즘은 맥주 한두 캔이면 돼. 주정 같은 건 해본 적이 없고……."

"담배를 끊을 의향은 없으신지?"

"한두 번 금연 시도는 했어. 그런데 일주일 만에 배가 나오던걸. 포기했지. 흡연이 건강에 안 좋다고 하지만, 그건 의사들의 호들갑일 뿐이고, 정신건강엔 좋은 거 아닌가?"

"주변에 가득한 산수, 이 역시 건강에 좋겠죠? 73세 나이치고는

고승관의 공예 작품은
극치의 리얼리즘을 구현한다.
잔주름 하나까지
실재를 정밀하게 모사한다.
유례가 드문 테크닉이라
인정받고 있다.
그의 드높은 작가적 자부심의
근거가 여기에 있다.

말짱한 얼굴인데, 그 비결이 자연에?"

"자연이 보약이겠지. 특별히 약이라는 걸 먹어본 일이 없으니까. 물과 공기가 좋은 덕분일 거요. 지금은 몸이 망가졌지만, 오래토록 끄떡없이 지냈어요. 나는 원래 자살충동이 강했어요. 이젠 그런 것도 사라졌어."

"자살을 기도한 일이 있으신지?"

"20대 때엔 금반지를 끼고 살았어요. 죽을지도 모른다, 자멸할지도 모른다, 만약에 내가 죽으면 그 누구건 발견한 사람이 시신을 처리하고 대신 반지를 빼가라, 그런 생각으로……. 왜 그랬냐고? 성장기에 가난을 거치며 그렇게 힘들 수가 없었어. 자랄 때 너무 못 먹어 내 키가 이렇게 작달막해. 너무 힘들었어. 다 놔버리고 싶어서 쥐약을 먹기도 했다고."

쇼펜하우어의 통신에 따르면, '인간은 태어나지 않는 것이 최선이고, 차선은 일찍 죽는 것'이다. 죽음이 삶보다 못한 것일까? 인생이란 과연 살 만한 가치가 있는 것일까? 그러나 삶은 이 문제에 답을 주지 않는다. 또한 사람들은 죽음보다 삶이 의젓하다는 확신을 공유하며 자살을 금기시하는 모럴을 굳혀놓았다.

그러나 가난에 덜미 잡혀 숨이 찼던 젊은 날의 고승관에겐 죽음만이 마지막으로 선택할 수 있는 자구책이었다. 하지만 그마저 실패했으며, 어쩔 수 없이 삶이라는 빙벽으로 귀환했다. 그 와중에 겪었을 비애와 후유증, 또는 새로 돋은 생살의 사연까지 궁금하지만, 상처를 너무 캐는 건 무례겠지.

나의 신은 예술

고승관의 거처 주변으로 펼쳐지는 산세와 물길은 수려한가 하면 장중하다. 산덩어리들은 억실억실 굵은 선으로 꿈틀거리고, 협착한 골 사이로 빠져나가는 강물은 유려하나 으슥하다. 그 헌걸찬 품새에 사람의 삿된 감정도, 하릴없는 근심도 나날이 녹아 바야흐로 안심을 얻을 성 싶지만, 고승관은 사뭇 괴로워 내내 뒤척이는 풍색이다.

"작가는 누구나 번듯한 작업실을 갖고 싶어하지. 가능하다면 미술관을 짓고 싶어하고. 나 역시 그런 연유로 산에 들었어요. 근데, 여기 와서 처음 한 짓이 대성통곡이었어. 자멸하고 싶더라고."

"왜요?"

"되는 일이 없었으니까. 임야 수만 평을 빚을 내서 구입했는데, 막

산기슭에 살며 수시로 산에 올라 300여 기의 돌탑을 쌓았다.
지역 명소로 널리 알려져 답사자들이 즐비하다.

고승관은 30여 년 전 산골로 들어와 허름한 고가에 정착했다.
이후 산에서 모아온 돌들을 쌓아 2층집으로 개축했다.

상 와서 보니 내 땅 안에 다른 사람들 땅이 복잡하게 얽혀 있더라고. 복덕방쟁이를 찾아가 목을 비틀었지. 하지만 이런 일은 소소한 애환에 불과했소. 내가 무슨 서류에 도장을 잘못 찍어 경제적으로 도탄에 빠지게 됐어요. 이게 오늘날까지 덜미를 잡고 있는데, 뭐 하나 되는 일이 없더라고. 전전긍긍이 많았지. 그러다가 생각을 바꾸었어요. 되는 일이 없다, 고로 안 되는 일도 없다. 그러고 나니까 편해지대."

"선생은 교수직을 정년퇴임했고, 유능한 공예가세요. 그런데 경제 문제로 시련을 겪다니……. 이름 없는 작가들은 어쩌나?"

"난 지금도 가난뱅이야. 그런데 그게 무슨 문제지? 해진 옷을 입으면 그만이고, 식빵 한 조각이나 국수를 끓이면 배를 곯지 않아도 돼. 하루 한 끼만 먹으면 절대로 굶어죽지 않아. 내겐 이제 별다른 욕구가 남아 있지 않아요. 오직 하나 빼고. 작품 말이여. 작품 철학을 말해볼까? 지금 하고 있는 이 작업이 내 생애의 마지막 작품이다, 작품에 임할 때는 가진 재산 전부를 투자한다, 그런 거! 그러니까 난 항상 거지야. 나의 신은 예술이오!"

예술이라는 신을 숭모하는 열심당원이라는 얘기다. 영혼을 팔아 치운 파우스트처럼, 오직 예술에 홀려 산다는 호언. 그렇다면 낮이나 밤이나 예술의 주님이 항상 임하여 생각과 행동을 감독하고 인도할 것이니, 그의 거침없는 자부심은 거기에 부응하는 협연인가? 금속공예에 관한 한 나보다 치열하게 작업하는 자가 있다면, 제발 데려와줘! 그는 그렇게 외치고 싶은 심정을 자제하느라, 차라리 괴로운 표정을 지어 보인다.

"대학에서 학생들에게 디자이너가 아니라 아티스트가 되라고 가르쳤어요. 흔히들 공예라 하면 디자인으로 알지만, 난 예술성을 추구하는 순수공예를 고수해왔어. 이왕이면 최상급 작가가 돼야 한다는 신념도 포기하지 않았지. 조영남이라는 가수, 그 인간 미친 것 아닌가? 성악을 공부한 사람이 왜 대중가요를 하냔 말이여. 대학을 나온 애들이 장사를 하는 건 또 뭐야? 장사는 인생의 마지막 수단 아닌가? 돈벌이가 생의 기준이 될 수는 없어요."

"예술이 신이라는 말, 너무 장엄해서 무섭습니다. 백남준에 따르면, 예술은 사기라던데."

"예술은 세상의 그 무엇에게도 침범당하지 않아요. 동남아에 가보면 웬 놈의 신들이 그렇게 많은지. 종교나 신은 미개할수록 많다지? 절대자는 신이 아니라 예술인 거라. 창조하잖아? 절대적인 자율성으로."

"선생의 극사실 작품들에선 고도의 테크닉이 느껴져요. 실재보다 더 실재 같은 형상이라서. 그런데 말이죠, 테크닉의 과시 외에 창작으로 의도하는 메시지는 뭔가요?"

"내가 왜 사는가? 우주의 비밀은 뭔가? 내 작품은 그걸 줄기차게 묻고 있어요. 대중들의 몰이해? 나는 남들의 비위를 못 맞춰. 남이 나를 좋아할 때까지 기다리질 않아. 궁금하면 당신들이 배워서 알아내라. 아아, 난 왜 이렇게 까칠할까? 그런데 말이지, 밤하늘의 달이나 별을 보고 심오한 경험을 한 사람이라면, 주르륵 눈물을 흘릴 수 있다면, 그런 감성이 있다면 예술을 느낄 수 있고, 예술가가 될 수 있어요."

"왜 사는지, 이젠 아시나?"

"몰라!"

"명답하셨다."

나이란 숫자에 불과한가 하면, 인생에 향을 부여하는 발효제이기도 하다. 나무를 보라. 비바람을 지나, 거친 가시밭길을 거쳐 기어이 꽃을 피운다. 종단엔 움켜쥐었던 잎과 꽃을 다 놓고 무너져, 선선히 풀거름으로 돌아간다. 하지만 사람이 나무에 도달할 수 있던가. 향을 뿜는 생이란 아득한 꿈으로 사물거릴 뿐이다.

"어릴 때부터 날마다 틀어박혀 그림을 그렸어요. 어느 날 누군가가 피카소 그림 같다고 하더라고. 즉시 그림을 찢어버렸어. 그 누구도 닮기 싫다는 거, 어느 무엇에게도 침범당하지 않겠다는 것. 이건 양보할 수 없는 철칙이야. 길들여진 개처럼 끌려다니지 말자는 거. 너는 너대로, 나는 나대로 살면 그만이라는 거. 나는 너를, 너는 나를 끌어가려 할 일 아니라는 거. 내가 인생에서 조금 알아낸 게 있다면 그런 것이오."

"너는 그러냐? 나는 이렇다. 그렇게 상대의 자유를 존중하는 태도는 이미 지혜라고 할 수 있겠죠. 그러나 오직 혼자 가는 길은 더 멀고 험하지 않을까요? 너와 내가 어울려 사는 게 즐겁지 않나요? 주변과의 불화가 드물지 않겠어요. 불화라는 것이 반성적 정신의 산물일 수 있겠지만."

"불화? 굉장히 많지. 많아도 너무 많아. 하지만 난 개의치 않아요.

약한 자들은 편을 가르고 집단을 만들지만, 그건 유치한 짓이지. 남들의 시선이 대체 무슨 상관이람. 일축하면 그만인 것을. 난 타협하지 않아. 참견하지도 않아. 초연할 뿐. 맹수는 혼자 커!"

"맹수는 힘이나 독선으로 사는 게 아니죠. 오히려 거친 정글 환경에 쩨쩨하게 잘 적응해서 살아남는 거 아닌가? 작가라면 약자 편에 서야 하지 않아요?"

"한때 농아들을 도운 적이 있었어요. 그래서 내가 수화를 잘 한다고. 그런데 의타심만 키워준 꼴이던걸. 그때부턴 돕는 짓을 그만뒀소. 나는 혼자 가. 나는 나일 수밖에 없으니까."

처신도 운신도 힘겨운 삶. 야합과 굴종이 넘치는 세상. 외면적 친화와 내면적 반목으로 엮이는 관계. 이 난삽한 가시밭길을 넘는 독보獨步의 필연을 말하는가? 고승관의 날 선, 혹은 날것의 언어들에는 에고의 사막을 홀로 건너는 고독한 자의 선혈 같은 게 서려 있다. 사막 저편의 오아시스를 고대하는 분투와 타는 갈증이, 차라리 애절하구나.

생과 사는 경계가 없다

해 저물어 황혼이다. 소리 없는 강이 저녁 산그림자를 길게 끌고 흘러간다. 노령老齡에 접어든 고승관의 삶도 저무는 저녁강 저 굽이 어딘가를 흐를 것이다. 그러나 오기와 야심은 여전히 팽팽하다. 이미 거둔 성취도 많다. 1988년엔 서울올림픽 최우수선수MVP에게 시

때로는 울며, 때로는 중얼거리며 미친 듯이 돌탑을 쌓았다.
고승관은 격렬한 탑 쌓기 노동으로 애환과 고독을 다독였다.

상하는 '백상 크라운' 디자인 공모에 당선되어 이름을 알렸다. 청주 공예비엔날레를 창설한 주역으로 1회 행사 때 기획위원장을 맡기도 했다. 그는 행복할까?

"사람은 누구나 착각 속에서 행복을 느끼지 않나요? 나를 보고 젊어진 것 같다고 말하는 사람이 있어요. 그 사람은 내게 욕을 먹지. 젊어 보이는 것일 뿐, 정말 젊어진 건 아니잖아."

"노년에 누리는 새로움이 있다면요?"

"살다 보면 돌부리에 걸려 넘어지기도 하고, 똥도 밟고……. 이건 나이들어도 마찬가지예요. 좀 너그러워진 건 있어요."

"자연이 새삼 애틋해 보이진 않나요?"

"시선이 깊어지고 섬세해지긴 해요. 한 번은 화초를 화병에 꽂아 뒀는데 일부가 시들더라고. 쓰레기통에 내다버렸지. 그런데 일주일 만에 꽃이 피었더라고. 그 악착스러움이 무서웠소. 시든 화초도 생명이더라고. 기어이 막판까지 꽃피우고 죽더라고."

"죽음 뒤엔 무엇이 올까?"

"죽음에 아무런 두려움도 생각도 없는데, 사후를 생각할 게 뭐야? 예전에 '죽음의 체험' 프로그램에 참여한 적이 있어요. 송장처럼 관 속에 들어가 누웠더니 밖에서 대못을 치대. 삽으로 흙을 떠 파묻는 시늉도 하고. 체험이 끝난 뒤 참가자 모두가 울더라고. 나만 무표정하게 아무렇지도 않았어. 느낌도 생각도 없었지. 내가 근래에 죽음의 문턱까지 갔다 왔어요. 파킨슨병에 알츠하이머가 겹쳤고, 혈액도 혈압도 위험했고, 전립선 수술까지 받았지. 거의 죽었던 거요. 그런데도 특별한 후회나 감각이 전혀 없더라고. 다만 한 가지 느낀 게 있소. 생과 사에 경계가 없구나, 순식간에 넘어가겠구나, 그런 거……."

"죽음 직전까지 다녀온 사람들은 별안간 착해진다고 해요. 잠깐일망정."

"인간의 본성이 어디 가겠어요? 남을 도와주는 것도 인간 본연의 자세이고, 안 도와주는 것도 인간 본연이지. 그저 각자 나름대로 살면 그게 좋은 세상 아니겠소? 얘기 하나 할게. 내가 병들어 골골거릴 때 친구 하나가 찾아와서 뭘 먹어라, 뭐가 몸에 좋다, 약을 잘 챙겨 먹어라, 자꾸 늘어놓더라고. 야, 이 새끼야, 그만해라, 말렸지. 그런데도 거듭 떠들어대네. 참기 어렵더라고. 밥상을 엎어버렸지. 네놈이 나를 강아지처럼 양육할래? 사육할래? 호통쳐서 쫓아버렸어요. 그 길로 웬수가 됐어. 끙."

"저런! 친구의 선의를 비정하게 뭉개버리다뇨?"

"날 좀 가만히 놔둬라 이거야. 나를 침범하는 그 무엇도 받아들이기 힘들어요. 그것만 아니면 난 초연해요. 나의 유일한 관심은 작품일 뿐. 죽기 전에 대작 하나 만들어야지. 아이디어나 테크닉은 충분해. 그런데 제작비가 없네. 이걸 어쩌나."

고승관에겐 텃밭도 낚시도 가야금도 부질없다. 작품에 방해되는 것이라면, 혼자 가는 길에 걸리는 것이라면, 티끌 한 점의 침입조차 허하지 않는다. 귀신에 씐 듯 예술에 취한 사람의 목으로 다시 맥주가 넘어간다. 달뜬 듯 붉어진 눈 속에 한줄기 괴(怪)가 서린다. 창밖엔 꽃잎처럼 쏟아지는 달빛.

청도 비슬산 자락에 사는 화가
권기철

자연에 대한 애호는
취향이 아니라 본능

바람은 스스로 소리를 내는 게 아니죠. 소나무를 만나면 솔바람이 되고,
비를 만나면 비바람이 되죠. 어느 한 순간도 머물지 않은 채,
움직이고 흐르는 바람의 변화 양상에서 세상의 이치가 느껴져요.

좌표라는 것이겠지. 화가 권기철(54세)의 작업실 벽면엔 '불광불급 不狂不及'이라는 글귀가 붙어 있다. 미치지 않고선 도달할 수 없다는 경책! 광기에 찬 몰입으로 작품을 이루겠다는 깡과 지향의 표명이다. 사실 그는 다산성을 과시하는 그림쟁이. 개인전을 34회나 치렀다. '그림 귀신'이라 해야 하나.

권기철은 도심을 벗어나 자연 풍광이 술렁거리는 시골에서 그림을 그려왔다. 여기 청도군 이서면 비슬산 부근, 한적한 변두리에 자리를 잡기 전엔 시골의 빈 축사를 얻어 죽자사자 그려댔다. 자연의 형제되기를 지망해 이주했다. 다른 이유도 있었다. 몰입을 훼방하는 방문자들을 따돌리고 싶어서였다. 그에겐 쿵쿵 귀청이 떨어져 나가도록 볼륨을 잔뜩 높인 음악을 들으며 그림을 그리는 버릇이 있다.

도시와 달리 외진 시골에선 이 못 말릴 습성을 대놓고 삿대질할 사람이 없다는 점도 좋았단다.

그림은 대체로 있는 집 자식들이 덤벼들기 십상이다. 하지만 권기철의 경우는 달라도 한참 달랐다. 안동 도산서원 근방 산골짝에서 모태를 박차고 나온 그의 성장기를 틀어쥔 건 가혹한 가난이었다. 게다가 구약에 나오는 욥의 수난사를 닮은 처절한 불운이 겹으로 쌍으로 집안을 덮쳤다. 그 무슨 불운이었냐고? 상상만 하시라. 가정사를 듣자니 가슴이 미어져 필설이 궁하다.

여하튼, 소년 권기철은 인생이 보여줄 수 있는 고苦와 부조리의 극렬한 얼굴을 다각도로 바라보며 키를 키웠다. 유례가 드문 폭풍우와 소용돌이 속에서 소년의 뼈가 여물었던 것. 나 하나쯤 사라진다고 대수겠는가? 그는 그런 생각을 하며 일찌감치 가출, 신문 배달로 밥과 학비를 벌며 얄궂은 운명과 맞붙었다.

"9형제 집안이었어요. 저만 빼고 모두 국졸이거나 무학자들이죠. 나는 초등학교부터 고3 때까지 중앙일보를 배달하며 간신히 살았어요. 집을 뛰쳐나와 퀴퀴한 냄새가 진동하는 신문사 지국 골방에서 숙식을 해결했어요. 당시 신문배달원들이 대체로 행실이 좋지 않았는데, 전 좀 달랐어요. 짬만 나면 트랜지스터 라디오를 끌어안고 FM에서 흘러나오는 음악을 들었죠. 주로 팝이었는데, 깊이 빠졌어요. 그게 지금까지 버릇으로 남아, 작품을 할 때면 늘 오디오 볼륨을 높여 음악을 듣습니다."

이른 가출 후 스스로 벌어 간신히 먹고 살아야 했으니, 소년 권기

작업실 한쪽에 마련된 서재에 앉아 음악을 듣는다. 권기철은 소리를 그림으로 담아내는 작업에 진력해왔다. 그런 그에게 음악은 공기와도 같다. 작업할 때면 늘 볼륨을 높여 음악을 틀어둔다.

철이 치른 성장기 진통이 남달랐을 것임은 충분히 짐작할 수 있는 일이다. 자신을 건사하기 위해 독립운동하듯이 무찌를 건 무찌르고 노릴 건 노렸을 것이다. 유일한 안식처였던 트랜지스터 라디오의 음악이 부여한 감성 에너지에도 불구하고, 세상의 쓴맛·짠맛·떫은맛을 조기 섭렵한 탓에, 일테면 지극히 현실적인 애늙은이로 자랐을 수도 있다.

그런 권기철이 심미적·정서적 소양을 요구하는 미술에 접어든 것은 다소 이색이다. 환경에 아랑곳없이, 천성으로 받은 미적 재능이 적시에 자연스럽게 발화했을 수도 있지만 말이다. 그에 따르면, 그냥 좋아서 그랬단다. 그걸 재능으로 봐야 하는지, 필연으로 봐야 하는지, 우연으로 봐야 하는지, 자신도 잘 모르겠다는 투다.

"특별한 동기는 없었어요. 그냥 좋아서 미술반에 들어갔어요. 신문 배달로 고학을 하면서 음악을 듣고, 책을 읽고, 그림을 그리고……, 그렇게 자랐어요. 제가 말이죠, 다섯 살 때 작두를 가지고 놀다가 오른손 손가락 절반을 몽땅 잘렸는데요. 다행히 봉합은 했지만, 아직까지 오른손이 온전하질 못합니다. 그런데 불구의 손으로도 어려서부터 붓을 쥐고 놀았어요. 여차하면 그려댔으니까."

"고등학교를 마친 뒤 경북대 미술과에 진학하셨죠?"

"당시 고등학교 미술부 선배들은 후배를 매질하는 게 일이었어요. 따라서 외부의 화실에서 좀 제대로 배워야 했는데, 돈을 내고 과외 받을 형편은 아니었죠. 화실에서 밥해주고 청소해주며 무료로 배웠어요. 대학 역시 학비가 싼 국립대학을 가야 했어요. 국립대에 떨어지면 형들처럼 공장엘 다녀야 했으니까. 용케 경북대에 붙었죠."

"바닥을 치고 올라설 남다른 뚝심이 있었던 건가요? 오늘날 어엿한 화가로 활보하게 된 추동력은 성장기의 시련이라고 할 수 있을까요?"

"결핍이 오히려 동력이었어요. 살면서 겪게 되는 결핍이라는 것, 불화나 불편이라는 것들을 완전하게 청산하는 길은 죽음밖에 없겠죠. 하지만 그것들을 삶의 피할 길 없는 조건으로 보듬어 몰아가면 어마어마한 동력이 되는 것 같아요."

"흔히 고통이 비결이라 하죠."

"고통 자체만으로는, 또는 고통에만 빠져 있으면 작품이 되질 않죠. 고통의 정점을 넘어섰을 때 쾌감의 추구건 유희건, 또는 자기완성의 추구건 비로소 명작이 나오는 것 같습니다."

결핍이 오히려 삶의 동력

고통을 예찬할 일은 아니지만, 고통이라는 걸 일부러 추구할 순 없지만, 어찌된 영문인지 고통을 경유하지 않고는 좀체 길이 열리지 않는다. 설령 신에게 매달려 간구할지라도 인간이란 겨우 신의 노리개에 불과한 탓에, 혹은 고통이야말로 인간을 위해 신이 준비한 영약이라서, 인생이란 대체로 고통을 겪고서야 진실이나 행복을 만나게 되지 않던가?

진흙을 딛지 않고 피어나는 연꽃이 있으랴. 궁지에 몰린 서생원은 고양이를 물지만, 고난에 쫓긴 작가는 퍼뜩 그림을 건져 올리기도 한다. 고통이나 고독과 독대하는 힘. 소싯적부터 옹골찬 고난을 겪은 권기철의 세부엔 그런 에너지가 성향으로 누적돼 있을 법하다. 그러고 보면 그가 화업畵業에 접어든 건 자연스러운 일이다. 예술이란 원래가 고통을 이해하는 능력의 산물이 아니고 무엇이란 말인가?

작업실엔 활기가 넘친다. 물감이 튀어 번진 바닥과 작품들이 쌓이거나 걸린 벽면까지 작업의 열기가 스멀거린다. 한국화를 전공한 그는, 바닥에 눕힌 캔버스에 동양화 붓을 휘둘러 난사亂射와도 같은 속필을 구사한다. 작업실 한쪽은 휘장으로 침실 공간을 분할했고, 많은 책들이 쌓인 서재를 침실 옆댕이에 마련했다. 처자는 대구에

대구 인당박물관 갤러리에서 펼쳐진 권기철의 개인전.
그는 지금까지 서른네 차례의 개인전을 치른 다산성의 작가다.

한국화를 전공한 권기철은 먹을 이용, 매우 모던한 추상화풍을 구사하고 있다.
그에 따르면 구상은 직유, 추상은 은유다.

산다. 그는 지친 나그네가 간간이 주막에 들러 목을 축이듯, 어쩌다 집을 찾을 뿐이다. 주구장창 작업실에 박혀 그림 그리는 일에 시간과 몸을 쓴다. 아침마다 거르지 않고 테니스를 한 덕분일까? 단구短軀의 몸이 곰처럼 튼튼해 보인다. 그에겐 테니스와 일주일에 한 번 정도 즐기는 음주 외에 별다른 잡기가 없단다.

"테니스가 굉장히 재미있어요. 중독성이 있더군요. 예측 불가능한 공의 움직임이 주는 묘한 매력이 있어요. 마치 한치 앞을 모를 인생처럼 가변적이고 상대적이며, 매우 정직한 운동이죠."

"소설가 하루키는 날마다 마라톤을 한다죠. 창작은 체력 싸움이라면서요."

"건강을 크게 신경쓰는 성격은 아니지만, 체력이 따라주지 않으면 작품을 하기 어렵다는 말엔 공감해요. 저도 온몸을 던져 작품을 합니다. 때로 사흘쯤 연달아 날밤을 새기도 해요. 육체적으로 강인하지 않고선 어려운 일이죠."

그림을 그리는 일이란, 물고기가 유유히 헤엄치는 일과 달라 최후의 한 방울까지 자신을 쥐어짜야 가능한 행위이다. 정신을 쏟아야 하며, 붓을 쥔 손에 고도의 지구력이 가세돼야 한다. 그러자면 강인한 체력이 필수. 의외로 많은 예술가들이, 결국 체력에 기반을 둔 집요한 근성이 결과를 가른다고 이야기한다.

권기철은 한국화를 전공했다. 먹을 많이 쓰지만, 모던한 화풍을 구사한다. 붉거나 푸른 갖가지 원색이 등장하는 추상화를 즐겨 그린다. 그의 작품은 시원하게 터져나온 그림이라는 호감을 준다. 그러나 추상 특유의 난해함이 여실하다.

"현대회화는 왜 그렇게 어렵죠? 가급적 애매하게, 가급적 요상하게 반죽을 쑤는 미래파의 시처럼, 추상화는 때로 사람들 머리를 아프게 해요. 알아먹기 쉽게 그리면 안 되나? 뭐 선생의 작품을 두고 하는 얘긴 아닙니다. (웃음)"

"그림이란 화가 자신의 미학과 관점의 산물이죠. 아마도, 너무 교육을 많이 받아 어렵게 느껴질 겁니다. (웃음) 교육이나 관습에 매몰된 고정관념이 문제죠."

"작가 자신이 고정관념에 빠진 경우는 없을까요?"

"나부터 고정관념의 덩어리라는 생각을 지울 길이 없죠. 결국 그림을 그리는 행위는 나 자신의 전부를, 치부를 돌아보는 일이죠. 허무를 느낄 수밖에 없고요. 중광 스님이 임종시 남긴 말이 있잖아요. '괜히 왔다 간다.' 산다는 게 그렇잖아요? 허무와 고독을 피할 길이 없죠. 그러나 그게 독이 아니라 예술가의 자양분이 되는 것도 사실이죠."

"괜히 왔다 간다. 그처럼 무거운 고별사가 없는 것 같습니다. 그냥 왔다 가는 것이지, 괜히 왔다 가다니?"

"중광이 이룬, 뭔가 자유로운 경지가 있을 거라고 봐요. 감히 상투적으로 말할 수 없는 대목이겠지만, 저 같은 경우에도 그림을 통해 가볍게 해탈할 수 있다면, 마침내 자유로울 수 있다면, 그보다 좋은 일이 다시 있을까요?"

"거장이랄까. 최고의 화가가 되는 비결은 뭐라고 보세요?"

"유명하다고 해서 반드시 작품성이 좋은 건 아니지만, 시대의 트렌드를 읽는 예리한 시각, 세상과 사회의 맥락을 투명하게 간파하는 능력이 고수를 만들겠죠. 어떻게 생각하세요?"

"야심의 크기에 달린 문제 같던데요. 기어이 최고의 반열에 오르겠다는 징그러운 욕망덩어리들……. 조지 오웰에 따르면, 작가의 창작동기 중 첫번째는 순전한 이기심, 즉 명예욕이라고 합니다. 다 그런 건 아니겠지만."

"예술에 1등이니 2등이니, 그런 게 있을 수 있을까요? 다만 한 경지에 오른 특별한 화가들은 있을 겁니다."

예컨대 어떤 사람들이냐고 묻자, 백남준에 이어 한국인으로는 두번째로 뉴욕 구겐하임미술관의 초대를 받은 이우환, 그리고 산정 서세옥과 이종상 화백을 꼽는다. 사적으로 교제해 낙을 얻는 지인으로는 시인 이성복이란다. 이성복은 '시란 상처받은 것들에게 올리는 제사'라는 시론을 표방하는 인물. 권기철은 상처의 의전을 접전하는, 이 상처의 사제와 코트에서 만나 운동을 한다.

"둘이 자주 테니스를 칩니다. 테니스 자체도 좋지만, 이성복 선생의 성향을 제가 따르고 좋아해요. 왜냐? 어린애 같은 심성을 가져 극과 극을 넘나드는데요. 그게 흥미롭고 좋아서예요. 그분에겐 일반적 범주를 넘어선, 자유로운 부분이 많아요. 그러면서도 견고하게 두른 갑옷이 있는데, 그마저도 다 좋아요."

"갑옷조차도?"

"갑옷에 갇힌 게 아니니까. 드나드니까. 재미있잖아요? (웃음) 그게 쉬운 경지가 아닐 거예요. 저처럼 그림만 그리는 사람은, 산에 들어가 정작 산을 보지 못하는 식으로 한쪽에 치우치는 경우가 많아요. 맹목에 빠질 수도 있고요. 그래서 기회가 되면 여행을 해요. 여행으로 갑옷을 드나드는 시도를 한다고 할까?"

손에 쥔 순간만 오직 나의 것

여행이란 어쩌면 사막에 내리는 소나비. 둔한 삶의 지반을 촉촉이 적신다. 권기철은 여행으로 촉을 살리고 정신의 싹을 돋우길 거듭했다. 그리고 내숭 없는 눈으로 세상을 직시하는 버릇을 익혀왔다.

"한번은 호주의 누드축제장에서 그룹섹스하는 사람들을 봤어요. 예술에서도, 삶에서도 자기검열이라는 건 자칫 속박이 될 수 있는데, 집단섹스를 바라보며 인간이란 원래 속박을 견디지 못하는 원초적 짐승이라는 걸, 저게 차라리 정직한 삶의 풍경일 거라는 생각을 했어요. 자연스럽게 바라볼 수 있었죠."

"만약 그룹섹스 멤버 중에 당신의 연인이 속해 있다면 어떨 것 같아요?"

"앗! 그런 상황이 바로 예술의 접점이에요. 뛰어넘어야죠. 예술도 인생도 세상이 만들어놓은 금기를 깨는 지점에서 출발해야 해요. 저는 무덤덤하게 바라볼 것 같은데요. (웃음)"

"저라면 약이 올라 참지 못할 것 같은걸요? (웃음) 물론 예술이 도덕의 경연장이 아니라는 건 동감해요."

권기철이 수시로 찾아가는 산마루. 이곳을 서성이며 바람소리에 귀기울이는 일이 즐겁단다.

"나만 갖고 싶다고, 진정 독점할 수 있는 게 있을까요? 손에 쥔 순간만 내 것일 뿐이죠."

우리는 자주 삶에서 얻은 전리품들을 영원히 쥐고 갈 수 있을 거라고 착각한다. 그러나 영원히 쥘 방법이 있던가? 처음부터 내 것이었던 게 있던가? 사람은 애당초 알몸으로 태어나는 것이다. 가요 가사에 황금이 들어 있구나. '산다는 건 좋은 거지, 수지맞는 장사잖소. 알몸으로 태어나서, 옷 한 벌은 건졌잖소? 으허허허허!' 세상과 삶의 모든 것이, 알고 보면 시간 속에 잠시 부유하고 명멸할 뿐이다.

차가 산꼭대기로 올라간다. 정통 지프 랭글러 루비콘이다. 권기철이 애지중지하는, 시쳇말로 '애마'다. 수공업적 공정으로 만들어졌다는 점에서, 두루뭉술 얼렁뚱땅 대충 굴러가는 세상을 거역하겠다는 양 툽상하게 각진 차체에 매력을 느낀다고 한다. 한겨울에도 차의 뚜껑을 오픈하고 돌아다닌단다. 그러다 동태되는 거 아니냐고 묻자, 온몸으로 쏟아지는 바람이 좋다는 답이 돌아온다.

높고 외진 산마루에서 루비콘을 세우고 내리자, 사방팔방에서 산들이 덩실덩실 춤을 추며 이 나라가 산으로 칠갑된 땅임을 상기시킨다. 권기철은 몇 해 전 이 산정에 바가지를 옴팡 쓰고 땅 700평을 사두었다. 바가지야 그렇다 치지만, 알고 보니 부동산업자에게 사기를 당한 게 아닌가? 집을 지을 수 없는 땅이었던 것. 산꼭대기 자연의 도가니에 작업실을 짓겠다는 꿈은 물거품이 됐다. 그러나 자주 찾아 호기심 많은 고라니처럼 이 기슭, 저 마루를 어슬렁거린다. 아마도 전생에 그의 형제였을 바람과 조우하기 위해.

"제가 바람을 좋아합니다. 오랫동안 자연에 천착해 작업해왔는데, 바람이라는 자연, 바람소리라는 음악을 그림으로 표현하는 일에 주력했어요. 바람은 스스로 소리를 내는 게 아니죠. 소나무를 만나면 솔바람이 되고, 비를 만나면 비바람이 되죠. 관계 속에서 유동해요. 어느 한 순간도 머물지 않은 채, 움직이고 흐르는 바람의 변화 양상에서 세상의 이치가 느껴져요. 삶도 예술도 퇴화가 아니라, 변화나 조화 속에서 궁극을 모색하는 거 아니겠어요?"

"바람을 따라 유동하는 선생의 마음은 어디로 흘러가나요?"

"어릴 적의 기억 속으로 회귀해요. 달아나고 싶고, 사라지고 싶은 고향이고 유년시절이었지만, 소꼴을 베어 소잔등에 올라타 집으로 돌아가던 때, 코끝에 번지던 꽃향의 기억이 갈증을 일으켜요. 뒷산 쌍묘 사이에 누워 흘러가는 구름을 바라보던 추억이 그리워져요. 유년기에 겪은 자연에 관한 경험과 환영이 붓놀림에 견고한 힘을 줍니다. 그러니 자연 속에서 살아갈 수밖에요."

살면서 배어든 아픔, 녹아 흐르는 그리움을 모면할 길이 있으랴. 자연에 기대지 않고 견딜 재간이 있으랴. 자연에 대한 애호는 어쩌면 취향이 아니라 하나의 본능이다. 자연에 둥지를 둔 마음에 설렘이 이는 건, 자연을 향유하는 만족감이 급기야 삶의 대책을 찾도록 하기 때문이다. 해 저무는 산마루에 보랏빛 노을이 어린다. 억새가 바람에 눕는다.

양평 용문산 자락에 사는 소설가
김성동

꿈에서도 써,
관 뚜껑에 못질할 때 따져다오

남들은 내가 그냥 노는 걸로 알지만, 끝없이 쓰고 있다고.
꿈에서까지 쓴단 말이여. 내가 담배 피우고 싶어 미치겠다.
그러나 안 피워! 왜? 아까워서. 내 삶, 내 소설, 내 문학이 아까워서.

술을 즐기는 그를 위해 막걸리를 사들고 산길을 오른다. 건강이 여의치 않아 예전처럼 통음을 하진 않는다 했다. 그렇더라도 가끔이나마 아니 마시면 무슨 재민겨! 방문을 기별하는 통화 중에 그는 그리 말했더랬다. 뉘신가. 「만다라」의 작가 김성동(69세)이다. 경기도 양평, 용문산 부근 후미진 산속에 산다.

김성동과 마주 앉았던 4~5년 전쯤, 그는 시종을 일관해 술잔을 기울였다. 철야음주 뒤엔 해장음주가 이어졌고, 해가 중천에 올라도 술잔이 착실하게 손에 들려 있었던 것. 작가 박범신은 마셨다 하면 3박 4일쯤 줄기차게 들이붓는 이 열렬한 술꾼에게 '자해공갈단' 이라는 별명을 붙여주었다. 김성동의 못 말릴 자학적 음주의 낌새를 슬쩍 힐난하는 별명이렷다.

산중의 추위가 맵차다. 눈을 뒤집어쓴 채 알몸으로 얼어붙은 나무들이 스산하다. 인가가 저 멀리 아래에 있으니 인적이 있을 리 없다. 세상의 야단법석과 아귀다툼이 침범 못할 산골짝이다.

김성동의 거처는 산갈피 외진 곳에 외톨이로 박혀 있다. 대문 옆 돌기둥 복판엔 '비사란야非寺蘭若'라 새긴 명패가 붙어 있다. '란야'란 '절'을 뜻하는 범어이니, '절 아닌 절'이구나.

청춘시절의 그는 구름처럼 물처럼 세월을 흐른 납자衲子였다. 그러다 다시 머리털을 길렀으니 그는 전직이 중이었던 사람, 즉 스스로 늘 우스갯소리처럼 말하는 '전중前中'이다. 그렇다면 '비사란야'란 승려로 떠돌았던 과거의 기억과 환속 이후의 갈증이 서린 메타포. 비승비속非僧非俗의 번뇌와 희망을 바라보는 작가의 겹눈이 팻말에 비친다.

집안으로 들어서자 일변 서책더미가 눈앞에 엄습한다. 벽면에 늘어선 책장들마다 책이 가득한데, 어떤 책들은 발이 달렸는지 날개가 달렸는지 우르르 방바닥으로 내려와 춤을 추고 있다. 또한 방석과 침구, 육필 원고묶음, 병풍, 서화, 필통, 물잔, 음식그릇, 옷가지 등등 크고 작은 온갖 사물들이 바닥에 어지러이 널려 덩달아 스텝을 밟고 있다. 홀아비 살림살이가 어련하랴. 환경미화는 애당초 김성동의 적성에 맞질 않거니와, 독신남의 기량을 다해봤자 우수에 찬 정경을 모면할 길이 없는 거다.

산중에 흩날리는 눈발이 창가에 다가와 갸웃이 실내를 들여다본다. 백발이 성성하여 은연중에 온후한 경치를 자아내는 그는, 벽난

좌_ 김성동의 소설 「만다라」를 극화한 영화 「만다라」 포스터 앞에 젊은 김성동이 서 있는 사진이다.
김성동은 이 빛바랜 사진을 서재 벽에 붙여두었다.
우_ 대문간 돌기둥에 '비사란야'라 새긴 명패를 붙였다.
'란야'란 절을 뜻하는 범어. 그러니 '절 아닌 절'이라는 뜻이다.

로 앞에 덩그러니 앉아 불구멍에 장작을 쑤셔넣고 있다. 한쪽 손엔 이미 술잔이 들려 있으며, 막걸리로 채워진 그 잔은 그의 목을 흡족히 적신다. 예전의 그는 깡마른 채 나름 수려했다. 그런데 오늘 보자니 몸피가 포실하게 불었다.

"10킬로쯤 살이 쪘어. 빼야 혀. 몇 년 전에 뇌경색 초기 진단을 받았는데, 의사 말이 술과 담배를 끊지 않으면 곧 죽는다 하데. 그렇다고 술을 끊을 것까지야. 줄여 마시면 되잖여. 담배는 끊었어. 그러자 살이 찌디라고."

"금연이 어렵진 않았어요?"

"안 끊으면 죽는다잖어. 단칼에, 한방에 끊었지. 내가 쎄다. 외유내강이라고."

"외로움은요? 외롭다 외롭다, 늘 그러셔서……."

"외로움을 무슨 수로 해치우나? 너무 외로웠다. 미치겠더라. 혼자

노경에 접어들며 젊은 시절의 초롱초롱했던 눈빛은 어느덧 퇴색하고 머리칼엔 서리가 내렸다.
문득 눈길을 던져 상대를 유심히 바라보는 버릇은 여전하다.

많이 울었어. 시방도 마찬가지여. 술을 마실 수밖에 없는겨."

"탐미적으로, 타성적으로 외로움에 사로잡힌 건 아니에요? 누군들 안 외로울까?"

"외롭지 않고서 어떻게 문학을 하지? 외롭지 않고서 어떻게 자신을 알 수 있지? 얼마 전 자전적 에세이집을 냈는데, 제목이 '외로워야 한다'여. 외로워야 문학도 혁명도 나오는 거여. 외로움뿐이냐? 처음엔 배고픔이 심했어. 배고픔보다 더 힘든 건 외로움이고, 더더 힘든 건 그리움이지. 그것들을 부연설명하는 게 문학이여. 계급이니 이념 따위는 부차적이라고."

"불가에서는 외로움에 휘둘리지 말라고 해요. 그거, 토끼뿔처럼 헛것이라고……."

"나는 불자도 뭣도 아니여. 전중일 뿐이지. 천박한 속물일 뿐이여. 외롭지 않은 척할 수는 있겠지."

데뷔작이 대표작이 된 「만다라」

비감에 찬 눈길이 손에 든 술잔에 떨어져 잠긴다. 술타령·말타령·글타령으로 살아가는 게 작가. 그러나 타령이 긴 세월 이어져도 첩첩산중인가? 술 한 잔을 다시 목으로 넘긴 김성동의 어깻죽지가 물먹은 소금자루처럼 무거워 휜다. 그의 지난 살이는 '삼판'의 연속 방송극이었다.

삼판, 이게 뭔가? 중판·돌판·글판이다. '중판'의 날들은 고교 3년을 중퇴하고 입산, 지효선사의 상좌 노릇을 하면서 시작되었다. 왜 중이 되었나. 이 사회에서 정상적으로 살기 어려워서였더란다. 그의 선친은 좌익 인사로 한국전쟁 와중에 총살당했다. 현재 이 산중 거처에서 그가 모시고 사는 모친 역시 여성동맹위원장을 지냈다는 죄목으로 모진 고문을 당했다. 그리하여 아직껏 후유증에 시달리고 있다. 숙부 또한 우익 청년들에게 타살됐다.

한마디로 김성동은 빨갱이 자식, 불온한 씨앗이었다. 어이 하나. 천형 같은 붉은 낙인. 삐딱한 시선들. 전망 부재의 미래. 그를 내동 끙끙 앓게 하는 외로움이라는 놈은 이렇게 일찍이 내면에 고착됐다. 절 아니고는 갈 곳이 없었고, 중 아니고는 할 짓이 없었다. 운수雲水로 떠돌며 그는 소설을 써 문단에 이름을 등기했다.「목탁조」라는 작품. 그러나, 불교계를 짓이긴 작품이라는 이유로 애초 있지도 않았던 승적을 박탈당했다.

환속한 뒤 김성동은 '돌판'의 한 시절을 보냈다. 바둑으로 밥을 벌었던 것. 바둑 관련 잡지사에 취직했으며, 내기 바둑으로 술값과 책값을 취했다. 그러다 장편소설 「만다라」로 돌풍을 일으키며 자연스럽게 '글판'으로 이행했다.「만다라」는 하루아침에 그를 번쩍 들어 올렸다. 명성을 가져다줬다. 현재도 김성동은 오나가나 '만다라 작가'로 통한다.

"염결성廉潔性, 완벽성, 그런 걸 염두에 두고 거침없이 썼어. 20대 습작기의 통과제의였지. 세상에서 박수를 치더라고. 내가 놀랬슈. 돈과 명예도 얻었고, 술집엘 가도 마담들이 알아보고 공술을 주대.

문단과 독서계에 돌풍을 일으켰던 장편소설 「만다라」. 1979년에 나온 이 데뷔작으로 김성동의 이름이 세상에 회자되기 시작했으며, 아직도 그는 오나가나 '만다라 작가'로 통한다.

육필 원고 묶음이다. 김성동은 아직도 원고지에 글을 쓴다.

영광이라면서. 끙.「만다라」. 이젠 말만 들어도 몸이 떨려. 데뷔작이 대표작이 된다는 거, 그걸 견딜 수 없어."

"「만다라」의 작품성을 부정할 사람은 없을걸요. 다만 「만다라」에 맞먹을 후속 작품이 나오지 않았다는 것, 장년에 이르러선 과작寡 作에 그치고 있다는 게 아쉽죠.「만다라」가 워낙 빼어난 탓일까요? 「만다라」로 이미 작가적 절정에 도달하셨나?"

"모든 엑기스를 쏟아 미친 듯이 써댄 초기의 절정을 다시 끌어내 기가 벅차더라고. 힘이 쭉 빠져 변죽만 울리게 돼. 언젠가 조세희 선 생을 만났는데, 어떻게 지내시느냐 묻자 힘들고 괴롭다 하시대. 소 설을 쓴 지가 이미 오래전 일인데, 사람들은 여전히 작가로 알아준 다는 것이여. 이해가 되더라고. 그래서 내가 그랬지. 비결을 알려드 릴게요, 앞전前 자를 붙이세요, '전작가' 조세희라고."

"김성동 이름에도 '전작가'라는 딱지를 붙여야 하나?"

"거칠게 말하면 나도 마찬가지지. 내 나이 칠십을 넘었어. 이 나이 되도록 내가 진정으로 건진 작품이 뭘까? 단편 한두 개 되려나?「만 다라」로 오랫동안 갈채를 받았지만, 미치겠더라. 오십, 육십, 나이 들 어가면서 인생이 무르익어 진정한 글이 나오는 거 아니겠어? 물론 오십 대 때 장편「꿈」을 썼는데, 이게 대중화는 안 됐어도 어쩌면 대 표작이여. 그러나 줄기차게 써내질 못한 채 늙어가고 있지. 술을 마 시지 않을 방도가 있겠어?"

"원고 청탁도 안 들어오나요?"

"잊힌 작가가 됐다. 이 산속에 들어온 지 십수 년인데, 작품 발표를 거의 못했다고. 근래 몇 년 사이에 에세이집 두 권과 실패한 혁명가들에 관한 실록『꽃다발도 무덤도 없는 혁명가들』을 펴냈지만, 소설은 단편 서너 편에 불과했슈. 그러니 잊힐 수밖에. 게다가 농본주의가 해체된 요즘은 컴퓨터 중심의 컴본주의 세상이잖여? 난 아직도 육필로 글을 쓰잖여? 편집자들이 육필 원고를 손질하자면 골 아프거든. 청탁이 들어올 리 만무하지. 들어와도 괴로워. 겨우 다섯 매짜리 산문 청탁을 받아도 곧바로 후회해. 내가 미쳤지, 이걸 어떻게 쓰려고 덜컥 청탁에 응했나, 하고……. 발발발 떨린다니까."

소설 아니고서 삶을 넘을 수 있나

글이 써지질 않으니 고민이 태산이고, 청탁이 오질 않으니 경제가 옹색하다. 물심양면의 불황이구나. 술은 시름을 쓸어내는 빗자루. 그의 말마따나 아니 마실 도리가 없겠다. 그에겐 유구한 주벽이 하나 있으니, 일체의 안주를 먹지 않는다는 점이다. 이래서야 몸이 성하겠나 싶지만 그는 고집불통이다.

"내가 절집에서 술을 배웠잖여. 다른 중들 몰래 빨리 마시고 빨리 취해야 했다. 그러니 안주가 무슨 소용? 나의 음주법 3대 강령 들어볼텨? 하나는 청탁불문, 둘은 곡기를 끊는다, 즉 안주를 먹지 않는다, 셋은 앉은 자리에서 절대 움직이지 않는다."

"부디 안주는 드소서. 치열한 음주수행으로 열반하시려는 게 아니라면."

"옳다구나! 술의 진미란 주선일여酒禪一如라!"

"옳다구나! 마침내 걸출한 작품이 안 나오면 술 탓인 걸로 알아볼 게요."

"나의 원래 꿈이 뭔지 아니? 복서가 돼서 악을 무찌르는 것이었어. 또는 소리꾼이 돼 슬픈 중생들을 위로해주자는 거였다. 소설가는 순위가 뒤로 밀려. 글쓰기는 징역살이여. 고통이여. 내가 무슨 작가? 됫박만 한 재주에 형편없는 글솜씨. 귀퉁배기 맞아야 싸지. 이런 소리 하면 후배놈들 말하길, 선생님이 그러시면 우리는 어쩌나요? 그런다. 그것도 말은 되대. 쓸겨! 남들은 내가 그냥 노는 걸로 알지만, 끝없이 쓰고 있다고. 꿈에서까지 쓴단 말이여. 내가 담배 피우고 싶어 미치겠다. 그러나 안 피워! 왜? 아까워서. 내 삶, 내 소설, 내 문학이 아까워서. 근데 넌 왜 안 묻니? 작가 중에 누굴 인정하냐고. 누가 최고냐고."

"저마다 제가 최고 아니겠어요?"

"황석영이다. 아무개 여자작가가 인세로 수십억을 벌어들인다대? 놀고 자빠졌네. 개성도 문체도 사라진 소설도 소설이여? 황석영이 짱이여. 객관적이고 냉정한 문체, 그러면서도 물기가 있거든. 생득의 작가여. 타고난 리얼리스트지. 내가 황 앞에서 절망했다. 나 같은 하수는 깡은 있더라도 황가를 따라잡을 수 없어. 그의 인간사가 여하튼 간에, 설령 나쁜 처신을 했을지라도 다 용서되는겨. 「객지」 「한씨 연대기」 「삼포 가는 길」, 난 그런 걸 죽어도 못 써."

"「만다라」는 누가 썼나? 뒤질 것 없는 수작秀作인데……."

김성동의 집은 깊고 외진 산 속에 있다.
한겨울엔 눈이 내려 도무지 녹지를 않으며, 한풍이 앙칼지게 몰아친다.
겨울은 머잖아 떠나갈 나그네에 불과하지만,
그러나 김성동은 창작의 열병으로 계절과 상관없이
날마다 우수에 잠긴다.

"니가 시방 나를 울릴래?"

눈이 이미 불그레 젖었으니, 한 잔 더 겹치면 뺨으로 흘러내리는 게 있겠지. 그런 김성동의 정경은 초췌하지만, 도무지 늙지 않는 그의 문학적 청년은 건장하진 않되 순정해서 사람을 설레게 하는 구석이 있다. 하지만 문학은 아픈 노래일망정 내내 머리칼을 쥐어뜯어야 하는 부채는 아니지 않겠는가? 문학이란, 카프카의 말에 따르면 '얼어붙은 호수를 가르는 도끼날'이지만, 김성동은 '도끼날'을 들어 자신을 겨눈다.

"우문 하나 할게요. 명작이란 뭘 말하죠?"

"결국은 삶의 이야기지. 도스토예프스키 작품처럼, 시대를 초월해 만인에게 공용될 수 있는 인생 이야기를 담은 소설을 써야 하는 것이여. 그게 진정한 예술이잖여. 요즘의 모든 문학은 예술이 아니고 '야술'이다. 나도 감히 예술을 입에 못 담아. 가고 싶은 길인데, 그걸 못 가고 흉내만 내고 있잖여."

"근데 말이죠. 글쓰기가 그토록 어렵다면 찰나에 폐업하면 그만 아닌가?"

"그건 니힐리즘이다."

"후세까지 뭘 남기고자 하는 강박도 탐욕은 아닐까 싶어서요."

"그런 생각, 니힐이고 관념론이다. 살아 있는 한 니힐보다는 뭔가 의미 있는 걸 찾아야 하잖여. 나는 현실주의자여. 소설 아니고서 삶을 넘을 수 있나? 고승高僧들의 기념비, 그거 모두 가짜여. 후세인들이 임의로 가탁시켰을 뿐이지. 수행으로 삶을 넘는다는 거, 불가능하다. 난 쓸겨. 결과는 내 관 뚜껑에 못질할 때 따지면 되겠지. 근데 왜 이렇게 외롭냐? 어이 눈물이 나냐?"

다만 조촐한 서너 잔 막걸리로 취기에 젖어드나. 술과 한과 외로움에 어혈이 든 김성동이 눈물을 흘린다. 삶의 부질없음이나 덧없음에 비탄하는 게 아니라 더딘 소설에, 쌓인 외로움에 전율한다. 술 취한 그가 완벽하게 말짱한 정신으로 생각하고 말한 것인지는 알 바 없다. 떨구었던 고개를 문득 바로 세운 그가 묻는다.

"나에게 뭐 느낀 거 없는겨?"

"있슈. 여전히 쪽배처럼 외로운 분이라서 먹먹해요."

"얼라 얼라, 너는 안 외롭니?"

산골로 간 예술가들

글 박원식
사진 주민욱(월간 사람과 산)

펴낸곳 도서출판 창해
펴낸이 전형배

출판등록 제9-281호(1993년 11월 17일)
1판 1쇄 인쇄 2016년 5월 12일
1판 1쇄 발행 2016년 5월 19일

주소 서울시 마포구 토정로 222(신수동 448-6) 한국출판콘텐츠센터 316호
전화 02-333-5678
팩스 02-707-0903
E-mail chpco@chol.com

ISBN 978-89-7919-598-9 03810
ⓒ박원식(글)·사람과 산(사진), 2016, Printed in Korea.

「이 도서의 국립중앙도서관 출판예정도서목록(CIP)은
서지정보유통지원시스템 홈페이지(http://seoji.nl.go.kr)와
국가자료공동목록시스템(http://www.nl.go.kr/kolisnet)에서
이용하실 수 있습니다.(CIP제어번호:CIP2016010929)」

* 값은 뒤표지에 있습니다.
* 잘못된 책은 구입하신 곳에서 바꿔드립니다.